# ZEG NIETS TEGEN MAMA

Toni Maguire

# ZEG NIETS TEGEN MAMA

the house of books

Eerste druk, mei 2008
Derde druk, september 2008

*Oorspronkelijke titel*
Don't Tell Mummy
*Uitgave*
Harper Element, an Imprint of HarperCollins *Publishers*, Londen
Copyright © 2006 by Toni Maguire
Copyright voor het Nederlandse taalgebied © 2008 by The House of Books,
Vianen/Antwerpen

*Vertaling*
Parma van Loon
*Omslagontwerp*
Studio Jan de Boer, BNO, Amsterdam
*Omslagfoto*
© Thierry Foulon / PhotoAlto
*Foto auteur*
www.BarbaraLawes.com
*Opmaak binnenwerk*
ZetSpiegel, Best

ISBN 978 90 443 2144 9
D/2008/8899/100
NUR 302

Opgedragen aan Caroline

... die de deur voor me opende
en me aanmoedigde erdoorheen te gaan

# Dankzegging

Mijn speciale dank aan Alison, Gerry en Gary, die mijn leven zo verrijkt hebben.

Eveneens veel dank ben ik verschuldigd aan mijn literair agent, Barbara Levy, voor haar geduld en het lekkerste Chinese eten.

En ook dank aan jou, Mavis Cheek, voor het schrijven van je grappige en humoristische boeken, die me de nacht doorhielpen toen ik naast mijn moeder zat.

# I

Niets aan het huis in de rustige buitenwijk van Belfast was op-
vallend. Het indrukwekkende bakstenen gebouw lag een eindje
van de weg af en was omgeven door fraai aangelegde tuinen. Het
zag eruit als elke andere grote gezinswoning. Het nummer op het
hek bevestigde dat ik me op het juiste adres bevond nadat ik voor
alle zekerheid het vel papier in mijn hand had geraadpleegd.

Ik kon het niet langer uitstellen, pakte mijn koffer op, die de
taxichauffeur op het trottoir had gezet, liep het pad af en duwde de deur open.

'Ik ben Toni Maguire,' zei ik tegen de nonchalant geklede
vrouw achter de receptiebalie. 'De dochter van Ruth Maguire.'

Ze keek me nieuwsgierig aan.

'Ja, uw moeder vertelde vanochtend dat u zou komen. We
wisten niet dat ze een dochter had.'

Nee, dacht ik, dat geloof ik graag.

'Kom, dan zal ik u bij haar brengen. Ze wacht op u.'

Kwiek liep ze door de gang naar een aangenaam zaaltje met
vier bedden, waar mijn moeder lag. Ik liep vlak achter haar
aan, mijn emoties onderdrukkend.

Vier oude dames zaten ontspannen in stoelen voor hun
nachtkastjes. Op drie van die kastjes stonden foto's van geliefde mensen; het vierde, dat van mijn moeder, was leeg. Ik voel-

de een vertrouwde scheut van pijn door me heen gaan. Er stond zelfs niet een van mijn babyfoto's.

Ze zat in haar stoel met een plaid over haar knieën en haar voeten op de omhooggekrikte voetensteun. Dit was niet de sterke vrouw die er ruim een jaar geleden tijdens mijn laatste reis naar Ierland nog tien jaar jonger had uitgezien dan op haar geboortebewijs vermeld stond. Die vrouw was vervangen door deze verschrompelde, frêle oude dame, die een terminale ziekte leek te hebben.

De donkergroene ogen, die zo vaak hadden gefonkeld van woede, waren nat van de tranen toen ze haar armen naar me uitstak. Ik liet koffer en tas op de grond vallen en liep naar haar toe. Voor het eerst sinds vele jaren omhelsden mijn moeder en ik elkaar, en mijn liefde, die ik zo lang onderdrukt had, kwam weer boven.

'Je bent gekomen, Toni,' mompelde ze.

'Ik zou altijd zijn gekomen als je het me gevraagd had,' antwoordde ik, geschokt door de broodmagere schouders die ik door haar ochtendjas heen voelde.

Een verpleegster kwam haastig binnen en stopte de plaid steviger in rond de benen van mijn moeder. Zich naar mij omdraaiend, informeerde ze beleefd naar mijn reis, omdat ik uit Londen moest komen.

'Valt erg mee,' zei ik. 'Drie uur van deur tot deur.'

Dankbaar nam ik een kop thee van haar aan en staarde aandachtig in het kopje, opdat mijn gezicht niet zou verraden hoe geschrokken ik was van mijn moeders broosheid. Ze was, dat wist ik, al eens eerder in het verpleeghuis opgenomen geweest om de pijn onder controle te houden, maar ik wist ook dat dit de laatste keer zou zijn.

De arts van mijn moeder, die op de hoogte was gesteld van mijn komst, kwam me opzoeken. Hij was een opgewekte, sympathiek uitziende jongeman, met een stralende glimlach.

'Ruth,' vroeg hij, 'ben je blij nu je dochter je is komen bezoeken?'

'Heel blij,' antwoordde ze op haar gebruikelijke bekakte toontje, zo onverschillig alsof ze commentaar gaf op het weer.

Toen hij zich naar mij omdraaide, was het met dezelfde nieuwsgierige blik als ik in de ogen van de receptioniste had gezien.

'Mag ik Toni zeggen?' vroeg hij. 'Zo noemde je moeder je.'

'Natuurlijk.'

'Ik wil je graag even spreken als je je thee op hebt. Kom maar naar mijn kamer, als je wilt. De verpleegster wijst je wel de weg.'

Met een geruststellende glimlach voor mijn moeder ging hij weg.

Ik nam een paar minuten de tijd om uit te stellen wat ik voelde dat een moeilijk gesprek zou worden, en dronk langzaam mijn thee voordat ik naar hem toe ging om te horen wat hij wilde.

Toen ik zijn kamer binnenkwam, zag ik tot mijn verbazing een andere man in vrijetijdskleding naast hem zitten. Alleen zijn boordje verried zijn professie. Ik nam plaats op de enige stoel die beschikbaar was, keek naar de arts met een naar ik hoopte ondoorgrondelijke uitdrukking en wachtte tot hij het gesprek zou beginnen. Toen hij op vriendelijke toon begon de situatie uit te leggen, zonk mijn hart in mijn schoenen. Ik besefte dat er bepaalde antwoorden van me verlangd zouden worden, antwoorden die ik liever niet gaf omdat ze de geheugencel zouden ontsluiten waar de geest van mijn jeugd huisde.

'We hebben een paar problemen met de behandeling van uw moeder en we hoopten dat u mogelijk enige duidelijkheid zou kunnen verschaffen. De pijnstillende medicatie werkt minder goed dan ze hoort te doen. En, om heel eerlijk te zijn, ze krijgt al de maximale dosering die we kunnen voorschrijven.'

Hij zweeg even om mijn reactie te peilen. Toen die niet kwam, vervolgde hij: 'Overdag reageert ze goed op het verplegend personeel, laat ze zich door hen naar de cafetaria brengen, is geïnteresseerd in haar uiterlijk en heeft een goede eetlust. De problemen komen 's nachts.'

Weer zweeg hij, en nog steeds bleef ik hem met een bewust nietszeggend gezicht aankijken, niet bereid om ook maar iets te verraden. Na een paar seconden ging hij verder, met een tikje minder zelfvertrouwen.

'Je moeder is 's nachts heel onrustig. Ze wordt volkomen overstuur wakker, met meer pijn dan ze hoeft te hebben. Het is bijna of ze zich verzet tegen haar medicatie.'

O, ja, de spookuren van de nacht, dacht ik. Ik kende die uren maar al te goed, die uren waarin je de controle over je gedachten verliest en de zwartste herinneringen bovenkomen, die je klaarwakker schudden en je wanhoop, woede, angst of zelfs schuldbesef opdringen. In mijn geval kon ik opstaan, thee zetten, lezen of naar muziek luisteren. Maar wat kon mijn moeder nu doen om die duistere gedachten te verdrijven?

'Twee keer heeft ze de verpleegster gevraagd om de geestelijke te halen. Maar,' – hij richtte zich tot de man naast hem – 'mijn vriend vertelt me dat ze zich, als hij komt, heeft bedacht en ze niet langer de behoefte voelt met hem te praten.'

De geestelijke knikte om het te bevestigen en ik voelde de impact van twee paar ogen die in mijn gezicht naar een antwoord zochten. Deze keer was het de geestelijke die de stilte verbrak, zich over het bedtafeltje boog en de volgende vraag stelde.

'Toni, is er iets dat je ons kunt vertellen dat ons kan helpen met haar behandeling?'

Ik zag de oprechte bezorgdheid in zijn gezicht en koos mijn woorden zorgvuldig.

'Ik denk dat ik begrijp waarom de nachtrust van mijn moeder wordt verstoord. Ze gelooft in God. Ze weet dat ze nog maar heel weinig tijd heeft voor ze Hem zal ontmoeten, en ik denk dat ze bang is voor de dood. Ik wil helpen, maar ik kan niet veel doen. Ik hoop voor haar dat ze de kracht zal vinden met u te praten.'

De dokter keek verbaasd. 'Bedoel je dat je moeder last van haar geweten heeft?'

Ik dacht aan alles in het verleden van mijn moeder waarover ze zich schuldig moest voelen, vroeg me af of haar herinneringen door haar hoofd spookten. Ik deed mijn best mijn gevoelens te verbergen, maar voelde dat een zucht me ontsnapte toen ik antwoord gaf.

'Dat móét ze hebben. Dat hoort ze te hebben. Maar of ze ooit zal toegeven dat ze iets verkeerds heeft gedaan, weet ik niet. Dat heeft ze nog nooit gedaan.'

De dokter keek zorgelijk. 'Het heeft in ieder geval een negatieve invloed op de pijnbeheersing. Als de geest zo rusteloos is als die van je moeder schijnt te zijn, werkt de medicatie niet voor de volle honderd procent.'

'In dat geval zult u meer toezicht moeten houden op de medicatie en op mijn moeder,' zei ik, abrupter dan mijn bedoeling was, omdat een gevoel van hulpeloosheid me overviel. Met die woorden keerde ik terug naar het zaaltje van mijn moeder.

Toen ik binnenkwam, keek ze me strak aan.

'Wat wilde de dokter?' vroeg ze.

In de wetenschap dat ze het wist, keek ik haar recht in de ogen.

'Ze vertelden me dat je de geestelijke twee keer midden in de nacht hebt laten komen en dat je erg overstuur was.' Toen liet mijn moed me in de steek, zoals altijd. 'Maar daar hoeven we ons nu geen zorgen over te maken, toch?'

De gewoonte uit mijn kindertijd om in te spelen op haar wensen bleef onveranderd.

De rest van die eerste ochtend was ze huilerig. Ik wist dat

het gebruikelijk was bij terminale patiënten, maar toch onderging ik het met een bijna ondraaglijke ontroering. Met een teder gebaar veegde ik haar tranen af, herinnerde me de tijd dat zij, toen ik nog klein was, hetzelfde bij mij had gedaan. Ze was aanhankelijker dan ze jarenlang was geweest; ze wilde mijn hand vasthouden, ze wilde praten en herinneringen ophalen aan gelukkiger tijden. Ik keek naar haar zoals ze nu was, een oude vrouw wier dagen geteld waren en wier leven waarschijnlijk niet zo vredig zou eindigen als ik zou willen, en ik besefte hoe hard ze me nodig had.

'Hoelang blijf je?' vroeg ze.

'Zolang als je me nodig hebt,' antwoordde ik luchtig, in een poging te verheimelijken wat ik werkelijk bedoelde.

Mijn moeder, die me altijd kon doorzien, glimlachte. Met een schok kwam de tijd bij me terug toen ze zoveel jonger was en we zo intiem waren met elkaar. Ik voelde plotseling weer mijn oude liefde voor haar.

'Ik weet niet hoelang dat zal zijn,' zei ze met een wrang lachje. 'Maar ik denk niet dat het erg lang zal duren.'

Ze zweeg even, keek naar me en vroeg toen: 'Je bent alleen gekomen omdat je weet dat ik gauw doodga, hè?'

Ik pakte haar hand en wreef zachtjes met mijn duim over de rug ervan. 'Ik ben gekomen omdat je het vroeg. Ik zou altijd zijn gekomen als je het gevraagd had. En ja, ik ben gekomen om je te helpen vredig te sterven, omdat ik geloof dat ik de enige ben die dat kan.'

Ik hoopte dat ze de wilskracht zou hebben om er eerlijk over te praten, en gedurende korte tijd die dag dacht ik dat ze dat zou doen.

Ze trok even aan mijn hand en zei: 'Weet je, Toni, de tijd toen je nog een kleine baby was, was de gelukkigste van mijn leven. Ik herinner het me als de dag van gisteren. Toen je geboren was, zat ik rechtop in dat ziekenhuisbed en voelde me enorm trots dat ik op mijn negenentwintigste jou op de wereld had gezet. Je was zo'n perfect klein mensje. Ik hield zo verschrikkelijk veel van je. Ik wilde je in mijn armen houden. Ik wilde voor je zorgen en je beschermen. Ik wilde een goed leven voor je. Ik voelde zoveel tederheid en liefde. Dat was wat ik toen voelde.'

Ik kreeg een brok in mijn keel toen ik dacht aan al die jaren geleden, toen ik omgeven was door haar liefde. Toen was ze een moeder die me knuffelde en met me speelde, me verhalen voorlas en in bed stopte; een moeder van wie ik de geur inademde als ze zich bukte en me een nachtzoen gaf.

Een kinderstem drong door in mijn geheugen, tot de geluiden in mijn oor veranderden in gefluisterde woorden.

'Waar is die liefde gebleven, Toni? Vandaag is je verjaardag. Ze zegt dat ze zich jou herinnert toen je geboren werd. Ze zegt dat ze toen van je hield, maar veertien jaar later probeerde ze je de dood in te sturen. Herinnert ze zich dat niet meer? Denkt ze dat jij dat niet doet? Heeft ze het echt buitengesloten? Heb jij dat?'

Ik hield me doof voor die stem en dwong hem tot zwijgen. Ik wilde mijn herinneringen in de hokjes laten waarin ik ze dertig jaar lang had opgesloten, zonder er ooit naar te kijken of aan te denken, behalve als de spookuren ze lieten ontsnappen en ze een lift gaven naar het eind van een vervagende droom. Hun ijskoude tentakels beroerden mijn onderbewustzijn en lieten duistere beelden achter uit een andere tijd, tot ik wakker werd en ze kon verdrijven.

Later die dag ging ik met haar naar buiten en reed haar rond in de tuin. Ze had er altijd van gehouden om mooie tuinen te creëren; het was alsof ze al haar verzorgende instincten, die ze voor mij al lang geleden was kwijtgeraakt, daarop botvierde.

Ze vroeg me stil te houden bij diverse planten en struiken en vertelde me de namen ervan. Bedroefd mompelde ze, meer tegen zichzelf dan tegen mij: 'Ik zal mijn tuin nooit meer terugzien.'

Ik herinnerde me mijn bezoek aan haar toen ze pas ziek was geworden. Ik was naar Noord-Ierland geweest met een vriendin. Profiterend van het feit dat mijn vader die dag was gaan golfen, had ik mijn moeder bezocht. Trots had ze me foto's getoond van haar tuin zoals die eruitzag voor ze erin aan het werk was gegaan, een verwaarloosd stuk land met plukken grof gras zonder één wilde bloem om er wat kleur aan te geven.

Toen ze me rondleidde, liet ze me iets zien dat me even deed glimlachen. Op moederdag en op haar verjaardag stuurde ik haar altijd een mand met kleine bloemen. Ze liet me zien hoe ze die, gemengd met andere planten die ze gestekt had, opnieuw geplant had in haar eclectische verzameling bloembakken, variërend van schoorstenen en oude gootstenen tot terracotta potten en een drinkbak, waardoor er een explosie van kleur was ontstaan rond de patio die ze had ontworpen.

Ook die middag had ze me de namen van alle struiken verteld.

'Dit is mijn lievelingsstruik, een *Buddleja*. Maar ik hou meer van de bijnaam, de "vlinderstruik".'

Als om de populairdere naam waar te maken, fladderde er een zwerm vlinders boven de donkerpaarse struik; hun vleugels glinsterden in de zon. Een ander deel van de tuin verspreidde een bedwelmende geur van rozen, waarvan de bloemblaadjes varieerden van een roomkleurige perfectie tot intens donkerroze. In weer een ander deel bloeiden haar geliefde lelies. En elders vermengden wilde bloemen zich met de gekweekte.

'Als ze mooi zijn, is het geen onkruid,' zei ze lachend.

Er waren kiezelpaden, met bogen van ijzerdraad, waarlangs jasmijn en kamperfoelie met tedere zorg tot bloei waren gebracht; de heerlijke geuren stegen op in de lucht. Aan de voet van een van die bogen stond een verzameling kabouters.

'Mijn kinderlijke hobby,' noemde zij ze. Ze zag er die dag zo kalm en gelukkig uit, dat het een herinnering werd die ik opborg in mijn mentale fotoalbum. Een die ik naar believen eruit kon halen en waar ik blij mee kon zijn.

De volgende dag reed ik naar een tuincentrum en kocht een klein prieeltje om haar tegen de elementen te beschermen en liet dat bezorgen.

'Zodat je altijd van je tuin kunt genieten, wat voor weer het ook is,' zei ik tegen haar, al wist ik dat ze niet meer dan één zomer zou hebben om ervan te profiteren.

Ze had een Engelse tuin geschapen in Noord-Ierland, een land dat ze zich nooit eigen had gemaakt en waar ze zich nooit thuis had gevoeld.

Ik haalde die herinnering tevoorschijn en voelde me zo bedroefd voor haar, mijn eenzame moeder die een leven had gecreëerd in haar fantasie en dat tot realiteit wilde maken.

Deels vond ik het prettig om bij haar te zijn in het verpleeghuis, ook al was ze zo zwak. Eindelijk kon ik wat tijd alleen met haar doorbrengen, tijd waarvan ik wist dat hij minuut na minuut verstreek.

Die avond hielp ik haar naar bed, borstelde haar haar naar achteren en gaf haar een zoen op haar voorhoofd.

'Ik slaap in de stoel naast je bed,' vertelde ik haar. 'Ik blijf dicht bij je.'

Toen de zuster de slaappillen had uitgedeeld, hield ik haar hand vast, die smal en mager was geworden. De huid, bijna transparant en met blauwe aderen, leek bijna doorzichtig. Iemand had haar een manicure gegeven, de nagels ovaal gevijld en gelakt met lichtroze nagellak, zo heel anders dan de nagels die ik me herinnerde van mijn laatste bezoek, nagels die zwart zagen van de aarde.

Toen ze in slaap was gevallen pakte ik een roman van Mavis Cheek en ging naar de lounge. Ik voelde me overmand door verdriet omdat de moeder van wie ik vroeger zoveel had gehouden stervende was, verdriet omdat ze, ondanks al het kwaad dat ze had gedaan, nooit gelukkig was geweest. Ik treurde om de relatie met haar die ik altijd gewild had, maar die me, afgezien van mijn prilste jeugd, altijd was ontzegd.

Het boek bleef die avond ongelezen, omdat de controle over mijn herinneringen me was ontnomen. Mijn gedachten gingen terug naar die eerste tijd die ik met haar had doorgebracht, een tijd waarin ik me gekoesterd, beschermd en geliefd had gevoeld, een tijd die in mijn herinnering altijd zonnig was – tot alles duister werd.

Antoinette, het kind, kwam naar me toe in die ruimte die door de schemering wordt gecreëerd, als de dromen ons hebben verlaten maar het bewustzijn nog sluimert – gekleed in schakeringen van grijs, haar ivoorwitte gezicht glanzend onder haar pikzwarte pony.

'Toni,' fluisterde ze, 'waarom heb je me nooit toegestaan om op te groeien?'

'Laat me met rust,' riep ik zwijgend, al mijn geestelijke energie verzamelend om haar van me af te duwen.

Mijn ogen gingen open, en nu dansten er slechts stofwolkjes in de lucht, maar toen ik mijn handen naar mijn gezicht bracht, werden ze nat van de tranen van een kind op volwassen wangen.

'Toni,' fluisterde ze, 'laat me je het verhaal vertellen van wat er werkelijk gebeurd is. Het is nu tijd.'

Ik wist dat Antoinette ontwaakt was en ik haar niet zou kunnen dwingen de jarenlange sluimering te hervatten waarnaar ik haar eens verbannen had. Ik sloot mijn ogen en stond haar gefluisterde woorden toe in mijn geest door te dringen toen ze ons verhaal begon.

# 2

Mijn eerste herinneringen aan mijn moeder en mij zijn toen we in een huis met een tuin woonden in Kent, waar mijn oma, die uiterst klein van postuur was, een geregelde en welkome bezoekster was. Bij het horen van haar stem als ze riep: 'Antoinette, waar ben je?' terwijl ze net deed of ze me zocht, stopte ik waar ik mee bezig was, holde naar haar toe om haar te begroeten en op mijn beurt omhelsd te worden.

Ze had een heel speciaal parfum, een mengeling van gezichtspoeder en lelietjes-van-dalen, een geur die later altijd herinneringen aan haar opriep. Ik voelde een warme liefde tussen ons als ik dat aroma inademde.

Op zonnige dagen stelde ze vaak een wandeling voor naar de hoofdstraat van Tenterdon, waar we een van de tearooms met eikenhouten balken bezochten. De kleren waarin ik gespeeld had waren vervangen door een schone jurk, mijn gezicht en handen waren gewassen en mijn haren geborsteld voor ik presentabel genoeg werd geacht voor dergelijke uitstapjes.

Als ze schoenen met hoge hakken had aangetrokken en een bijpassende tas had gezocht, deed mijn moeder helrode lippenstift op, poederde haar neus en gingen we gedrieën op stap.

Een serveerster in een zwart-witte outfit bracht ons naar

onze tafel, waarop mijn oma de afternoon-tea bestelde. Scones met jam en room, gevolgd door cakejes met roze en geel glazuur, werden weggespoeld met een aangelengde vruchtendrank voor mij en thee voor de twee volwassenen.

Mijn moeder, in een jurk met vierkante hals en blootshoofds, babbelde gezellig met mijn oma, die altijd, onafhankelijk van het weer, haar nog roodblonde haar verstopte onder een hoed. Vrouwen van dezelfde leeftijd, in jurken met een motiefje en met strohoeden of kleine ronde hoedjes op het hoofd, begroetten haar glimlachend, merkten op dat ik zo gegroeid was en gaven commentaar op het weer, een onderwerp dat, in mijn kinderlijke oren, volwassenen altijd bijzonder leek te interesseren.

Een ander speciaal uitje was als we bij mevrouw Trivett op bezoek gingen, een oude schoolvriendin van mijn oma, die tot mijn verrukking zelf zoete lekkernijen maakte in haar kleine zwart-met-witte cottage. Haar tuin van postzegelformaat stond vol framboeskleurige hortensia's, met hun grote trossen bloemen over de lage stenen muur hangend, zachtjes wiegend in de bries. Ik was gefascineerd door twee mollige kabouters die onder een van de heesters zaten, met een vishengel in hun hand. Misschien was het mevrouw Trivett die het zaad plantte voor de latere liefde van mijn moeder voor die tuinornamenten.

Mijn oma liet de glimmend gepoetste klopper op de zwarte deur vallen en mevrouw Trivett, in een volumineus schort, deed open en liet de warme geur vrij van het borrelende brouwsel waarvan later mijn geliefde snoepjes gemaakt zouden worden.

Ze nam me mee naar haar keuken en liet zien hoe ze werden gemaakt. Brede repen van het zoete mengsel werden over een haak bij de deur gehangen, daarna uitgeknepen en gerekt tot ze drie keer zo lang waren. Pas als mevrouw Trivett tevreden was over de lengte ervan haalde zij ze eraf, sneed sommige in kleine vierkantjes en andere in grotere stukken, die vervolgens werden opgerold tot kussentjes.

Gefascineerd keek ik toe, mijn wangen bol van een van haar probeersels, terwijl ik het snoepje dat ik mocht 'proeven' door mijn mond liet rollen. Zodra de laatste druppel van de zoete stroop door mijn keel naar binnen was gegleden, speelde ik hetzelfde spelletje dat we altijd speelden.

'Mevrouw Trivett, waar worden kleine meisjes van gemaakt?'

Ik kreeg nooit genoeg van haar antwoord. 'Maar Antoinette, hoe vaak moet ik je dat nog vertellen? *Sugar and spice and all things nice.* Van suiker en specerijen en alles wat lekker is.'

Ik giechelde vrolijk en ze beloonde me met nog een snoepje.

Andere dagen leerde mijn moeder me de spelletjes die ze in haar jeugd had gespeeld, de spelletjes die jaar na jaar van generatie op generatie worden doorgegeven. We kleedden poppen aan en maakten zandtaartjes met een klein emmertje en een schepje. Maar het liefst speelde ik met een theeserviesje dat mijn oma me had gegeven en deed net of ik theevisite ontving. Eerst rangschikte ik de kleine kopjes en schoteltjes op een doek, en daarnaast het theepotje en het minimelkkannetje. Dan werden de bijpassende bordjes keurig op een rij gezet. Als de tafel naar mijn zin gedekt was, namen kleine steentjes of bloemetjes de plaats in van sandwiches en cakejes, en werden vervolgens aangeboden aan mijn volwassen speelkameraadjes of mijn verzameling poppen. Denkbeeldige thee werd ingeschonken en rondgedeeld en onzichtbare kruimels werden van poppengezichtjes geveegd.

Niet alleen had mijn moeder onbeperkt de tijd om me de spelletjes uit haar kindertijd te leren, ze trok me ook graag mooie kleren aan, die ze vaak zelf maakte; ze kon uren besteden aan het met de hand gestikte smockwerk dat toen in de mode was.

Ze had een beroepsfotograaf een foto van me laten maken toen ik drie was, waarop ik een met wit afgezet jurkje droeg, één mollig beentje over het andere geslagen, vol vertrouwen glimlachend naar de camera. Ik leek het geliefde kind te zijn dat ik was.

Mijn moeder schreef me in voor een 'Miss Pears'-verkiezing, en tot haar vreugde werd ik tweede. Een klein, ingelijst portretje kreeg een ereplaats op de schoorsteenmantel.

Maar die gelukkige dagen, toen we samen een gezin vormden, waren geteld. Jarenlang droomde ik ervan dat ze zouden terugkomen, maar toen het meer dan tien jaar later eindelijk zover was, brachten ze me geen geluk.

Mijn vader bleef verscheidene jaren na de oorlog in het leger en kwam slechts sporadisch thuis; hij bracht het hele huis in opschudding in de korte tijd dat hij er was. Mij leek hij meer een belangrijke bezoeker dan een vader. Dagen voor zijn komst werd er druk schoongemaakt, kussens werden opgeschud, meubels gewreven en vloeren gedweild. Een warme geur doortrok het huis als zijn lievelingskoekjes en cakes werden gebakken, en dan, op de langverwachte dag, trok mijn moeder me mijn beste kleren aan en hulde zichzelf in haar mooiste jurk. Voortdurend ongeduldig uit het raam kijkend, wachtten we tot het hek open zou gaan en een luide groet weerklonk, waarop mijn moeder naar de deur holde en zich in zijn uitgestrekte armen stortte.

Mijn indruk was die van een grote, knappe man die mijn moeder stralend deed lachen en een roze gloed op haar gezicht bracht. Zijn komst ging altijd gepaard met geschenken, zoals zijden kousen voor haar en chocola voor mij. Mijn moeder pakte die van haar geduldig uit en vouwde zorgvuldig het papier op voor later gebruik, terwijl ik mijn cadeaus openscheurde onder het slaken van verrukte kreten. Hij, de vrijgevige bezoeker, zat in de gemakkelijkste stoel, glimlachend om ons enthousiasme.

Op mijn vierde verjaardag scheurde ik een enorm pak open dat een grote, rode, vilten olifant bevatte. Toen ik die oppakte, vond ik mijn olifant mooier dan al mijn poppen. Ik doopte hem Jumbo en weigerde een paar maanden lang van hem te scheiden. Ik hield Jumbo vast bij zijn slurf en sleepte hem mee door het huis, liet hem bij me in bed slapen en nam hem mee als ik ergens op bezoek ging.

Een paar maanden na die verjaardag kondigde mijn vader aan dat het idee van een leven als burger hem wel aantrok. Hij wilde, zei hij, meer tijd doorbrengen met zijn vrouw en dochter. Toen mijn moeder dat hoorde, begonnen haar ogen te stralen en de volgende paar weken kon ik haar opwinding voelen terwijl ze wachtte op zijn terugkeer, ditmaal voorgoed.

Ik wist door de geuren van het bakken en het fanatieke schoonmaakwerk in huis welke dag hij zou komen, maar het duurde nog drie dagen voor hij eindelijk arriveerde. Deze keer waren er geen cadeaus na de geschreeuwde groet, en na een paar uur was de zorgeloze sfeer in huis definitief veranderd. De toenemende spanning was begonnen.

Toen ik in bed lag, met mijn geliefde olifant in mijn armen geklemd, drong de eerste ruzie die ik ooit tussen mijn ouders gehoord had door in mijn slaap. Ik raakte van streek. Tot op dat moment had ik nooit een woedende, luide stem gehoord. Ik drukte Jumbo wat dichter tegen me aan, hoopte dat ze zouden ophouden en viel ten slotte in een onrustige slaap.

Veel later vertelde mijn moeder me dat de ruzie ging over het drinken en gokken van mijn vader. Ik kende de oorzaken niet, wist alleen dat ik me als gevolg daarvan niet op mijn gemak voelde. Na zijn vertrek uit het leger was hij pas naar huis teruggekeerd toen hij elke cent van zijn ontslagpremie aan een pokertafel had verloren, en de hoop van mijn moeder om een gezellig huis te kunnen kopen voor ons drieën werd de bodem ingeslagen. Het werd me duidelijk, als ze in een van onze zeldzame intieme momenten met me praatte, dat het slechts de eerste was van de vele teleurstellingen die haar te wachten stonden.

Mijn moeder besefte dat ze met een opgroeiend kind, zonder spaargeld om op terug te vallen, zou moeten werken, wilde ze ooit haar wens om een eigen huis te bezitten in vervulling zien gaan. Maar dat zou niet gemakkelijk zijn. Niet alleen werden vrouwen in de eerste tien jaar na de oorlog onderbetaald, er was ook heel weinig werk. Militaire overwinnaars die in het leger waren gebleven om te helpen aan de wederopbouw van een verwoest Duitsland, werden na hun terugkeer geconfronteerd met massale werkloosheid, benedenmaatse huisvesting en distributie. Met haar karakteristieke grimmige vastberadenheid weigerde mijn moeder een mislukking te accepteren, en ten slotte werd haar volharding beloond. Ze vond werk als nachtcaissière in een garage een aantal kilometers verderop, waar een kleine, donkere flat, waarvoor ze geen huur hoefde te betalen, een deel van haar salaris vormde.

Ook mijn vader had moeite met het vinden van werk. Hoewel hij opgeleid was tot werktuigkundige, was de enige baan die hij kon krijgen in een fabriek, en ook nog eens in de nachtdienst. Omdat er niets anders werd aangeboden, nam hij de baan aan.

Ons leven kreeg een andere wending; hij kwam elke ochtend mopperend over vermoeidheid thuis en ging meteen naar bed, terwijl mijn moeder, die het huishouden moest doen en voor een klein kind moest zorgen, sliep wanneer ze maar even kon.

Al haalde mijn oma me soms op voor een uitstapje, ze kwam maar zelden bij ons op bezoek, en de dagen dat ik met mijn moeder alleen was waren voorbij. Ik werd wakker in de kleine flat, klemde Jumbo tegen me aan, en ging haar zoeken. Als de flat leeg was, ging ik in mijn pyjama, nog half slapend, naar beneden naar de garage, op zoek naar haar gezelschap. In die tijd werd ze nooit kwaad op me, tilde ze mijn slaperige lijfje op, nam me mee naar boven en stopte me weer in bed.

Een paar maanden voor mijn vijfde verjaardag verhuisden we weer, deze keer naar een klein rijtjeshuis met een tuin. Mijn vader had zojuist een promotie gekregen die vast werk inhield met een hoger loon en betere werktijden. De nachtdienst was erg vermoeiend voor mijn moeder, en voor het eerst sinds de terugkeer van haar man had ze het gevoel dat ze nu een fulltime huisvrouw zou kunnen worden.

De nacht voor mijn verjaardag kon ik niet slapen; ik vroeg me af wat voor cadeau ik zou krijgen. De hele voorafgaande week had ik mijn moeder aan haar hoofd gezeurd om het me te vertellen. Immuun voor mijn smeekbeden, had ze gelachen en gezegd dat ik mijn nieuwsgierigheid moest bedwingen en wachten tot het zover was.

Ik werd vroeg wakker, holde naar beneden, denkend aan de komst van Jumbo een jaar geleden, en keek om me heen in de zitkamer. Ik kon niets ontdekken. Mijn moeder, die mijn teleurgestelde gezicht zag, vertelde me dat we bij iemand op bezoek gingen en dat ik daar mijn cadeau zou krijgen.

Zodra ik opgewonden mijn ontbijt naar binnen had geschrokt, werd ik in mijn jas geholpen en huppelde ik hand in hand met mijn moeder naar de bushalte. Een rode dubbeldekker bracht ons verscheidene kilometers verderop naar het volgende dorp. We stapten uit en liepen een klein eindje naar een huis dat ik nog nooit gezien had. Ik was in de war. Ik had geen idee wat mijn cadeau kon zijn. Ik wist dat cadeaus in winkels werden gekocht.

Toen mijn moeder aanklopte, hoorde ik het schrille geblaf van verschillende honden. Mijn opwinding steeg. Jumbo, al hield ik nog veel van hem, begon zijn aantrekkingskracht op mij enigszins te verliezen. Wat ik nu meer dan wat ook wilde, was een puppy voor mezelf. Zou dit, vroeg ik me af, de dag zijn waarop mijn wens vervuld werd?

Een kleine, mollige vrouw met grijs haar deed open. Rond haar voeten dartelden een paar zwart-met-lichtbruine ruwharige terriërs, kwispelstaartend en tegen ons opspringend om ons welkom te heten. Terwijl ze probeerde hun luidruchtige begroeting in toom te houden, bracht de vrouw ons snel naar een grote keuken. Mijn opwinding werd nog groter toen ik voor het fornuis een mand zag met een paar slapende puppy's. Net erbuiten strompelde een pluizig klein schepseltje rond met de zwart-en-lichtbruine tekening van de volwassen honden en glinsterende, ondeugende ogen, nog onzeker op de pootjes en in de lucht snuffelend met een zwart neusje.

Voordat mijn moeder de kans kreeg naar de andere puppy's te informeren, was ik naar het avontuurlijke hondje geheld en knielde op de grond. Ik wist meteen dat ze mij als baasje wilde. Ik tilde ze op, snoof de warme puppygeur op en voelde de snelle likjes van haar ruwe roze tong in mijn gezicht terwijl ze kronkelend in mijn armen lag. De band was gesmeed; ze werd de grootste vriendin van mijn kindertijd.

'Vind je dát hondje het liefste?' vroeg mijn moeder.

Mijn stralende gezicht was het enige antwoord dat ze nodig had.

'Dan is ze van jou. Ze is je verjaardagscadeau.'

Ik slaakte een vreugdekreet toen ik besefte dat mijn grootste wens vervuld was. Ik gaf het hondje een zoen op haar pluizige bol, en met dat vertoon van een vijfjarige moederliefde gaf ik haar te kennen dat ze van mij was.

'Hoe wil je haar noemen?' vroeg mijn moeder.

De herinnering aan een ander klein, vastberaden figuurtje kwam bij me terug, een wezentje dat ik had gezien toen ik eerder dat jaar een magische dag op het strand had doorgebracht. Met een grote ijshoorn in de hand had ik een kring lachende kinderen gezien die gefascineerd keken naar iets dat buiten mijn gezichtsveld viel. Ongeduldig rukkend aan de hand van mijn oma om haar naar voren te trekken en in dezelfde richting kijkend als de andere kinderen, kreeg ik de twee poppen Punch en Judy – Jan Klaassen en Katrijn – in het oog. Mijn vergeten ijsje smolt en droop langs mijn hand terwijl ik als aan de grond genageld bleef staan, verrukt van hun capriolen. Met de andere kinderen jouwde ik toen Punch Judy aanviel en juichte toen Judy terugsloeg. Zelfs toen de poppenspeler rondging met zijn collectebus bleef het mysterie van de twee miniatuurfiguurtjes onopgehelderd, en mijn geduldige oma werd onderworpen aan een stroom van vragen over de ruziënde poppen.

'Ik noem haar Judy,' antwoordde ik.

Die verjaardag bleef de gelukkigste herinnering van mijn kindertijd.

Mijn moeder had me ingeschreven bij een kleine particuliere school. Elke ochtend bracht ze me erheen en elke middag stond ze met een lieve glimlach bij het hek van de school te wachten. Ik voelde me erg volwassen in mijn uniform en met mijn potloden, vlakgom en eerste leerboeken zorgvuldig opgeborgen in een linnen schoudertas. Hoewel ik die eerste leertijd heel plezierig vond, bracht ik het grootste deel van elke dag in spanning door, denkend aan Judy en verlangend naar de laatste bel. Haastig werkte ik de melk en sandwiches naar binnen die ik thuis voorgezet kreeg zodra ik me verkleed had. Pas als ik allebei op had, mocht ik naar buiten om een uur met Judy en de bal te spelen. Als mijn moeder dacht dat we allebei voldoende energie verbruikt hadden om rustig binnen te blijven, deed ze de keukendeur open en riep ze ons. Een leesboek, waaruit ik elke dag nieuwe woorden leerde, of een rekenboek

waarmee ik op de klok leerde kijken, werden uit mijn schooltas gehaald. Ik zat aan de tafel te werken, terwijl mijn moeder
het eten klaarmaakte en Judy uitgeput aan mijn voeten lag.

Voor Kerstmis, toen ze van een puppy was opgegroeid tot
een klein hondje, kocht ik van mijn opgespaarde zakgeld een
mooie roodleren riem met bijpassende halsband. Ingepakt in
mijn warme, marineblauwe winterjas, met een springerige
Judy naast me, die immuun was voor de kou in haar natuurlijke bontjas, ging ik er trots mee wandelen, stralend als iemand even bleef staan om het hondje te bewonderen. Mijn
geluk was volmaakt toen mijn oma ons weer begon te bezoeken. Er werd nooit een verklaring gegeven waarom ze inder-
tijd gestopt was met ons te bezoeken. Jaren later bekende ze
me dat ze het ontstellend vond dat we boven de garage woonden, altijd een afkeer had gehad van mijn vader en hem nooit
goed genoeg had gevonden voor mijn moeder. Hoewel ik haar
toen ten volle gelijk gaf, was het te laat om er commentaar op
te geven.

Net als ik was ze dol op Judy, die haar altijd enthousiast begroette. Mijn oma tilde haar op en kietelde haar buikje, waarop Judy haar beloonde door de geparfumeerde poeder van
haar gezicht te likken.

De bezoeken van mijn oma gingen gepaard met cadeaus,
voornamelijk boeken, die, als mijn moeder het te druk had,
door mijn oma werden voorgelezen.

Toen mijn ouders me in februari vertelden dat we gingen
verhuizen naar Noord-Ierland, waar mijn vader vandaan
kwam, werd mijn vreugde slechts verstoord door de gedachte
dat ik mijn oma niet zo vaak meer zou kunnen zien. Maar haar
herhaalde geruststelling dat ze ons heel vaak zou komen bezoeken, verdreef mijn angst.

Maar er zouden zes jaren verstrijken voor ik haar weer te-
rugzag.

We stuurden elkaar regelmatig brieven, die de waarheid van ons gezinsleven verheimelijkten.

Ze vergat nooit een verjaardag en Kerstmis, maar de brief waarop ik hoopte en waarin ze haar bezoek aankondigde, kwam nooit. Onbewust toen van de talloze excuses die mijn moeder voor haar verzon, vervaagde geleidelijk het beeld van mijn oma en werd ze iemand die eens van me gehouden had.

# 3

Op de grond van onze zitkamer stonden drie dunne houten theekisten en één koffer, die de bijeen vergaarde goederen van een huwelijk bevatten. In de daaropvolgende tien jaar zag ik ze heel wat keren in- en uitgepakt worden, tot ze voor mij een symbool werden van een tot mislukken gedoemd optimisme. Maar toen ik vijfenhalf jaar oud was, beschouwde ik ze als het begin van een opwindend avontuur. Mijn moeder had de vorige avond triomfantelijk de derde kist dichtgespijkerd, en zodra de verhuiswagen kwam om ze af te halen, zou onze reis beginnen.

Mijn vader, die al een paar weken in Noord-Ierland was, had ons eindelijk laten komen. De brief waarnaar we halsreikend hadden uitgekeken, was een week geleden gekomen en mijn moeder had me delen eruit voorgelezen. Hij had, vertelde ze enthousiast, een huis voor ons gevonden op het platteland. Maar eerst moesten we zijn familie bezoeken, die verlangend wachtte op onze komst. We zouden twee weken bij hen blijven tot onze kisten en meubels arriveerden, en dan zouden we naar ons nieuwe huis vertrekken.

Mijn moeder vertelde me steeds opnieuw hoeveel ik van Ierland zou houden, dat het een goed leven zou worden en dat ik me erop kon verheugen al mijn nieuwe familieleden te leren kennen. Ze praatte opgewonden over haar toekomstplannen; we zouden op het platteland gaan wonen, een kippenfarm beginnen en onze eigen groenten verbouwen. Met een visioen van donzige paaskuikens werd ik al even enthousiast als zij. Ik luisterde naar de delen uit de brief van mijn vader die ze me voorlas, over mijn nichtjes en neefjes, over het huis buiten en hoezeer hij ons miste. Haar blijdschap werkte aanstekelijk toen ze een toekomstig idyllisch leven beschreef.

Toen de verhuiswagen was weggereden met onze kisten en meubels, keek ik met gemengde gevoelens naar onze lege kamers: zenuwachtig omdat ik alles wat vertrouwd was moest achterlaten, opgewonden omdat ik naar een nieuw land ging.

Mijn moeder pakte onze koffers op en ik hield Judy's riem stevig vast toen we aan onze vierentwintig uur durende reis begonnen. Wat mij een avontuur leek, moet mijn moeder een beproeving hebben gevonden. Niet alleen moest ze voor onze koffers en mij zorgen, maar ook voor Judy, die inmiddels was opgegroeid tot een kleine, pientere, ondeugende terriër.

Een bus bracht ons naar het spoorwegstation, met zijn bloembakken en vriendelijke kruiers. We namen de trein naar de Midlands en daarna de aansluiting naar Crewe. Ik zat in het compartiment naar de stoom te staren die in rookwolken uit de locomotief opsteeg, en luisterde naar het klikklak van de wielen, dat mij in de oren klonk als 'we gaan naar Ierland, we gaan naar Ierland'.

Ik kon nauwelijks stilzitten, maar de opwinding deed niets af aan mijn eetlust. Met het oog op ons budget had mijn moeder een picknick voor ons ingepakt. Toen ik het bruin getinte vetvrije papier loswikkelde, vond ik sandwiches met cornedbeef en een hardgekookt ei dat ik pelde en at terwijl ik uit het raam staarde. Een knapperige appel volgde, terwijl mijn moeder voor zichzelf thee inschonk uit een thermosfles. Voor Judy waren er een apart pakje met restjes, een fles water en een plastic kom. Ze at elke kruimel op, likte dankbaar aan mijn vingers, rolde zich toen op aan mijn voeten en viel in slaap. Toen we uitgegeten waren, haalde mijn moeder een vochtige doek uit een klein tasje, veegde mijn gezicht en handen af, pakte toen een vergulde poederdoos en deed snel wat poeder op haar neus en kin. Toen schminkte ze haar lippen met haar gebruikelijke donkerrode stift.

Het station van Crewe was een grote, lawaaierige, holle ruimte, vuil en slecht verlicht, heel anders dan de aantrekkelijke, fris geschilderde stations van Kent. Mijn moeder kleedde me warm aan in mijn winterjas, stopte Judy's riem in mijn hand en pakte onze tassen op.

De boottrein van Crewe naar Liverpool was vol vrolijke passagiers in vakantiestemming, plus veel militairen die met verlof naar huis gingen. Er was geen tekort aan helpende handen die onze tassen in het bagagerek boven ons hoofd borgen. Judy kreeg veel vriendelijke klopjes en complimentjes, wat ik prachtig vond. Mijn mooie moeder, met haar schouderlange donkere haar en slanke figuur, moest meer dan één hoopvolle militair uitleggen dat haar man op ons wachtte in Belfast.

Ik zat met mijn kleurboeken en kleurpotloden op schoot, wilde geen moment missen en deed wanhopige pogingen om mijn ogen open te houden, maar zonder succes. Binnen een uur werd ik door slaap overmand.

Toen ik wakker werd, waren we in Liverpool gearriveerd. Door de dwarrelende stoom zag ik voor het eerst de boot, een reusachtige, grijze, grimmige massa, die hoog boven ons uitstak. Hij wierp een schaduw over de talloze mensen die zich met hun bagage naar de rij onder aan de loopplank haastten. Het zwakke gele licht van de straatlantaarns scheen wazig op het met olie bedekte water onder de zacht schommelende boot. Ik had alleen nog maar de kleine vissersvloten in Ramsgate gezien en was diep onder de indruk van het vooruitzicht op zoiets reusachtigs te varen. Ik hield Judy's riem stevig vast en drukte me ter geruststelling dicht tegen mijn moeder aan toen we naar voren schuifelden om ons aan te sluiten bij de rij.

Helpende handen hielpen ons aan boord, waar een wit-gejaste steward ons naar onze kleine tweedeklas hut bracht, die ingericht was met een houten stoel, een bed en een kleine wasbak.

'Wat, moeten we allebei hier slapen?' riep ik ongelovig uit.

De steward woelde door mijn haar en lachte. 'Natuurlijk. Zó groot ben je ook weer niet!'

Die nacht kroop ik dicht tegen mijn moeder aan, terwijl de deining van de zee me in slaap wiegde tijdens het grootste deel van de twaalf uur durende overtocht. Ik had geen enkele last van de zeeziekte waaraan, volgens de purser die ons 's morgens thee en toast bracht, veel andere passagiers leden.

We kwamen in Belfast aan nog voordat de zon helemaal op was, en gingen opnieuw in de rij staan om van boord te gaan. Passagiers leunden zwaaiend over de reling, maar omdat ik te klein was, moest ik mijn ongeduld bedwingen. Na een laatste slingering van de boot werd de loopplank neergelaten en kreeg ik mijn eerste indruk van Belfast.

De ochtendschemering verlichtte natte keien, waar kleine pony's tweewielige karretjes heen en weer trokken. Mensen met bevriezende adem verdrongen zich rond de loopplank met een brede lach ter verwelkoming. Mijn oren tuitten van het harde Ierse accent toen familie en vrienden elkaar begroetten.

Alles leek en klonk zo anders terwijl we naar mijn vader zochten. We zagen hem tegelijk, toen hij met een stralende lach naar ons toe kwam. Hij omhelsde mijn moeder en zoende haar, tilde me op, zwaaide me rond in zijn armen en gaf me een luide zoen op elke wang. Judy snuffelde achterdochtig aan zijn voeten, en bij uitzondering kwispelde ze niet met haar staart.

Hij zei dat hij ons zo gemist had, dat hij erg blij was dat we er waren en dat iedereen zich erop verheugde ons te leren kennen. Hij pakte onze koffers en ging ons voor naar een auto.

Hij had hem geleend, zei hij met een knipoog, voor het laatste traject van onze reis. Mijn moeder straalde, verrukt over zijn opmerking dat hij niet wilde dat ze met de trein naar Coleraine zou gaan en hij de kostbare ogenblikken zou missen die hij met ons kon doorbrengen.

Ik zat warm ingepakt in een geruite plaid achter in de auto toen we op weg gingen. Hij hield haar hand vast en ik hoorde hem zeggen: 'Alles wordt anders, dat zul je zien. We zullen hier gelukkig zijn. Het zal ook goed zijn voor Antoinette, al die frisse buitenlucht.' Mijn moeder leunde met haar donkere hoofd op zijn schouder en hij legde even zijn rossige haar ertegen. Die dag was hun geluk bijna tastbaar. Al was ik nog zo jong, ik voelde hun liefde.

Voor het eerst voelde ik me buitengesloten. Mijn vader besteedde al zijn aandacht aan mijn moeder. Ik zag haar glimlachjes, die vandaag niet voor mij bestemd waren, en besefte dat ze volkomen in elkaar opgingen. Een angstig gevoel, alsof ik gewaarschuwd werd voor komende veranderingen, maakte zich van me meester, terwijl ik naar het voorbijglijdende landschap staarde.

Ik zag de indigoblauwe Ierse bergen, hun toppen nog gehuld in de vroege ochtendnevel. In een ruig landschap werden hectaren groen onderbroken door logge, grijze, rechthoekige huizen, totaal verschillend van de aantrekkelijke cottages in Kent met hun zwart-wit rieten daken. Ik zag kuddes schapen, dicht op elkaar gekropen voor de warmte, in velden die gescheiden waren door lage stenen muren. We passeerden nietige gehuchten waar één klein huis, dat tot buurtwinkel was getransformeerd, de plaatselijke gemeenschap bediende. Magere kippen pikten rond varkens die tevreden snuffelden in de modder van piepkleine akkers. Kinderen zwaaiden naar onze voorbijrijdende auto. Ik zwaaide terug en tilde Judy op om haar de kinderen te laten zien.

Ik kwam tot de conclusie dat Ierland me wel beviel en richtte mijn gedachten op mijn Ierse familie. Hoewel ik hield van mijn oma van moeders kant, die we in Engeland hadden achtergelaten, verheugde ik me op de kennismaking met mijn nieuwe familie. Mijn moeder had geprobeerd mijn familie te beschrijven, maar ik kon me geen beeld van hen vormen. Ik wist dat ze me als baby hadden gezien, maar kon me hen niet herinneren.

De velden werden vervangen door brede wegen met grote huizen in een verzorgd landschap, dat toegang gaf tot robuuste, halfvrijstaande huizen met erkerramen en langwerpige tuinen, omheind door keurig gesnoeide heggen. Daarna kwamen er rijen aaneengesloten huizen, waar bloemloze heesters beschermd werden door lage muren.

Mijn vader vertelde me dat we nu dicht bij het huis van zijn moeder waren, waar we zouden lunchen, wat me eraan deed denken dat ik honger had. Het was al uren geleden dat ik had ontbeten met slappe thee en toast.

Een paar minuten later verdween al het groen, de straten werden smaller en de huizen donkerder, tot we in een straat kwamen met kleine bakstenen huizen, waarvan de voordeur zich pal aan het trottoir bevond. Dit was, vertelde mijn vader me, de buurt waar hij was opgegroeid en waar leden van mijn Ierse familie, onder wie mijn grootouders, woonden. Ik rekte mijn hals uit en zag een straat die volkomen anders was dan iets wat ik ooit gekend had.

Vrouwen met hoofddoeken over hun krulspelden leunden over de bovenkant van hun halve deuren en riepen naar hun buren, terwijl ze kleine snotneuzen in de gaten hielden die in de straatgoot speelden. Anderen, met blote benen en op pantoffels, leunden tegen muren en inhaleerden sigarettenrook tussen bleke lippen. Kinderen in haveloze kleren speelden cricket tegen wickets die op de muur getekend waren. Honden van twijfelachtige afkomst blaften woest en sprongen in de lucht terwijl ze probeerden een bal te vangen. Mannen met bretels over hun boordloze overhemden liepen doelloos rond met hun handen in hun zakken en een pet op het hoofd, terwijl enkelen van hen in een groepje stonden en een schijnbaar ernstig gesprek voerden.

Nog meer honden holden om de auto heen toen we vermoeid uitstapten. Niet wetend of ze goede bedoelingen hadden, klemde ik Judy beschermend in mijn armen. Ze beloonde mijn bezorgdheid door met haar staart te zwaaien en zich in bochten te kronkelen om op de grond te komen. We werden begroet door een kleine, mollige, witharige vrouw, die met haar handen op haar heupen en een brede glimlach op ons stond te wachten.

Ze omhelsde mijn vader enthousiast en duwde toen de deur open. We liepen langs de steile, kale trap regelrecht van het trottoir de piepkleine zitkamer van mijn grootouders binnen.

Het was heet in de kamer, waar een kolenvuur lustig brandde en de directe familieleden van mijn vader verzameld waren.

Mijn grootvader leek een kleinere, oudere versie van hem. Hij was een kleine, gezette man, die, net als mijn vader, dik golvend haar had dat uit zijn gezicht gekamd was. Maar terwijl het haar van mijn vader oplichtte met donkerrode tinten, was dat van mijn grootvader verbleekt tot een gelig grijs. Net als mijn vader had hij lichtbruine ogen, maar als hij glimlachte, waren er gele tanden te zien, niet het helderwit glanzende gebit van mijn vader.

Mijn grootmoeder, een energiek rond tonnetje, was helemaal in het zwart gekleed; ze had wit haar dat in een knot was gedraaid en rode appelwangen onder fonkelende blauwe ogen. Ze was vrolijk en druk in de weer en ik vond haar onmiddellijk aardig.

'Antoinette,' riep ze uit, 'ik heb je niet meer gezien sinds je een heel kleine baby was, en kijk nu eens wat een grote meid je bent geworden.'

Ze trok een jonge vrouw naar voren die, zoals ze me vertelde, mijn tante Nellie was. Ze was klein en tenger, met donker haar en bruine ogen, en de enige zus van mijn vader.

Twee andere mannen, de jongere broers van mijn vader, mijn ooms Teddy en Sammy, werden daarna aan me voorgesteld. Ze hadden duidelijk ontzag voor hun oudste broer. Teddy, een broodmagere, roodharige tiener met een aanstekelijke grijns, was een jongen aan wie je onmogelijk een hekel kon hebben. De zwartharige Sammy was enkele jaren ouder en had een serieus gezicht. Hoewel hij schijnbaar verheugd was ons te zien, was Sammy terughoudender in zijn begroeting.

Teddy bood aan Judy uit te laten, waar ze hard aan toe was, en ik overhandigde hem dankbaar de riem. Ik voelde me verlegen in mijn nieuwe omgeving en waagde me liever nog niet de straat op.

Mijn grootmoeder en Nellie liepen bedrijvig heen en weer, zetten eten op tafel en schonken kokend water in een aluminium theepot.

'Ga zitten,' zei mijn grootmoeder. 'Je zult vast wel honger hebben.'

Stoelen werden haastig bijgeschoven aan een volle tafel, en de familie keek toe terwijl mijn grootmoeder mijn bord vol schepte. Er waren diverse sandwiches, sommige met spam, cornedbeef of vispasta, en bruin sodabrood en kleine, dikke Ierse pannenkoekjes, dik besmeerd met boter en aardbeienjam. Tot slot kwam er een vruchtencake op tafel, waaraan de distributiebonnen van de hele familie moesten zijn opgegaan. Ik had geen aanmoediging om te eten nodig en viel enthousiast aan, omringd door het vriendschappelijke geroezemoes van de volwassenen die mijn ouders bestormden met vragen.

Toen ik niets meer naar binnen kon krijgen, begonnen mijn ogen dicht te vallen; de hitte in de kamer, de lange reis en het eten eisten hun tol. Ik hoorde lachende volwassen stemmen uitroepen dat ik in slaap was gevallen, en voelde hoe de sterke armen van mijn vader me optilden en me naar een slaapkamer boven droegen.

Het schemerde toen mijn moeder me om vier uur wakker maakte. Slaperig liet ik me wassen en aankleden voor een volgend bezoek. Het scheen dat de voltallige familie van mijn vader ons wilde zien, en ik, die gewend was aan de kleine familie van mijn moeder, bestaande uit één oma en een paar neven en nichten die ik zelden zag, voelde me duizelig van mijn pogingen om alle namen die ik hoorde te onthouden. Het avondeten zou worden opgediend in het huis van mijn oud-oom in dezelfde straat. Oom Eddy en tante Lilly, zoals me gezegd werd dat ik hen moest noemen, en hun twee tienerdochters, Mattie en Jean, hadden een speciale maaltijd voor ons klaargemaakt, een typisch Iers gerecht, zoals ik later hoorde: dikke plakken kip, gekookte ham met een glanzende laag honing en mosterd, hardgekookte eieren, helderrode tomaten en in de schil gekookte aardappelen. Zelfgemaakte trifle en talloze kopjes thee volgden, en opnieuw voelde ik de warmte van de familie van mijn vader.

Ze informeerden naar ons leven in Engeland, vroegen hoe onze reis was verlopen en wat de plannen van mijn ouders waren. Waar gingen we wonen? Waar zou ik naar school gaan? Ik zag hun verbazing toen mijn moeder vertelde dat ze me naar een particuliere school zou sturen omdat ik daaraan gewend was. Toen ik ouder was besefte ik dat alleen de leerlingen die in Park Street woonden – een van de armste buurten in Coleraine – en een studiebeurs hadden naar de school konden die mijn moeder voor me had uitgezocht.

Ze gaven ons nauwelijks de tijd om hun vragen te beantwoorden voor ze ons op de hoogte brachten van alle familie-roddels. Zelfs toen al kon ik merken dat mijn moeder geen enkele belangstelling had. Ik had haar beleefde glimlach leren herkennen als ze in gezelschap was dat haar verveelde. In contrast daarmee week de opgewekte glimlach zelden van mijn vaders gezicht, en als middelpunt van de aandacht lachte hij om elk nieuw verhaal.

Uitgeput door alle opwinding van die dag en blij dat ik deel uitmaakte van zo'n grote familie, viel ik tevreden in slaap in een logeerbedje aan het voeteneinde van het bed van mijn ouders.

De volgende ochtend werd ik gewekt door het daglicht dat naar binnen drong door de dunne gordijnen voor het kleine raam. Toen ik op zoek ging naar mijn moeder, kreeg ik te horen dat mijn ouders die dag uit waren en ik bij mijn grootmoeder moest blijven.

Mijn moeder had me nog nooit alleen gelaten zonder het me eerst te vertellen en weer ging er een vaag gevoel van angst en verlies door me heen. Maar toen ik naar het vriendelijke gezicht van mijn grootmoeder keek, kon ik mijn twijfels overwinnen.

Terwijl ze een 'Ulster fry up' voor me maakte, zoals ze het noemde, van gebakken pannenkoek, bloedworst en ei, waste ik me aan de gootsteen. Toen ik naar de buiten-wc ging, vond ik tot mijn verbijstering in vierkantjes geknipt krantenpapier in plaats van toiletpapier. Toen ik mijn grootmoeder dat vertelde, keek ze verlegen en zei dat ze net het laatste wc-papier gebruikt hadden en ze na het ontbijt nieuw papier zou gaan halen. Pas maanden later realiseerde ik me dat krantenpapier door armoede voor meerdere doeleinden gebruikt werd en dat toiletpapier als een onnodige luxe werd beschouwd.

Toen de ontbijtboel was afgewassen, kookte ze nog een paar pannen water en zei dat ik haar kon helpen met de was. We gingen naar de minuscule achtertuin, waar een grote metalen bak gevuld werd met dampend zeepsop. Ze zette er een geribbeld wasbord in en ging met haar rode, gekloofde handen badhanddoeken en hemden wassen door ze op en neer te wrijven over de ribbels, een groot verschil met de blanke handen van mijn moeder en de zorgvuldig aangebrachte rode nagellak.

Ik hielp haar het natte wasgoed door de mangel te draaien door het ene eind vast te houden, terwijl zij het andere erdoor haalde, wat we diverse malen herhaalden. Toen de laatste druppel water eruit gewrongen was, hingen we het wasgoed met dode vingers van de kou op aan een lijn die gespannen was tussen de achterdeur en de wc. Ten slotte hesen we het zo ver mogelijk omhoog en lieten het boven ons hoofd fladderen in de koude lucht.

Elke avond, behalve op zondag, werd het nog vochtige wasgoed op een droogrek voor de kachel gehangen, vulde de kamer met de geur van dampende kleren en blokkeerde de warmte.

's Middags kwam mijn grootvader thuis, niet van zijn werk, zoals ik dacht, maar van de bookmakers, of, als hij geluk had gehad op de renbaan, uit de pub. Mij werd de taak toebedeeld om de tafel te dekken met schoon krantenpapier voordat de maaltijd van soep en sodabrood werd opgediend.

Dat weekend bracht ik de meeste tijd door bij mijn grootouders, terwijl mijn ouders uitgingen en pas terugkwamen als ik al in bed lag. Zondagochtend zag mijn moeder mijn treurige gezicht toen ik besefte dat zij en mijn vader weer uitgingen en beloofde dat we de volgende dag gezamenlijk zouden doorbrengen.

'Eerst ga ik met je naar je nieuwe school om je in te schrijven,' zei ze. 'Dan, als je lief bent en vandaag thuisblijft om je grootmoeder te helpen, zal ik als een extraatje met je gaan lunchen.'

Gekalmeerd en weer gelukkig keek ik haar stralend aan, en ze omhelsde me snel. De geur van haar parfum bleef na haar vertrek in de lucht hangen.

Die maandag was er een zwak winterzonnetje dat de kille ochtend wel verhelderde maar niet verwarmde. Het vooruitzicht echter van een hele dag met mijn moeder verdreef de kou.

'Het is maar een halfuurtje lopen,' stelde ze me gerust.

Na het ontbijt liepen we hand in hand door de smalle straten rond Park Street, over het dorpsplein naar de door bomen omzoomde avenues, waar hoge bakstenen huizen stonden, een eindje van de weg af. Toen we bij een ervan kwamen dat zich onderscheidde van de andere door verschillende grijze prefabgebouwen en omheinde tennisbanen, liepen we de grote hal met houten vloer binnen en stelden we ons voor aan de secretaresse van de school.

Een paar minuten later werden we naar de kamer van de directrice gebracht, een imponerende vrouw met enigszins blauw getint haar. Ze droeg een sober grijs mantelpak, dat bijna schuilging onder een zwarte toga.

'Hallo, ik ben dr. Johnston,' zei ze, terwijl ze even mijn schouder aanraakte. 'En jij moet Antoinette zijn.'

Na een paar minuten met mijn moeder te hebben gesproken, gaf ze me een eenvoudige leestest. Ik las de les achter elkaar op, zonder één keer te haperen, ondanks mijn nervositeit. Toen ik klaar was, keek ze met een vriendelijke glimlach aan.

'Antoinette, je leest heel goed, al ben je pas een paar maanden op school geweest. Heeft je moeder je onderwezen?'

'Nee, dat heeft Nanny gedaan,' antwoordde ik. 'We lazen samen de *Flook*-strips in de *Daily Mail*.' Ze lachte en vroeg wat mijn grootmoeder me nog meer geleerd had. Ze keek geamuseerd toen ik haar vertelde dat ik had leren rekenen met kaartspelen.

'Nou, ze heeft in ieder geval het gewenste niveau,' verzekerde ze mijn moeder. 'Ik denk dat ze hier goed zal passen.'

Mijn moeder keek verheugd, en daar was ik blij om. Na een paar formaliteiten leidde dr. Johnston ons rond in de school. Ik keek naar de groepjes kinderen in hun groene uniformen, die in de pauze aan het spelen waren, en dacht dat ik me hier gelukkig zou voelen.

Gewapend met lijsten van alles wat we nodig hadden, gingen mijn moeder en ik de stad in. Eerst kochten we mijn uniform, grijze overgooier, drie witte blouses en een zwart-met-groene das. De laatste aankoop was, zoals mijn moeder me vertelde, een geschenk van mijn Engelse oma: een mooie groene blazer met het witte schoolembleem op de borstzak. De volgende stop was een boekwinkel.

Bijna bezwijkend onder het gewicht van alle dozen en tassen gingen we naar de dichtstbijzijnde tearoom voor de beloofde lunch.

'Ik denk dat je het prettig zult vinden op je nieuwe school,' zei mijn moeder, zodra de bestelling was gebracht. Met mijn mond vol geroosterde, beboterde crumpet knikte ik enthousiast.

De ochtend waarop ik zou beginnen, sprong ik opgewekt mijn bed uit en holde naar beneden om me te wassen en het ontbijt te nuttigen dat mijn grootmoeder voor me had klaargemaakt. Mijn vader was vertrokken naar zijn werk en mijn moeder had al mijn nieuwe kleren op het bed gelegd. Ik rook gewoon dat ze nieuw waren. Ik kleedde mezelf aan, van mijn groene schoolonderbroekje tot mijn blouse en overgooier, en vroeg mijn moeder me te helpen met de das. Mijn haar was geborsteld en werd met een haarspeld op zijn plaats gehouden. Ik hing mijn schooltas met al mijn nieuwe boeken over mijn schouder en keek even in de spiegel. Een gelukkig kind met nog een restje babyvet glimlachte vol zelfvertrouwen naar me terug. Trots liep ik de trap af om te worden omhelsd door mijn grootmoeder voordat mijn moeder en ik de wandeling naar school ondernamen.

Mijn lerares stelde me voor aan mijn klasgenoten en gaf me een plaats naast een vriendelijk blond meisje, dat Jenny heette. De ochtend ging snel voorbij, en ik dankte mijn Engelse oma voor haar extra onderwijs. Het lezen en rekenen ging me gemakkelijk af en ik werd beloond met een glimlach en een paar lovende woorden van mijn lerares.

Toen de bel ging, holde onze klas van het leslokaal naar de speelplaats, waar Jenny me onder haar hoede nam. De kinderen vonden mijn naam moeilijk uit te spreken en noemden me onder veel gelach 'Annie-net'. In de wetenschap dat hun gelach vriendschappelijk bedoeld was, was ik blij dat ik bij dit groepje hoorde en lachte met hen mee. Aan het eind van de dag waren Jenny en ik dikke vriendinnen. Ze scheen het een eer te vinden de zorg op zich te nemen voor een klein meisje met een vreemd accent en stelde me trots voor aan mijn klasgenoten. Me koesterend in haar aandacht, voelde ik de warmte van een plotselinge vriendschap. De behoefte aan een goede vriendin die begint als je baby af bent en aan je kindertijd begint, was vervuld.

We bleven nog twee weken in het huis van mijn grootouders, tot de dag van onze verhuizing aanbrak. Deze keer had ik er gemengde gevoelens over; want ik vond het heerlijk bij zo'n grote familie te horen, vooral omdat ik het jongste lid was en door iedereen werd verwend. Zelfs mijn zwijgzame grootvader babbelde met me, stuurde me naar de kleine buurtwinkel om sigaretten voor hem en snoep voor mijzelf te kopen. Als niemand keek, schonk hij zelfs overdreven aandacht aan Judy. Ik wist dat ik hen zou missen, maar mijn avontuurlijke kant verheugde zich erop om op het platteland te leven en mijn moeder te helpen met haar kippenfarm.

Er was een compromis gesloten om mijn grootouders en mij

tevreden te stellen. In die tijd was het op het platteland gebruikelijk dat de bussen niet meer dan twee keer per dag reden, één keer 's ochtends om de werkende mensen naar de stad te vervoeren en 's avonds om hen weer naar huis te brengen. Afgesproken werd dat ik elke schooldag naar het huis van mijn grootouders zou gaan om thee te drinken, waarna ze me naar de bus zouden brengen en mijn moeder me bij onze halte zou afhalen. Omdat ze wist dat ze me pas na de paasvakantie weer zou zien, maakte mijn grootmoeder een pakket klaar met mijn favoriete Ierse sodabrood en pannenkoekjes, dat we samen met steelpannen, tassen met levensmiddelen en brandstof in de auto zetten.

Onder tranen nam ik afscheid van mijn grootmoeder, en we laadden onze koffers in de auto. Judy en ik zaten klem op de achterbank, en zo begonnen we onze reis naar ons nieuwe huis, gevolgd door een busje met de paar meubels uit Engeland waarvan mijn moeder geen afstand had kunnen doen.

Snelwegen werden landwegen, en toen reden we over een smalle weg, waar de hagen ruiger waren en het asfalt plaatsmaakte voor grind, tot we bij een onverharde weg kwamen die naar een dubbel houten hek voerde.

Mijn vader sprong triomfantelijk uit de auto, gooide met een zwierig gebaar het hek open en we zagen voor het eerst het huis met het rieten dak. Het was niet wat ik verwacht had.

In het verpleeghuis verkilde ik toen de herinneringen door mijn hoofd tolden. Ik was niet in staat me te bewegen. De harde stoel porde me wakker; Antoinette was verdwenen en Toni, mijn volwassen personage, had weer de leiding.

Ik schonk een wodka in uit mijn flacon, stak een sigaret op en leunde met mijn hoofd tegen de rug van de stoel om na te denken over het geluk van die prille jaren. Waarom, vroeg ik me af, voelde ik me overmand door een gewaarwording van naderend onheil? Er was niets in dit huis dat me angst aan kon jagen.

'Dat is er wél, Toni,' klonk het gefluister. 'Je bent bang voor mij.'

'Dat ben ik niet,' antwoordde ik. 'Jij bent mijn verleden, en het verleden is afgesloten.'

Maar het was een holle ontkenning. Toen ik door de rook van mijn sigaret naar de hoeken van de lege kamer tuurde, voelde ik hoe de macht van Antoinette me door het hek terug-trok naar het huis met het rieten dak.

# 4

Op een met paardenbloemen bezaaid grindterrein stond een klein, vierkant huis. Afbladderende witte verf liet flarden grijs zien uit vroeger tijden; lelijke bruine vlekken liepen in strepen omlaag uit de goot. Er waren twee watertonnen, die bijeen werden gehouden door roestige ijzeren klampen, een staldeur met een hangslot en vier vuile ramen zonder gordijnen.

Aan de zijkant van het huis stonden twee vervallen schuren met golfijzeren daken. Een wirwar van doornstruiken en brandnetels blokkeerde de dubbele deur van de grootste schuur en ontbrekende latten hadden grote gaten doen ontstaan in de muren. De deur van de kleinste schuur hing open en onthulde vergelende stukken krant, hangend aan een touw, en de versleten houten zitting van een chemisch toilet. Planken vormden een pad dat bijna onzichtbaar was onder doornstruiken en onkruid, en het houten schot aan de voorkant was verrot door het vocht.

Ik wist dat mijn moeder de mooie cottages zag van Kent, dat ze haar knappe echtgenoot zag, vol liefde voor een statische herinnering die ze had opgesloten in haar geheugen. Die van een dancing, waar zij, ouder dan de meeste vrouwen daar, de hele avond, benijd door haar vriendinnen, gedanst had met een roodharige charmeur.

Met dat beeld in haar hoofd en haar optimisme nog intact, begon ze haar plannen uit te leggen. Het grote bijgebouw zou een schuur worden met stro op de grond voor kippen, een groentetuin zou aan de achterkant van het huis komen en onder de ramen zouden bloemen worden geplant. Ze pakte mijn hand beet en liep met me naar binnen.

De tocht door de open deur zoog de vlokken stof uit de hoeken. Honderden gevangen vliegen hadden hun laatste strijd gestreden in de reusachtige spinnenwebben die in lussen aan ongeverfde balken en ramen hingen, en een spoor van oude muizenkeutels voerde naar de enige ingebouwde kast. De muren waren wit geschilderd, maar van de grond tot mijn middel waren ze bestrooid met donkergroene spikkels van het vocht.

Een groot, zwart, met turf gestookt fornuis stond aan één kant van het vertrek, en onder een raam was het enige andere meubilair, een houten plank met een metalen kom bovenop en een klein badje eronder.

Twee deuren aan weerszijden gaven toegang tot de slaapkamers. Bij de voordeur voerde een trap, niet veel meer dan een ladder, naar de zolder. Toen we naar boven klommen om die te verkennen, vonden we een grote, donkere ruimte waar slechts het riet ons beschermde tegen de elementen. Ik trok mijn neus op voor de vochtige, bedompte geur die er hing.

Mijn moeder ging onmiddellijk werken aan haar droom en veegde energiek de vloeren, terwijl de mannen de bestelwagen uitlaadden. Turf werd naar binnen gebracht; de kachel werd aangestoken en er werd water gehaald uit de put achter in de tuin. Mijn eerste taak was het verwijderen van alle kikkers die in de emmer omhoogkwamen en die ik voorzichtig neerzette op het gras bij de put.

'Dan kunnen ze kiezen of ze terug willen naar hun familie of boven blijven in de zon,' legde mijn moeder uit.

Terwijl de kachel warmte begon te verspreiden, werden vertrouwde meubels gerangschikt in de nu spinnenwebvrije ruimte, en de draagbare radio speelde muziek die mijn moeder neuriede. Een opgewekte sfeer begon te heersen in de eerst zo troosteloze kamer.

Thee en sandwiches werden klaargemaakt en ik nam die van mij mee naar buiten en ging met Judy op het gras zitten. Ik deelde mijn cornedbeefsandwich met mijn hondje, terwijl zij met een trillend neusje en schuin geheven kop de nieuwe geuren opsnoof en me hoopvol aankeek.

Kent leek een andere wereld, en net als Judy wilde ik op verkenning uitgaan. Ik zag dat de volwassenen allemaal druk bezig waren, dus maakte ik Judy's roodleren riem vast en glipte door het hek naar buiten. Toen we over het dichtstbijzijnde pad slenterden, scheen de vroege lentezon op ons neer en verdreef de kilte van het huis die nog was blijven hangen. De ongesnoeide hagen zaten vol wilde bloemen. Er waren hele bossen sleutelbloemen en vroege wilde kamperfoelie. Paarse viooltjes staken hun kopjes op onder de witte meidoorn. Ik bukte me en plukte wat bloemen om een boeketje te maken voor mijn moeder. De tijd ging ongemerkt voorbij; mijn aandacht werd getrokken door alles wat ik hoorde en zag, en steeds meer bloemen lokten me verder het pad op.

Ik bleef staan om naar een paar dikke varkens te kijken op een naburig veld, met mollige roze biggetjes ernaast, en hoorde mijn vader roepen: 'Antoinette, waar ben je?'

Ik draaide me om en holde vol vertrouwen naar hem toe, mijn bosje wilde bloemen in de hand geklemd. Maar de man die ik naar me toe zag komen was niet de knappe, lachende vader die ons van de boot gehaald had. In zijn plaats zag ik een fronsende man met een rood gezicht, die ik nauwelijks herkende, een man die plotseling enorm groot leek, met bloeddoorlopen ogen en een mond die trilde van woede. Mijn instinct zei me dat ik weg moest lopen, maar uit angst bleef ik als aan de grond genageld staan.

Hij pakte me vast bij mijn nek, legde zijn arm stevig om mijn hoofd en trok het tegen zijn lichaam. Hij schoof mijn katoenen jurk tot mijn middel omhoog en rukte mijn broek omlaag tot op mijn katoenen sokjes. Eén vereelte hand hield mijn half-naakte lichaam tegen zijn dijen, terwijl de andere hand over mijn blote billen streek en in een ervan hard kneep. Seconden later hoorde ik iets kraken en voelde ik een stekende pijn. Ik kronkelde en gilde vergeefs. Met één hand hield hij mijn nek nog steviger vast, terwijl zijn andere hand steeds weer omhoog en omlaag ging. Judy lag plat tegen de grond gedrukt achter me en het nu vergeten bosje bloemen lag verpletterd op de grond.

Niemand had me ooit nog met opzet pijn gedaan. Als mijn mollige knietjes wel eens in elkaar verstrikt raakten en ik viel, tilde mijn moeder me altijd op en droogde mijn tranen. Ik gilde en huilde van pijn, ongeloof en vernedering. Tranen en snot stroomden uit mijn ogen en neus toen hij me door elkaar rammelde. Mijn hele lijf schokte van angst.

'Waag het niet ooit nog eens zo weg te lopen. En ga nu naar je moeder.'

Toen ik mijn onderbroek over mijn pijnlijke billen trok, mijn tranen me verstikten en ik de hik kreeg, greep zijn hand mijn schouder beet en sleurde hij me naar huis. Ik wist dat mijn moeder mijn gegil gehoord had, maar ze zei niets.

Die dag leerde ik bang voor hem te zijn, maar het zou nog een jaar duren voor de nachtmerrie begon.


Het werd voor de tweede keer Pasen in het huis met het rieten dak, en de bittere kou van onze eerste winter was bijna vergeten. De schuur was gerepareerd, broedmachines waren geïnstalleerd in wat mijn slaapkamer was geweest en ik was tegen wil en dank verhuisd naar de zolder.

Onze oorspronkelijke kippen, die mijn moeder meer beschouwde als huisdieren dan als inkomen, scharrelden buiten lustig rond in het gras. De haan liep trots heen en weer voor zijn harem, pronkte met zijn briljant gekleurde veren, en de broedmachines waren gevuld met eieren. Helaas hadden talloze konijnen zich geregeld te goed gedaan aan de bloemen die hoopvol onder de ramen waren geplant, en aardappels en wortels waren de enige overlevenden van de groentetuin.

De vakanties, nu ik twaalf maanden ouder was, brachten meer huishoudelijke karweitjes mee, zoals met een zeef kikkers uit de emmers water halen, aanmaakhout sprokkelen voor de kachel en eieren zoeken. Onwillig om gebruik te maken van het kippenhok, verstopten de scharrelkippen hun nesten in verre hoeken, sommige in onze tuin, andere verborgen onder struiken in de naburige velden. Het merendeel huisde in de schuur met het stro, en elke dag werden er manden gevuld voor de kruidenier, die twee keer per week kwam om onze eieren te kopen en ons te voorzien van levensmiddelen. Elke ochtend werd ik naar de plaatselijke boer gestuurd om melk te halen, die werd geleverd in metalen bussen; dat was de tijd waarin de mensen zich nog niet bekommerden om pasteurisatie. Elke dag nodigde de boerin me uit in haar warme keuken en gaf me thee met melk en warm sodabrood voor ik terugging naar huis.

Overdag had ik het te druk om me zorgen te maken over de veranderende sfeer in ons huis. De angst die ik een jaar geleden had gevoeld, was realiteit geworden. De opgewektheid van mijn moeder was onderhevig aan de stemmingen van haar man. Zonder openbaar vervoer, zonder zeggenschap over geld en zonder zelfs maar een publieke telefoon binnen loopafstand, leek de gelukkige vrouw, die vroeger lachend de teashops in Kent bezocht, een verre herinnering. Alleen Judy en de gehavende Jumbo deden nog aan die tijd denken.

Als de schemering viel, zat ik in mijn boeken te lezen bij het oranjekleurige lamplicht, terwijl mijn moeder wachtte tot mijn vader thuis zou komen. Ik bleef stil zitten, in de hoop dat die stilte me onzichtbaar zou maken.

Sommige avonden hoorden we zijn auto op het grind van het erf voordat ik naar bed ging. Dan sprong ze op, zette de ketel op het fornuis, schepte zijn van tevoren klaargemaakte avondeten op een bord, en keek met een verwelkomende glimlach naar de deur. Mijn maag kromp ineen terwijl ik me afvroeg welke vader in de deuropening zou verschijnen. Zou het de vrolijke, joviale vader zijn, die een doos chocola in de hand had en mij een tikje onder mijn kin gaf? Of de fronsende man die ik voor het eerst had gezien op dat pad en die daarna steeds vaker zijn opwachting maakte?

De eerste kon bij het minste geringste veranderen in de tweede. Ik wist dat alleen al mijn aanwezigheid hem ergerde. Ik voelde zijn blik op me gericht, terwijl ik mijn ogen niet van mijn boek afwendde en ik de zwijgende spanning voelde toenemen.

'Kun je je moeder niet wat meer helpen?' was een vraag die hij me geregeld stelde.

'Wat lees je nu weer?' was een andere.

Mijn moeder, die nog steeds hield van de knappe man die ons van de boot was komen halen, was blind voor mijn benarde toestand. Als ik haar overdag wel eens vroeg waarom mijn vader vaak zo kwaad op me was, antwoordde ze alleen maar dat ik moest proberen het hem meer naar de zin te maken.

Op de avonden dat de auto niet terug was voor ik naar bed ging, verdween de opgewekte stemming van mijn moeder en werd ik midden in de nacht wakker door het geluid van harde stemmen. De ruzie ging door tot zijn dronken geschreeuw haar ten slotte het zwijgen oplegde. De sfeer op de ochtenden na zo'n ruzie was gespannen; mijn moeder liep stil in huis rond en ik verzon een willekeurig excuus om het te ontvluchten. Die nachten werden de volgende dag vaak gevolgd door de terugkeer van de joviale vader. Hij gaf mijn moeder bloemen of chocola, gaf haar een zoen op haar wang en maakte haar korte tijd gelukkig.

Ik begon de weekends te vrezen. Elke vrijdag wachtte mijn moeder op haar man, die zelden kwam, en ik werd wakker van hun ruzies; onverstaanbare woorden van woede drongen mijn kamer binnen, angst ketende me vast aan mijn bed, en ik kroop onder de dekens in een poging te ontsnappen aan die afschuwelijke geluiden.

Elke zaterdagochtend, als ik met een zelf teweeggebrachte hoofdpijn in bed lag, beval hij mijn moeder me naar zijn kamer te sturen met thee. Met samengeknepen lippen gehoorzaamde ze en droeg me op dicht in de buurt van het huis te blijven als ik naar buiten ging. De bezoeken aan de boerderij om de melk te halen werden nu gecontroleerd; geen koppen thee met melk en warm beboterd brood meer bij de vriendelijke boerin.

Ik scheen zijn woede aan te trekken als een magneet. Na een van mijn bezoeken aan de boerderij kwam ik terug met een bantamhen.

'Breng die maar terug,' waren zijn eerste woorden toen hij de hen zag.

Voor één keer nam mijn moeder het voor me op.

'O, laat haar toch, Paddy,' zei ze vleiend, haar koosnaampje voor hem gebruikend. 'Ze kan buiten blijven bij de andere kippen, en Antoinette mag haar eieren hebben.'

Hij snoof, maar zei verder niets meer, en June, de kleine bantam, werd mijn lievelingsdier. Ze scheen te weten dat ze een bijzondere kip was, want elke ochtend kwam ze binnen om het ei voor mijn ontbijt te leggen.

Met Pasen had mijn vader vrij, en ik wist dat mijn moeder hoopte op een dagje uit met de auto. Op de vrijdag voor Pasen zaten we op hem te wachten, ik met vlinders in mijn buik en mijn moeder met een hoopvol gezicht. Toen ze het geknars op het grind hoorde, begon ze te stralen. De joviale vader kwam binnen en gaf haar een zoen op haar wang. Ik kreeg een doos met een paasei, zij een doos chocolaatjes.

'Ik heb een speciaal etentje klaargemaakt,' vertelde ze hem. 'Ik zal even de kippen opsluiten en dan zet ik alles op tafel.'

Vrolijk neuriënd verliet ze de kamer en liet ons alleen achter.

Ik kende zijn stemmingswisselingen en keek behoedzaam in zijn richting, maar bij uitzondering glimlachte hij.

'Kom hier, Antoinette,' beval hij, en klopte op het kussen naast hem.

Hij sloeg zijn arm om mijn middel en nam me mee naar de bank. Toen voelde ik zijn arm om mijn schouder en hij trok me naar zich toe. Verlangend naar zijn genegenheid, kroop ik dicht tegen hem aan. Was het mogelijk, vroeg ik me hoopvol af, dat hij over zijn woede op mij heen was?

Een gevoel dat ik beschermd werd en veilig was ging door me heen, en ik nestelde me nog dichter tegen hem aan. Ik was zo blij dat zijn liefde voor mij eindelijk weer terug was. Hij streek over mijn haar.

'Je bent mijn mooie kleine meisje, Antoinette,' mompelde hij, terwijl zijn andere hand mijn rug liefkoosde. Als een klein diertje kroop ik tegen hem aan. 'Hou je van je papa?'

Alle herinneringen aan zijn driftbuien lieten me in de steek toen ik voor het eerst in maanden voelde dat hij van me hield. Ik knikte dankbaar. De hand op mijn rug gleed verder omlaag, ging toen langzaam naar mijn bovenbeen en naar de zoom van mijn rok, en ik voelde dezelfde vereelte palm, die me een jaar geleden zo meedogenloos geslagen had, op mijn knie. Mijn lichaam verstijfde. Eén hand legde hij bovenop mijn hoofd en hield het in bedwang, zodat ik me niet kon bewegen, terwijl zijn andere hand over mijn gezicht streek en mijn kin vastgreep. Zijn mond drukte zich op de mijne en zijn tong drong zich met geweld tussen mijn lippen door naar binnen. Ik voelde kwijl langs mijn kin druipen, en zijn adem, die naar verschaalde whisky en sigaretten stonk, drong in mijn neusgaten. Het gevoel dat ik veilig was liet me voorgoed in de steek en werd vervangen door weerzin en angst. Hij liet me abrupt los, hield mijn schouders vast en keek me dreigend aan.

'Zeg niks tegen mama,' zei hij, en schudde me even door elkaar. 'Dit is ons geheim, Antoinette, hoor je me?'

'Ja, papa,' fluisterde ik. 'Ik zal het niet vertellen.'

Maar ik vertelde het wél. Ik voelde me veilig in de liefde van mijn moeder. Ik hield van haar en ik wist dat zij van mij hield. Ze zou hem zeggen dat hij moest ophouden.

Dat deed ze niet.

# 5

Knipperend met mijn ogen dwong ik mezelf terug te keren in het heden en in het verpleeghuis. Ik schroefde de flacon weer open, schonk de laatste wodka in en stak een sigaret op.

'Herinner je je het nu weer?' fluisterde Antoinette. 'Geloof je echt dat je moeder van je hield?'

'Dat deed ze,' protesteerde ik zwakjes.

'Maar ze hield meer van hem,' kwam het antwoord.

In een poging de sluisdeuren te sluiten voor de herinneringen die hun best deden om erdoor te komen, nam ik een grote slok wodka en inhaleerde de kalmerende nicotine.

Door een waas hield Antoinette een ongewenst plaatje omhoog; het beeld was te scherp om het met pure wilskracht te kunnen verdrijven.

Alsof het gisteren gebeurd was, zag ik de kamer in het huis met het rieten dak, waarin zich twee mensen bevonden. Een vrouw zat op een met chintz beklede bank en een klein kind stond voor haar, met het gezicht naar haar toe. Met gebalde vuisten en smekende ogen putte het kind uit al haar reserves om de confrontatie aan te gaan en zocht naar woorden om een volwassen daad te beschrijven.

Het was de week na die kus. Antoinette had gewacht tot haar vader naar zijn werk was en zij en haar moeder alleen waren. Ik zag dat ze nog steeds vertrouwen had in de liefde van haar moeder, maar zocht naar de juiste woorden om een daad uit te leggen die haar vreemd was. Haar nervositeit was te herkennen aan de houding waarin ze stond, en de woede van haar moeder werd steeds duidelijker zichtbaar bij elk woord dat over haar lippen kwam. De trouwe kleine Judy, die voelde dat er iets mis was, stond naast het kind met opgeheven kop en onrustige ogen.

Weer voelde ik de felle woede in de donkergroene ogen van de moeder. Deze keer, gezien door de ogen van een volwassene, kon ik een andere emotie voelen die erachter school. Terugblikkend in de tijd spiedde ik in het beeld naar een aanwijzing wat het kon zijn, en toen zag ik het. Het was angst. Ze was bang voor wat ze te horen zou krijgen.

Antoinette, met haar zeseneenhalf jaar, zag alleen de woede. Haar smalle schoudertjes zakten omlaag, verwarring en verdriet flitsten over haar gezicht toen haar laatste hoop op geborgenheid verdween. Haar moeder was niet van plan haar hiertegen te beschermen.

Weer hoorde ik de stem van de moeder die haar beval: 'Je mag hier nooit, nooit meer over praten, hoor je?'

Ik hoorde haar antwoord: 'Nee, mama.'

Haar leertijd was begonnen; haar zwijgen was verzekerd en de weg naar wat er zou volgen was met succes vrijgemaakt.

'Zie je wel, je hébt het haar verteld, je hebt het wél gedaan,' fluisterde haar kwelgeest.

Jarenlang had ik het beeld van mijn bekentenis aan mijn moeder geblokkeerd. Ik had het uit mijn geheugen gebannen. Ik had Antoinette, het angstige kind, gedwongen te verdwijnen, met inbegrip van mijn herinneringen. Ik besefte, met een droeve aanvaarding, dat mijn moeder altijd had geweten wat mijn vader voor me voelde. Hoe had het kind die kus anders kunnen beschrijven als ze het niet zelf had ervaren? Ze had het onmogelijk kunnen verzinnen. Op het platteland was in die tijd geen televisie, ze had geen boeken of tijdschriften waaruit ze die dingen had kunnen leren. Mijn moeder had slechts de waarheid gehoord van haar kind.

'Herinner je je ons laatste jaar nog, Toni?' vroeg Antoinette, 'het jaar voor je me verliet? Kijk hier maar naar.'

Ze schoof een ander plaatje voor mijn ogen: mijn vader toen hij elf jaar later thuiskwam uit de gevangenis. En mijn moeder, die bij het raam op hem zat te wachten. Pas toen ze hem in de verte zag, kwam ze tot leven en holde ze hem tegemoet.

'Jij was vergeten. Ze heeft het jou nooit vergeven, maar ze vergaf het hem.'

Toch wilde ik de herinneringen nog niet accepteren die in mijn hoofd werden vrijgelaten. Ik had me al heel lang geleden gerealiseerd dat de herinneringen van mijn moeder voorgoed waren vastgeklonken aan het beeld van de knappe, charmante man uit haar jeugd. Zij, vijf jaar ouder dan hij en gestraft met een beeldschone moeder, bleef in haar eigen gedachten de on-aantrekkelijke vrouw, die bofte met zo'n man.

'En niets of niemand kon hem van haar afnemen,' zei An-toinette. 'Denk eens aan de laatste maanden in dat huis, en denk aan wat ze uiteindelijk heeft gedaan.'

Kon ze, vroeg ik me die nacht af, zoveel van hem gehouden hebben dat ze het ultieme verraad pleegde om hem bij zich te houden?

Er werd weer een sigaret opgestoken terwijl ik me afvroeg of ik ooit antwoord zou krijgen op een van mijn vragen, of er ooit een verklaring zou worden gegeven, of dat ze zo lang in ont-kenning had geleefd dat haar waarheid te diep begraven was?

Ik voelde me bijna overmand door vermoeidheid en sloot even mijn ogen. Half in slaap, keerde ik terug naar het huis met het rieten dak.

Een stage stroom van bijna onmerkbare veranderingen had in de loop van twee jaar het weefsel van mijn leven langzamerhand ontrafeld. Als troost probeerde ik het gezicht op te roepen van mijn Engelse oma en de herinnering aan het gevoel van veiligheid en liefde als ik bij haar was. Ik herinnerde me de tijd dat alleen mijn moeder en ik bij elkaar woonden, de tijd waarin ze met me had gespeeld, mijn lievelingsverhalen had voorgelezen als ze me naar bed bracht, de tijd waarin ik me gewoon gelukkig voelde.

Als ik 's nachts in bed lag en het benauwd kreeg door mijn steeds groter wordende wanhoop, probeerde ik me vast te klampen aan die ongrijpbare herinneringen, aan het gevoel van warmte dat ze me gaven, maar elke dag glipten ze steeds verder buiten mijn bereik.

Tussen mijn moeder en mij was een afstand ontstaan, een kille kloof die ik niet kon overbruggen. Voorbij was de tijd dat ze bij wijze van verrassing met een buurman afsprak haar naar de stad te rijden zodat ze me kon afhalen van school. Voorbij was de tijd dat ze glimlachend luisterde naar mijn gebabbel, en voorbij was de tijd dat ze urenlang bezig was leuke kleren voor me te maken. In de plaats van mijn lieve, lachende moeder was een vreemde gekomen, die langzamerhand haar lichaam in bezit nam, tot de moeder die ik had gekend niet langer bestond, maar een vreemde was die weinig tijd voor me had. Omdat ik niet begreep wat ik verkeerd had gedaan, voelde ik me steeds verwarder, ongelukkiger en eenzamer.

Aan het begin van de zomervakantie besefte ik dat mijn bezoeken aan mijn grootouders ten einde waren toen mijn moeder me vertelde dat ik niet terug zou gaan naar mijn school in de stad. Ze had me ingeschreven bij de plaatselijke dorpsschool, zes kilometer verderop.

Ik kon niet beletten dat de tranen in mijn ogen sprongen,

maar ik knipperde ze verwoed weg, want ik had al geleerd mijn zwakte niet te tonen. In plaats van te huilen waar zij bij was, ging ik met Judy wandelen, en eenmaal uit het zicht liet ik mijn tranen de vrije loop. Mijn beste vriendin niet meer terug te zien, niet meer naar de school te gaan waarop ik gedacht had jaren te zullen blijven, niet meer alleen te zijn met mijn grootouders en de plagende gesprekken te voeren met mijn familie waar ik altijd van had genoten – het vooruitzicht was té somber om draaglijk te zijn.

Die zomer leerde ik wat het betekende om afgezonderd te zijn, en een gevoel dat ik nog te jong was om te kunnen benoemen begon zich van me meester te maken: een gevoel van verraad.

September kwam, en een paar dagen voor mijn zevende verjaardag begon er weer een eerste dag op een nieuwe school. Deze keer voelde ik geen enkele opwinding toen ik mijn schooluniform aantrok en me voorbereidde op de eerste van mijn lange wandelingen. Niet alleen was er heel weinig openbaar vervoer in die tijd, er reed ook geen schoolbus. Ik kon me andere eerste dagen herinneren, toen mijn moeder me de toen korte afstand naar school bracht. Nu moest ik de dagelijkse wandeling van zes kilometer heen en terug in mijn eentje maken.

De eerste keer leek de weg zich eindeloos ver uit te strekken; slechts een paar verspreid liggende cottages verbraken het landschap dat me die dag weinig plezier inboezemde. Toen ik langer dan een uur had voortgesjokt, verbaasde het me dat ik de school zelfs maar had weten te vinden. Andere leerlingen kwamen op de fiets, en voor het eerst besefte ik dat het een gemengde school was. Ik was gewend aan een meisjesschool. Ik trok mijn schouders recht, me voorbereidend op de uitdagingen die me te wachten zouden staan, liep naar binnen en ging op zoek naar een docent. Het schoolgebouw was heel anders dan de aangename, zachtgetinte school waaraan ik gewend was. Het was een laag, grijs, utilitair gebouw, dat verdeeld was in twee klaslokalen, een voor de kinderen die nog geen acht jaar waren, en een voor de kinderen tussen acht en elf. Hier was geen gras waarop we in de pauzes konden spelen, maar een betonnen speelplaats, die voldoende geacht werd voor de behoeften van de honderd of meer kinderen die de lessen volgden.

Op deze school was in de pauze geen Jenny om me aan de andere leerlingen voor te stellen, geen vriendschappelijk gelach dat me het gevoel gaf bij hun groepje te horen; in plaats daarvan groepen kinderen in een ander uniform, die me met openlijke achterdocht aanstaarden.

De leerlingen, voornamelijk kinderen van boerenknechten, gniffelden om mijn Engelse accent en mijn oude kostschooluniform, dat mijn ouders me dwongen te dragen omdat het nog niet versleten was. Door de docenten werd ik genegeerd.

In de lunchpauze holden groepjes en paren kinderen naar de kleine kantine, waar iedereen druk bezig was plaatsen bezet te houden voor hun vriendenkring. Verward keek ik om me heen om een plaats te zoeken. Ik zag er een aan het eind van de tafel en zette mijn schooltas op de stoel voordat ik in de rij ging staan voor het eten. Er werd aardappelpuree geserveerd met cornedbeef en gestoofde kool. Terwijl ik zwijgend mijn best deed het naar binnen te werken, realiseerde ik me dat ik in een andere wereld terecht was gekomen, een waarin ik niet langer 'Annie-net' was maar een vreemde voor iedereen om me heen. Mijn trots noopte me kalm te blijven onder de spottende opmerkingen van de kinderen, waarin een ondertoon van agressie lag, iets waarmee ik in de loop der jaren vertrouwd zou raken, maar dat toen nog iets volslagen onbekends voor me was.

Dat jaar, toen de zomer overging in de herfst en de avonden vroeger invielen met een spookachtig schemerduister, leek mijn zes kilometer lange wandeling naar huis elke dag langer te duren. De heggen en bomen wierpen sinistere schaduwen en maakten van een aangename wandeling een angstaanjagende tocht.

Langzamerhand nam mijn angst voor het donker toe, en de schemering met haar donkere schaduwen werd een vijand. Ik probeerde sneller te lopen, maar mijn schooltas vol potloden, lees- en rekenboeken, leek met elke stap zwaarder te worden. Half oktober, toen de klok de middagen veranderde in avonden, kwamen er stormen die de bladeren van de bomen rukten. Met gebogen hoofd worstelde ik me door de zware regenbuien heen, wetend dat mijn jas de volgende ochtend nog vochtig zou zijn. Het water sijpelde door op mijn overgooier, en in de loop der weken verdwenen langzamerhand de keurige plooien, tot het bijdehante zelfverzekerde meisje van nog slechts een paar maanden geleden, geheel verdwenen was. Als ik in de spiegel keek, zag ik in haar plaats een slonzig kind, bij wie het babyvet van haar botten was verdwenen. Een kind in gekreukte kleren met sluik, schouderlang haar, een kind dat er onverzorgd uitzag, een kind van wie het gezicht een stoïcijnse aanvaarding toonde van de veranderingen in haar leven.

Halverwege de school en het huis met het rieten dak was een winkel, die net als veel gebouwen in de omgeving, ontworpen was om het gure Ierse klimaat te weerstaan, niet om het landschap te verfraaien. Het was een laag, rechthoekig stenen gebouw met een betonnen vloer en een simpele houten toonbank, met daarachter talrijke planken. De winkel bevatte een uitgebreide reeks producten die de plaatselijke boeren en hun arbeiders nodig hadden; alles, van olie voor de lampen tot heerlijk geurend sodabrood en ter plaatse gerookte ham.

Hier kwamen de vrouwen niet alleen voor de aanschaf van

de levensbehoeften, maar voor een kort respijt van hun man en het plezier van een paar minuten vrouwelijk gezelschap. Zonder openbaar vervoer, beperkte elektriciteit en in veel gevallen, zoals bij ons, zelfs geen stromend water, waren het lange, moeilijke dagen voor de vrouwen. Ze schenen nooit hun huis te verlaten, behalve op zondag, want de protestantse gemeenschap sloeg zelden een kerkdienst over.

De eigenaresse van de zaak, een vriendelijke vrouw, verwelkomde me altijd met een hartelijke glimlach. Zodra ik de winkel zag, ging ik sneller lopen, omdat ik daar kon ontsnappen aan de kou en wat vriendschappelijk gezelschap vond. Ze gaven me een stoel, een glas sinaasappellimonade en soms zelfs een scone die net uit de oven kwam en droop van de smeltende boter. De vriendelijkheid van de eigenaresse na de trieste schooldag verwarmde me en de tweede helft van mijn tocht naar huis viel me wat gemakkelijker.

Op een van die zeldzame dagen waarop de winterzon de schaduwen van de schemering verdreef, zag ik een klein zwartwit hondje, dat eruitzag als een miniatuurcollie, vastgebonden naast de toonbank. Met geklitte vacht en een stuk touw om de nek, zag ze er even onverzorgd en naar liefde verlangend uit als ik. Toen ik me bukte om haar te aaien, deinsde ze zachtjes jankend achteruit.

'Mijn zoon heeft haar gered van de vorige eigenaar,' vertelde de eigenaresse van de zaak. 'Ze is geschopt, geslagen en zelfs in een wc-pot geduwd, het arme dier. Ik zou de mensen die zo wreed zijn tegen een arm klein hondje graag eens flink onderhanden willen nemen. Wie dóét zoiets? Ik moet een goed tehuis voor haar zien te vinden. Ze heeft behoefte aan liefde.'

Ze keek me hoopvol aan.

Ik voelde een warme lik over mijn hand, knielde op de grond en legde mijn hoofd tegen het zachte zwart-witte kopje. Ik wist wat het was om liefde nodig te hebben, en wilde het dier beschermen. Vijf minuten later, na scones en limonade, liep ik over de landweg en hield een touw vast met Sally, zoals ik haar gedoopt had, aan het andere eind ervan. Die dag vond ik de rest van de wandeling naar huis een stuk korter en aangenamer. Warme likjes beloonden me als ik nu en dan stilstond om Sally gerust te stellen dat niemand haar ooit nog kwaad zou doen, dat ik van haar zou houden en Judy van nu af aan haar vriendinnetje zou zijn. Met dat instinctieve vertrouwen dat honden hebben, scheen ze te weten dat ze haar beschermer had gevonden, want haar staart ging omhoog en ze liep in een sneller tempo.

Toen ik bij ons huis kwam, kon ik de oranje gloed van de lamp al zien en ik duwde het hek open en liep naar de voordeur.

'Wat zullen we nu hebben?' riep mijn moeder uit, terwijl ze zich bukte om mijn nieuwe vriendinnetje een aai te geven. Ik vertelde haar wat de eigenaresse van de winkel had gezegd.

'Ik mag haar toch houden, hè?' smeekte ik.

'Tja, we kunnen haar nu moeilijk terugsturen,' was haar antwoord.

Ik wist dat er verder niets gezegd hoefde te worden, want ze was al bezig het hondje te knuffelen.

'Het arme kleine ding,' kirde mijn moeder.

Tot mijn verbazing zag ik een vochtig waas in haar ogen. 'Hoe kunnen mensen zo wreed zijn?'

Te jong om de ironie in te zien van wat ze zei, wist ik alleen maar dat Sally een nieuw thuis had gevonden.

Judy kwam kwispelstaartend aanlopen en snuffelde nieuwsgierig aan de nieuwkomer met wat me als een vriendschappelijke begroeting voorkwam. Het was alsof Judy, van nature een territoriaal dier, voelde dat Sally geen bedreiging vormde. Ze besloot onmiddellijk haar te accepteren als een vierpotig speelkameraadje en een nieuw lid van het gezin.

De volgende ochtend verscheen tot mijn opluchting de joviale vader, en tot mijn verbazing leek hij zich aangetrokken te voelen tot het kleine hondje, dat hem in een wanhopig verlangen naar liefde vol adoratie aanstaarde, in tegenstelling tot Judy.

Als ik nu onderweg in de winkel kwam, hield ik de eigenaresse op de hoogte van Sally's capriolen, zei dat zij en Judy vriendschap hadden gesloten, en vertelde haar zelfs over June. Toen ze een paar weken later hoorde dat de kippen hun eieren verstopten in het hoog opgegroeide gras aan de voet van de heg, bood ze me een kleine geit aan.

'Antoinette,' zei ze, 'neem die mee naar je moeder. Er is niets beters om het gras kort te houden.'

Trots maakte ik het kleine dier vast aan een touw en bedacht dat we nu behalve minder gras ook geitenmelk zouden hebben. Ik nam de geit mee naar huis als geschenk voor mijn moeder.

'Nu krijgen we melk,' zei ik, terwijl de twee honden vol minachting naar mijn nieuwe vriendje keken, een paar keer blaften en toen wegliepen.

'Het is een bok, schat,' zei ze lachend. 'Die geeft geen melk. Deze keer zul je hem echt terug moeten brengen.'

De volgende ochtend draafde de kleine bok weer naast me en hield me de eerste drie kilometer van de wandeling gezelschap, waarna ik hem terugbracht naar de winkel. Ik voelde iets van opluchting toen ik hem teruggaf, nadat mijn moeder had uitgelegd hoe groot zijn horens zouden worden en hoeveel schade hij daarmee kon aanrichten.

In die wintermaanden waren er momenten van oprechte genegenheid tussen mij en mijn moeder, en ik koesterde die, omdat het duidelijk was dat over het geheel genomen haar houding jegens mij op onverklaarbare wijze veranderd was. Waar ze vroeger trots was geweest op mijn uiterlijk, me mooie kle-

ren aantrok, mijn haar regelmatig waste en het met een lint bij-
eenbond, was haar belangstelling voor mijn uiterlijk nu verdwenen. Ik groeide uit mijn schooluniform, mijn overgooier
eindigde meer dan vijf centimeter boven mijn knie, terwijl mijn
trui, die nauwelijks tot mijn middel reikte, bij de ellebogen
kaal werd. De keurige plooien in mijn uniform waren niet
meer te zien, maar waren vervangen door kreukels, en de donkergroene stof was gaan glimmen, wat nog bijdroeg tot mijn
smoezelige, onverzorgde verschijning. Mijn haar, dat mijn
moeder vroeger elke dag vol liefde had geborsteld, viel nu sluik
omlaag. De krullen uit mijn babytijd waren allang verdwenen,
vervangen door een slordig, schouderlang gordijn rond een gezicht dat zelden lachte.

Tegenwoordig zouden de docenten met mijn ouders hebben
gesproken, maar in de jaren vijftig vierden ze hun ongenoegen
bot op het kind.

Eén jonge lerares, die medelijden met me had, probeerde
aardig voor me te zijn. Ze nam een mooi geel lint mee naar de
klas en borstelde in de pauze mijn haar, bond het bijeen en liet
me in een spiegeltje kijken om mezelf te kunnen bewonderen.

'Antoinette,' zei ze, 'zeg tegen je moeder dat ze je haar elke
dag moet borstelen. Het staat je zo mooi.'

Voor het eerst in maanden voelde ik me aantrekkelijk, en
enthousiast toonde ik mijn nieuwe uiterlijk aan mijn moeder.
Haar woede leek uit het niets te komen toen ze het lint uit mijn
haar rukte.

'Zeg maar tegen die lerares van je dat ik mijn kind zelf wel
kan aankleden.' Ze was duidelijk woedend.

Ik was verbijsterd. Wat had ik verkeerd gedaan? Ik vroeg
het, maar kreeg geen antwoord.

De volgende dag hing mijn haar weer slordig als altijd om
mijn hoofd en de lerares zag het.

'Antoinette, waar is het lint dat ik je heb gegeven?'

Ik had het gevoel dat ik mijn moeder op de een of andere manier zou verraden als ik haar woorden herhaalde en staarde naar mijn voeten. Er viel een stilte terwijl ze wachtte op mijn antwoord.

'Ik ben het verloren,' hoorde ik mezelf mompelen. Ik voelde dat ik een kleur kreeg bij die leugen. Ik wist dat ik ondankbaar en nukkig klonk, en was me bewust van haar ergernis.

'Nou, knap jezelf tenminste een beetje op, kind,' snauwde ze, en daarmee raakte ik mijn enige bondgenoot op school kwijt, want het was de laatste keer dat ze aardig tegen me was.

Ik wist dat ik niet populair was bij mijn leeftijdgenoten en ook niet bij de docenten. Ik wist ook, zo jong als ik was, dat die weerzin niet alleen veroorzaakt werd door de manier waarop ik sprak, maar ook door mijn uiterlijk. Ik was me bewust van het verschil met de andere meisjes als ze me aankeken onder hun glanzende, keurig gekapte haren. Sommigen hielden hun haar met haarspelden op zijn plaats, anderen hadden het bijeengebonden met een lint. Alleen dat van mij was een warboel. Hun schooluniformen waren keurig gestreken, hun blouses helderwit, en hun truien hadden geen stopgaten. Andere kinderen, die een paar kilometer van school woonden, hadden fietsen, zodat hun schoenen niet kaal waren van het altijd aanwezige vocht, dat alle glans aan mijn schoenen had ontnomen.

Ik besloot iets te doen aan mijn uiterlijk. Misschien zou ik dan populairder worden, dacht ik.

Ik raapte al mijn moed bijeen en wachtte tot ik alleen was met mijn moeder om te beginnen over de vraag hoe ik er beter uit kon zien. Die avond, toen ik uit school kwam, sneed ik zenuwachtig het onderwerp aan.

'Mama, mag ik mijn overgooier strijken? Ik moet er weer een paar plooien in strijken. Mag ik wat van papa's schoensmeer lenen? Mag ik mijn haar vanavond wassen? Ik zou er graag wat leuker uitzien als ik naar school ga.'

Het ene verzoek na het andere rolde mijn mond uit, tot er een stilte viel die meer gespannen raakte met elk woord dat ik uitbracht

'Ben je uitgesproken, Antoinette?' vroeg ze, met de kille stem die ik zo goed had leren kennen.

Ik keek op, en het hart zonk me in de schoenen toen ik de woede in haar gezicht zag. De woede die ik in haar ogen had gezien toen ik geprobeerd had haar te vertellen over de zoen van mijn vader, was weer terug.

'Waarom maak je toch altijd zo'n poeha?' vroeg ze, bijna sissend. 'Waarom moet je altijd voor moeilijkheden zorgen? Er is niks mis met je uiterlijk; je bent altijd een ijdel klein trutje geweest.'

Toen wist ik dat elke kans verkeken was om geaccepteerd te worden door mijn uiterlijk te verbeteren, en ik kende mijn moeder goed genoeg om niet tegen te spreken. Het met haar oneens zijn zou de enige straf tot gevolg hebben die ik niet kon verdragen, namelijk volledig genegeerd te worden.

Elke dag als ik naar school liep met ijskoude handen en voeten, vreesde ik de dag die voor me lag – de onvriendelijkheid van de kinderen, de nauwelijks verheimelijkte minachting van de docenten – en ik pijnigde mijn hersens op welke manier ik ervoor kon zorgen dat ze me aardig vonden.

Mijn huiswerk was altijd keurig in orde, ik haalde hoge cijfers, maar toch leek het of dat mijn impopulariteit nog verhoogde. Ik merkte tijdens de pauzes dat andere kinderen snoepjes hadden, vruchtjes of kleverige toffees. Soms werden die geruild voor knikkers, ze waren altijd geliefd als ruilmiddel. Ik wist dat kinderen van snoep hielden, maar hoe kon ik daaraan komen zonder zakgeld? Toen zag ik mijn kans schoon. Eens per week haalde de lerares het geld op voor het eten op school en borg het op in een blikken doos, die ze op haar lessenaar liet staan. Ik broedde een plan uit.

Ik wachtte tot de andere kinderen weg waren, liep snel naar de lessenaar, maakte de doos open en stopte zoveel geld weg als ik kwijt kon in mijn wijde onderbroek met elastiek in de pijpen. De rest van de dag liep ik voorzichtig in de school rond en voelde de munten tegen mijn huid, wat me herinnerde aan wat ik had misdaan. Ik vreesde dat het gerinkel me zou aanwijzen als de dief, maar was enthousiast over het slagen van mijn plan.

Natuurlijk werd onze hele klas ondervraagd toen de diefstal ontdekt werd, en werden onze schooltassen doorzocht. Maar blijkbaar kwam niemand op het idee ons te fouilleren.

Ik was een heel stil kind, omdat ik depressief was. Oppervlakkig gezien gedroeg ik me goed, maar niemand was erin geïnteresseerd hoe ik me innerlijk voelde. Als gevolg daarvan was ik het laatste kind dat verdacht werd. Toen ik die avond naar huis ging, begroef ik het geld in de tuin. Een paar dagen later groef ik een paar muntjes op, waarmee ik op weg naar school een zak snoep kocht in de dorpswinkel.

Schuchter en met een onzekere glimlach liep ik naar een paar andere kinderen op de speelplaats, strekte mijn arm uit met de zak snoepjes en bood ze aan. Ik werd onmiddellijk omringd. Handen doken in de zak, kinderen verdrongen elkaar toen ze gretig naar mijn snoepjes graaiden. Ik stond in het midden van de groep, hoorde hen lachen, en had voor het eerst het gevoel dat ik erbij hoorde. Een golf van blijdschap ging door me heen omdat ik me eindelijk geaccepteerd voelde. Toen was de zak leeg en was het laatste snoepje verdwenen. Het gelach, besefte ik, was tegen mij gericht toen de kinderen even snel als ze gekomen waren onder luid gejubel weer uiteengingen.

Toen wist ik dat ze wel van mijn snoepjes hielden, maar nooit van mij zouden houden. Na die dag hadden ze een nog grotere afkeer van me, omdat ze voelden hoe wanhopig ik naar hun goedkeuring verlangde, en ze me daarom minachtten.

Ik dacht aan de bezoekjes bij mevrouw Trivett en de vraag die ik haar altijd stelde: 'Waar worden kleine meisjes van gemaakt?' Ik herinnerde me haar antwoord, en dacht nu dat ik van een andere materie moest zijn gemaakt.

# 6

Ik was altijd uitgeput als ik van school naar huis was gelopen, maar ik moest toch huiswerk maken. Ik zat aan de tafel in onze keuken, die tevens dienstdeed als zitkamer, en probeerde wanhopig om wakker te blijven. De enige warmte kwam van het fornuis aan de andere kant van de keuken, het enige licht van de olielampen, die een zwakke oranje gloed verspreidden.

Als ik klaar was met mijn huiswerk probeerde ik dichter bij de warmte van het fornuis te gaan zitten om te lezen, of naar mijn moeder te kijken die een koekenpan op het vuur zette. Daarin goot ze een deegmengsel, dat op magische wijze veranderde in plaatkoek of sodabrood. We moesten in die tijd zo onafhankelijk mogelijk zijn. In de winkel gekochte cake en brood waren net zo'n grote luxe als rood vlees of vers fruit. Als het niet thuis verbouwd werd, kochten we het gewoon niet.

We hadden de kippen, die niet alleen een regelmatige bron van eieren waren, maar ook gedeeltelijk betaalden voor de levensmiddelen die we kochten bij de grote bestelwagen die twee keer per week langskwam. Aardappels en wortels werden geleverd door onze groentetuin, en als ik naar de naburige boerderij ging om melk te halen, nam ik ook de karnemelk mee die mijn moeder gebruikte voor het bakken.

Nu ik zeveneneenhalf was, kon ik heel goed lezen, en in de

tijd die we doorbrachten in het huis met het rieten dak groeide mijn liefde voor boeken. Een rijdende bibliotheek kwam in de weekends langs en ik kon de boeken uitzoeken die ik wilde lezen. Behalve mijn dieren waren boeken mijn ontsnapping. Ik kon verdwijnen in werelden van fantasie, avontuur en plezier. Ik kon voor detective spelen met Enid Blytons *Famous Five*, de onderwaterwereld verkennen van de *Water Babies* en me bang laten maken door Grimms sprookjes. *Little Women* maakte me duidelijk hoe vrouwen onafhankelijk konden zijn, en ik droomde ervan net zo te worden als Jo als ik opgroeide. Bij het licht van de olielampen kon ik geheime avonturen beleven met denkbeeldige vriendinnen en me met hen bewegen in een wereld waarin ik mooi gekleed was en iedereen van me hield. Naarmate mijn liefde voor lezen groter werd, nam mijn vaders afkeer ervan toe.

Hij las nooit meer dan de sportrubriek in de krant en vond de belangstelling van mijn moeder en mij voor boeken tijdverspilling. Hij waagde het echter niet haar te bekritiseren en reageerde zijn ongenoegen op mij af.

'Waarom doe je dat?' mopperde hij. 'Kun je niet wat beters vinden om te doen? Kijk eens of er niet nog wat afwas staat.'

Een andere keer zei hij: 'Hoe zit het met je huiswerk?'

Als ik antwoordde: 'Dat heb ik al af', bromde hij iets minachtends. Ik voelde me zenuwachtig door zijn negatieve houding en deed een schietgebedje dat het gauw bedtijd zou zijn en ik aan hem kon ontsnappen.

De woede en de driftbuien van mijn vader, die een wrok koesterde tegen iedereen die gelukkig was of een goede opvoeding had genoten, waren onvoorspelbaar. Er waren dagen waarop hij vroeg thuiskwam en voor mijn moeder en mij snoep en chocola meebracht. Dat waren de avonden waarop de joviale vader tevoorschijn kwam met knuffels voor mijn moeder en een hartelijke begroeting voor mij. In gedachten had ik twee vaders, de slechte en de goede vader. Voor de slechte was ik erg bang, en de goede, die, zoals ik me herinnerde, ons van de boot was komen halen, was de lachende, goedgehumeurde man van wie mijn moeder hield. Mij werd nu slechts zelden een glimp gegund van de goede vader, maar ik bleef hopen op meer.

In het voorjaar huurde mijn vader een houten schuur, waarin hij volgens hem al zijn gereedschap kon bewaren, zodat hij de auto kon repareren. De huisvesting van de kippen, zei hij, had alle beschikbare schuren in de buurt van het huis in beslag genomen. Dit zou ons geld besparen, zei hij, omdat hij een gediplomeerd monteur was. Zou het niet stom zijn om andere mannen goed geld te betalen voor iets wat hij zelf beter kon?

Mijn moeder was het met hem eens, wat hem in een goed humeur bracht, en plotseling veranderde zijn houding jegens mij. Hij werd niet langer voortdurend kwaad, bekritiseerde niet meer alles wat ik deed. In plaats van me afwisselend uit de weg te willen hebben, me te negeren of tegen me te schreeuwen, was hij nu altijd vriendelijk tegen me. Denkend aan zijn tastende handen, die keer toen mijn moeder de kamer uit was, bezag ik zijn toenadering met achterdochtige ogen, maar ik dwong mijn twijfel naar de achtergrond, omdat ik, meer dan wat ook, een wanhopige behoefte had aan de liefde van mijn ouders. Maar ik had op mijn instinct moeten vertrouwen.

'Ze is deze week zó lang bezig geweest met haar huiswerk,' zei hij op een avond tegen mijn moeder. 'En al die lange wandelingen heen en weer naar school... ik denk dat ik maar eens een autoritje met haar ga maken.'

Mijn moeder lachte vrolijk. 'Ja, Antoinette, ga met papa mee. Hij gaat een ritje met je maken.'

Ik sprong enthousiast in de auto en was alleen teleurgesteld dat Judy niet mee mocht. Terwijl ik uit het raampje keek, vroeg ik me af waar we heen zouden gaan. Ik zou het gauw genoeg weten. Aan het eind van het pad sloeg hij af naar een veld waar de kleine houten schuur stond die hij gehuurd had. Daar zouden al mijn weekendritjes eindigen.

Hij reed de schemerige, schimmige ruimte in. Het enige natuurlijke licht viel naar binnen door een klein raam waarvoor een jutezak was gespijkerd. Ik voelde me misselijk worden. Een onbekende angst ging door me heen en ik wist dat ik niet uit de auto wilde stappen.

'Papa,' smeekte ik, 'breng me alsjeblieft naar huis. Ik vind het hier niet prettig.'

Hij keek slechts naar me, met een glimlach die zijn ogen niet bereikte.

'Blijf hier, Antoinette,' beval hij. 'Je papa heeft een cadeautje voor je. Je zult het leuk vinden, dat zul je zien.'

De angst die ik voor hem had ging over in een doodsangst die als een loden gewicht op me drukte en maakte dat ik me niet kon bewegen. Hij stapte uit om de schuur af te sluiten en opende het portier aan de passagierskant. Toen hij me naar zich toe draaide, zag ik dat zijn broek opengeritst was. Zijn gezicht zag rood, zijn ogen waren glazig. Toen ik hem in die ogen keek, scheen hij me niet langer te zien. Een rilling begon onder in mijn lijf, deed mijn lichaam schokken en kwam door mijn keel naar buiten als een zacht gekreun.

'Nu moet je een brave meid zijn,' zei hij, en pakte mijn kleine, mollige kinderhand in de zijne. Hij hield hem stevig vast, dwong mijn vingers rond zijn penis en bewoog ze op en neer. Al die tijd dat ik dat deed, voelde ik zachte, dierlijke geluidjes uit mijn keel ontsnappen en zich vermengen met zijn gegrom. Ik kneep mijn ogen stijf dicht, in de hoop dat het zou stoppen als ik het niet kon zien, maar zo werkte dat niet.

Plotseling liet hij mijn hand los en gooide me achterover op de bank. Ik voelde hoe één hand me stevig vasthield door op mijn buik te drukken, terwijl zijn andere hand mijn jurk omhoog- en mijn onderbroek omlaagtrok. Ik schaamde me toen mijn kleine lijf bloot voor hem lag en ik steviger op de bank werd gedrukt. Hij sleurde me opzij, zodat mijn benen hulpeloos over de rand bungelden, benen die ik vergeefs tegen elkaar probeerde te klemmen. Ik voelde dat hij ze verder uiteen dwong, wist dat hij naar het deel van me staarde dat ik als mijn geheime plekje beschouwde, voelde dat er een kussen onder mijn billen werd geschoven en daarna de pijn toen hij in me kwam, in die eerste tijd niet hard genoeg om me in te scheuren of inwendig schade aan te richten, maar hard genoeg om pijn te doen.

Ik bleef zo slap en stil liggen als een lappenpop, probeerde me te concentreren op alles, behalve op wat er gebeurde, terwijl de stank van de schuur met zijn combinatie van vocht, olie en benzine, vermengd met de geur van tabak en de zweetlucht van mijn vader, in al mijn poriën leek te dringen.

Na wat een eeuwigheid leek, liet hij een luid gekreun horen en trok zich uit me terug. Ik voelde een warme, natte, kleverige substantie op mijn buik. Hij gooide me een stuk jute toe.

'Maak je daarmee schoon.'

Zwijgend deed ik wat hij zei.

Zijn volgende woorden zouden een regelmatig terugkerend refrein worden: 'Zeg niks tegen je moeder, kind. Dit is ons geheim. Als je het haar vertelt, zal ze je niet geloven. Dan zal ze niet meer van je houden.'

Ik wist al dat dat waar was.

Het geheim dat ik voor mijn vader verborgen hield was het geheim dat ik ook voor mezelf verborgen hield. Mijn moeder wíst het. Zijn enige angst was dat zij het zou ontdekken. Dus dat was de dag waarop we het spelletje begonnen. Het spelletje dat we 'ons geheim' noemden, een spelletje dat hij en ik nog zeven jaar lang zouden spelen.

# 7

Mijn achtste verjaardag brak aan met de komst van een vroege herfst, die snel gevolgd werd door een winterse kou. De kachel werd voortdurend gevuld met donkerbruine turf, die een rode gloed verspreidde, maar ondanks alle turf die we erin stopten, straalde de kachel weinig warmte uit. Ik kroop er zo dicht mogelijk bij, terwijl mijn altijd vochtige jas, schoenen en wollen maillot op het houten droogrek hingen te stomen. Omdat ik maar één van elk had, moesten ze voor de volgende dag weer droog zijn voor gebruik.

De stem van mijn moeder zweefde omhoog langs de nog steeds kale trap en wekte me elke ochtend in een diepe duisternis. De punt van mijn neus leek bijna te bevriezen als ik me buiten de cocon van dekens waagde. Automatisch strekte ik mijn arm uit naar de houten stoel die tevens dienstdeed als tafel en garderobe, terwijl ik tastte naar mijn kleren, die ik onder de dekens aantrok. Ik worstelde me eerst in mijn onderbroek, gevolgd door de wollen maillot, die ik de avond tevoren uit de keuken had gehaald. Dan trok ik klappertandend mijn losgeknoopte pyjamajasje uit en verving het door een wollen vest. Dan pas zwaaide ik mijn benen uit het bed, liet mijn warme nestje in de steek en waagde me in de kou van het onverwarmde huis. Haastig zette ik de ketel op het fornuis, dat na wat gepor met de pook en een paar kleine stukjes turf langzaam op gang kwam.

Ik waste me haastig bij de gootsteen, terwijl het ei voor mijn ontbijt werd gekookt, en trok de rest van mijn kleren aan. Het ontbijt werd haastig naar binnen gewerkt en dan trok ik mijn nog vochtige jas aan, pakte mijn schooltas en ging op weg naar school.

In de weekends, gekleed in een oude trui, wanten en rubberlaarzen, hielp ik mijn moeder eieren te rapen, zowel in de schuren als op de verspreid liggende schuilplaatsen van de loslopende kippen. Hopend op bruine eieren, gaf zij ze elke ochtend om elf uur cacao. Of het aantal bruine eieren daardoor toenam, zijn we nooit te weten gekomen, maar de kippen kwamen toegesneld als zij ze riep. Gretig verdwenen hun snavels steeds opnieuw in de warme zoete vloeistof. Ze tilden hun koppen op van de kommen, schudden ze heen en weer; en hun kleine kraaloogjes glommen als het vocht door hun keel naar binnen gleed.

Kikkers werden gered uit de emmers water en ik verzamelde takjes voor aanmaakhout. Maar mijn favoriete moment was als mijn moeder bakte. Scones en sodabrood werden uit de koekenpan gehaald en als ze afgekoeld waren in blikken bewaard, omdat voedsel beschermd moest worden tegen het leger muizen dat in de wintermaanden onderdak bij ons zocht.

Zoetgeurende cake en koekjes werden op roosters gelegd, en als mijn moeder in een goede stemming was, werd ik beloond met het uitlikken van de beslagkom. Dan liet ik de kom met mijn vingers rondgaan om niets van het botermengsel verloren te laten gaan. Ik likte mijn vingers schoon onder de blikken van Judy's en Sally's glanzende en hoopvolle ogen.

Dat waren de dagen waarin flitsen van de oude warmte die mijn liefde in stand hield, zich voordeden tussen mijn moeder en mij. Want waar haar geest was vastgeklonken aan de herinnering van de knappe, roodharige Ier in de dancing, de man die op haar wachtte op de kade waar de boot aanmeerde, een man die royaal was met zijn omhelzingen en onvervulde beloftes, was die van mij onverbrekelijk verbonden met de lachende, liefdevolle moeder uit mijn prille jeugd.

Van het geld dat ik gestolen had, kocht ik een zaklantaarn en batterijen. Die verborg ik in mijn kamer en 's avonds smokkelde ik een boek mee naar boven. Ingestopt in bed met de dekens hoog opgetrokken, spande ik elke avond mijn ogen in bij het zwakke schijnsel van de lantaarn op de gedrukte tekst. De ritselende en schuifelende geluiden van de insecten en kleine diertjes die in het riet van het dak leefden verdwenen naar de achtergrond als ik me verdiepte in het boek. Dan kon ik even de dagen vergeten waarop mijn vader me meenam voor zijn 'autoritjes'.

Telkens als hij zijn autosleutels pakte en aankondigde dat het tijd was voor mijn uitstapje, smeekte ik mijn moeder in stilte om nee te zeggen, hem te vertellen dat ze me nodig had voor een boodschap, om eieren te rapen, de kikkers uit het water van de put te halen, en zelfs het water uit de regentonnen binnen te brengen voor de was, maar ze deed het nooit.

'Ga met papa mee, schat, terwijl ik theezet,' was haar wekelijkse refrein, als hij me naar de houten schuur bracht en ik leerde mijn gevoelens af te schermen van de realiteit.

Als we terugkwamen had ze sandwiches gemaakt en een in dunne plakken gesneden cake op een kanten vingerdoekje geschikt, dat op een verzilverde schaal lag.

'Was je handen, Antoinette,' was haar vaste opdracht als we plaatsnamen voor onze zondagmiddagthee.

Ze informeerde nooit naar de uitstapjes, vroeg nooit waar we geweest waren of wat we hadden gezien.

Bezoeken aan Coleraine, die vroeger vanzelfsprekend waren, werden nu een bijzondere gebeurtenis. Ik miste mijn uitgebreide familie daar, de warmte die ik altijd voelde in het huis van mijn grootouders, en de vriendschap van mijn neefjes en nichtjes.

De zeldzame keren dat mijn vader besloot dat het tijd was om er op bezoek te gaan, werd op de avond ervoor de metalen badkuip gevuld in een afgescheiden gedeelte van de keuken. Dan zat ik in het ondiepe zeepwater, boende me schoon en waste mijn haar. Mijn moeder wreef me droog met de handdoek, wikkelde een oude ochtendjas van haarzelf om mijn magere lijf en zette me neer voor het fornuis. Met haar zilveren haarborstel borstelde ze dan mijn haar tot het glansde. De volgende ochtend werden mijn beste kleren tevoorschijn gehaald, en mijn vader poetste mijn schoenen, terwijl mijn moeder mijn kleding controleerde. Mijn haar werd naar achteren geborsteld en bijeengehouden met een zwartfluwelen band. Als ik in de spiegel keek, zag ik een ander beeld dan mijn leeftijdgenootjes op school zagen. Weg was het slordige kind in verfomfaaide kleren; in haar plaats stond een kind dat er verzorgd uitzag, een kind dat netjes gekleed was, een kind met liefdevolle ouders.

Dat was het begin van het tweede spelletje, waarin we alle drie meespeelden, het spel van het gelukkige gezin. Een spel dat geregisseerd werd door mijn moeder, een spel waarin ze haar droom uitbeeldde, de droom van een gelukkig huwelijk, een knappe man, een huis met een rieten dak en een mooie dochter.

Tijdens onze bezoeken als 'gezin' aan de familie zat mijn moeder erbij met een uitdrukking op haar gezicht die ik al had leren herkennen, een uitdrukking die aantoonde dat ze er tegen haar zin was. Een beleefd, enigszins neerbuigend glimlachje speelde om haar lippen, een glimlach die tolerantie toonde voor die visites maar nooit met enig plezier erin, een glimlach waarvan ik wist dat hij onmiddellijk zou verdwijnen als het bezoek ten einde was en we in onze auto door de straat van mijn grootouders reden.

Dan hing er een vage sfeer van neerbuigendheid die langzamerhand bij me binnendrong. Elk familielid kreeg een mondelinge beoordeling van mijn moeder, vergezeld van een humorloos lachje. Ik zag de nek van mijn vader steeds roder worden als ze hem kilometer na kilometer herinnerde aan zijn afkomst, en in vergelijking daarmee, haar eigen superioriteit.

Waar de herinnering van mijn moeder gekluisterd bleef aan de knappe 'Paddy' die de hele avond met haar danste, was zij in zijn ogen altijd de chique Engelse vrouw die te goed voor hem was.

Naarmate mijn moeder haar mening over die dag herhaalde, begon mijn vrolijke stemming steeds meer te verdwijnen, tot die tegen de tijd dat ik naar mijn kamer ging nog slechts een vage herinnering was. Het spel van het gelukkige gezin was over, en ik wist dat het pas bij het volgende bezoek weer gespeeld zou worden.

Vlak voor onze laatste Kerstmis in het huis met het rieten dak gingen we weer op bezoek bij onze grootouders. Tot mijn verrukking zag ik in de kleine achterkamer waar mijn grootvader vroeger schoenen verzoolde een vreemd uitziende vogel. Hij was groter dan een kip, met grijze veren en een rode strot. Een ketting om een van zijn poten was vastgemaakt aan een ring in de muur. Hij keek me aan met iets wat ik als hoop beschouwde. Hoop op gezelschap. Hoop op vrijheid. Toen ik mijn grootouders vroeg hoe die vogel heette, antwoordden ze slechts 'een kalkoen'.

Ik noemde hem prompt 'Meneer Kalkoen'. In het begin, op mijn hoede voor zijn snavel, die groter was dan die van een kip, zat ik alleen maar naast hem en babbelde met hem. Later, toen ik zag hoe tam hij was, werd ik dapperder en stak mijn hand uit om hem te aaien. De vogel, gedesoriënteerd door zijn omgeving, stond zonder protest toe dat ik hem aaide, en ik geloofde dat ik weer een gevederde vriend erbij had. Niemand vertelde me wat het lot zou zijn van mijn nieuwe vriend.

Mijn grootouders hadden ons uitgenodigd voor eerste kerstdag, en gehoorzaam droeg ik de kleding en speelde de rol van het kind uit een gelukkig gezin. Een kleine kerstboom, overladen met rode en gouden versieringen, stond voor het raam van de kleine zitkamer. Babbelende familieleden namen elke ruimte in beslag, terwijl er volop drank werd ingeschonken en gedronken. Mijn vader, met een rood gezicht van de alcohol, was het middelpunt van de aandacht. Hij was de grappen makende, joviale lievelingszoon, en ze hielden van mij omdat ik een kind van hem was.

Mijn grootouders hadden hun kleine tafel van zijn plek bij het raam, waar nu de boom stond, verplaatst naar het midden van de kamer. De uitschuifbladen van de tafel werden zo zelden gebruikt dat, toen de tafel zo ver was uitgeschoven dat er acht mensen aan konden zitten, ze van lichter gekleurd hout schenen te zijn. Het bestek was gepoetst, pistaches lagen naast de borden en geleende stoelen waren eromheen gezet. Ik zat tegenover mijn vader.

Verrukkelijke geuren stegen op uit de kleine keuken, samen met het rumoer van een grote activiteit. Vlees, gekookte groenten, knapperig gebakken aardappelen die zwommen in het vet werden door mijn grootmoeder en mijn tante op schalen naar de tafel gebracht. Mijn moeder had niet aangeboden om te helpen, en het was haar ook niet gevraagd.

Toen ik naar mijn volgeladen bord keek, liep het water me in de mond; mijn ontbijt had bestaan uit een kop slappe thee en een volkorenbiscuit. Ongeduldig wachtte ik tot de eerste volwassene met de maaltijd zou beginnen, zodat ik het voorbeeld kon volgen, en toen wees mijn vader naar het vlees en vertelde me wat er met mijn vriendje was gebeurd.

Honger maakte plaats voor misselijkheid en een paar seconden lang heerste er stilte aan tafel, terwijl ik ongelovig om me heen keek. De ogen van mijn vader keken me spottend en uitdagend aan. Ik zag de geamuseerde uitdrukking op het gezicht van de volwassenen, die blikken met elkaar uitwisselden, en ik dwong mezelf mijn gevoelens te verbergen. Ik wist dat als ik weigerde te eten niet alleen mijn vader zich voldaan zou voelen, maar dat in die geheimzinnige volwassen wereld, waar gevoelens van kinderen niet reëel zijn, tranen voor Meneer Kalkoen een milde spot zouden uitlokken.

Ik at, al bleef elke hap in mijn keel steken. Terwijl ik het vlees naar binnen werkte, kwam er een hopeloze woede in me op; die kerstdag ontstond de haat. Het gelach rond de tafel werd het geluid van samenzwerende volwassenen, en mijn kindertijd, al was die nog niet helemaal voorbij, hing aan een zijden draad.

Pistaches werden uitgetrokken, hoedjes werden op hoofden gezet en gezichten werden rood door de warmte van de kachel en de whisky met water, die door iedereen, behalve mijn moeder en mij, in grote hoeveelheden werd gedronken. Zij had haar fles droge sherry en ik dronk limonade.

Mijn gedachten bleven vertoeven bij de grote, lieve vogel, die zo verloren had gekeken toen hij de laatste dagen van zijn leven doorbracht in die kleine achterkamer. Ik schaamde me dat Kerstmis betekende dat hij moest sterven en schaamde me omdat ik het vlees had gegeten uit angst me belachelijk te maken.

Vervolgens werd de kerstpudding opgediend en mijn portie bevatte de zilveren munt, en daarna was het tijd om onze cadeaus uit te pakken. Mijn grootouders gaven me een nieuwe trui, mijn tante en ooms haarlinten, haarspelden, kleine hebbedingetjes en een pop. Mijn ouders overhandigden me een groot pak met een Engels poststempel. Een intens verlangen kwam bij me op om mijn Engelse grootmoeder weer te zien; herinneringen aan een vroegere, gelukkige tijd kwamen bij me boven. Ik zag weer haar kleine, keurig geklede gestalte, hoorde haar stem roepen: 'Antoinette, waar ben je?', hoorde mijn eigen lach als ik probeerde me te verstoppen, en rook haar parfum van lelies en gezichtspoeder als ze zich bukte om me een zoen te geven. Als zij er weer was, dacht ik, zouden we weer gelukkig zijn.

Mijn ouders gaven me een schooletui met potloden en twee tweedehandsboeken. Kort daarna gingen we weg.

Toen we die avond thuiskwamen, ging ik meteen naar bed, te moe om het gescharrel in het rieten dak te horen of de lantaarn aan te knippen.

Tweede kerstdag ging ik in mijn eentje wandelen en liet bij uitzondering de honden thuis, in de hoop dat ik konijnen en hazen zou zien spelen. Boven op een lage heuvel was een grasveld waarop ik kon liggen om naar ze te kijken. Die ochtend werd ik teleurgesteld. Het was te koud voor mij en voor de dieren.

Pas met Pasen werd mijn geduld beloond toen ik roerloos op de met madeliefjes bezaaide heuvel lag. Ik hield mijn adem in, bang dat het geringste geluid de konijnenfamilies zou alarmeren. Ik bleef uit het zicht, maar dicht genoeg bij om het wit van hun korte staartjes te zien. Hele families lieten hun hol in de steek om rond te dartelen op het veld eronder en het voorjaar te verwelkomen. Die dag vond ik een klein konijntje dat in de steek was gelaten door de ouders. Het bleef roerloos zitten, en de heldere oogjes flikkerden zenuwachtig toen ik me bukte om het diertje op te pakken. Ik stopte het onder mijn trui om het warm te houden en voelde het hartje angstig kloppen terwijl ik naar huis holde.

'Wat heb je daar?' riep mijn moeder uit toen ze de bobbel onder mijn trui zag.

Ik trok mijn trui op om het haar te laten zien, en voorzichtig nam ze het konijntje van me over.

'We zullen het een onderdak geven tot het groot genoeg is om zijn familie te vinden,' zei ze.

Ze verzamelde wat kranten en liet me zien hoe ik die in stukjes moest scheuren om een warm nest te maken. Toen zocht ze een houten kist, en de eerste primitieve kooi was gereed. Toen de boeren erachter kwamen dat we een konijntje hadden gered, brachten ze ons er nog meer.

Ze legden uit dat honden en vossen de ouders vaak doodden en de achtergebleven jongen het dan zelf moesten zien te redden. Mijn moeder en ik zorgden samen voor de verweesde konijntjes. We legden stro in de kooien, zetten er voedsel en water in en voerden ze met de hand.

'Als ze groot zijn,' waarschuwde ze me, 'kun je ze niet langer als huisdier houden. Het zijn wilde konijnen. Ze horen buiten op het veld. Maar we houden ze tot ze sterk genoeg zijn om te worden vrijgelaten.'

Mijn vader keek zwijgend toe hoe mijn moeder en ik voor de dieren zorgden. Altijd gevoelig voor zijn stemmingen, was ik me bewust van zijn groeiende wrok en broeiende blikken. Maar bij uitzondering zei hij niets, want het was iets wat mijn moeder en ik samen deden.

Een paar weken nadat het eerste konijntje was gered en we ons opmaakten om het los te laten in de vrije natuur, keek mijn moeder me met een wit gezicht van woede aan toen ik beneden kwam.

Voor ik me kon bukken, ging haar hand omhoog en sloeg ze me in mijn gezicht. Haar handen, verrassend sterk voor iemand van haar postuur, pakten me bij mijn schouders en schudden me heen en weer. Mijn vader keek tersluiks naar ons terwijl hij zich met een zelfvoldane grijns warmde bij het fornuis.

'Wat heb ik gedaan?' was het enige wat ik er stotterend uit kon brengen, terwijl mijn haren in mijn ogen prikten en mijn hoofd op en neer schudde op mijn nek.

'Je bent bij de konijnen geweest. Je hebt de deur opengelaten. De honden zijn er binnengekomen. Ze hebben ze in stukken gescheurd.'

'Ik heb de deur gisteravond dichtgedaan,' probeerde ik te protesteren. 'Daarna ben ik er niet meer geweest.'

Weer hief ze haar hand op. Deze keer zei ze dat ze me sloeg omdat ik loog. Toen sleurde ze me naar de achterkamer om me het bloedbad te laten zien. Stukjes staart lagen op de bebloede vloer, plukjes vel lagen overal verspreid en het enige wat heel gebleven was, waren de pootjes. Ik wilde gillen, maar mijn keel zat dichtgeknepen, terwijl mijn lichaam schokte van mijn onderdrukte gesnik.

Op haar bevel vulde ik een emmer met water en begon het bloed van de grond te schrobben. Terwijl ik aan het werk was, had ik slechts één gedachte in mijn hoofd: ik wist dat ik de deur van de kooi had gesloten.

# 8

Het leven in het huis met het rieten dak ging door, de ene dag leek op de andere: de lange wandelingen naar school, mijn weekendtaken en 'de ritjes'. Nu en dan werd de routine onderbroken door een bezoek aan mijn grootouders, maar het plezier daarin was sinds Kerstmis aanzienlijk kleiner geworden.

Toen ik op een zaterdag de melk ging halen bij de naburige boerderij, nodigde de boerin ons voor de komende zondag allemaal uit op de high tea. Ze gaf me een briefje mee voor mijn moeder, en tot mijn blijdschap namen mijn ouders de uitnodiging aan.

High tea op het platteland werd geserveerd om zes uur 's middags, omdat de boeren opstonden als de zon opging en 's avonds vroeg naar bed gingen. Het spel van het gelukkige gezin begon zodra ik, pas gewassen en met keurig geborsteld haar, mijn beste kleren aantrok. Dat laatste deed ik eigenlijk liever niet, want ik had gehoopt de boerderij te kunnen verkennen en ik wist dat mijn moeder bang was dat mijn kleren vuil zouden worden.

Alsof ze mijn gedachten kon lezen toen we aankwamen, zei de boerin tegen haar twee zoons: 'Ga maar met Antoinette naar buiten en laat haar de boerderij zien. Ze houdt van dieren.'

Enthousiast holde ik met de beide jongens de deur uit voordat mijn moeder me kon waarschuwen dat ik op mijn kleren moest passen. Hoewel ze een paar jaar ouder waren dan ik, leken de jongens altijd verlegen, maar eenmaal buiten, zonder dat er volwassenen bij waren, werden ze vriendschappelijk. Eerst toonden ze me een kot met een dikke zeug, die roerloos op haar zij lag, met gretig zuigende biggetjes aan de tepels, waar ze geen acht op leek te slaan. Toen ze onze stemmen hoorde, opende ze één oog met witte wimpers; toen ze zag dat we geen bedreiging vormden voor haar jongen, deed ze het loom weer dicht en sluimerde verder. Daarna volgde ik de jongens naar de plek waar de koeien machinaal gemolken werden. De grote runderen hadden geen aandacht voor ons en bleven geduldig staan terwijl de machine hun uiers leegde. Ernaast stond een bijgebouw, waar de boter nog werd gemaakt in een met de hand bediende karn. Ten slotte kwamen we in een schuur waar het hooi, bijeengebonden in schoven, tot aan het dak lag opgestapeld. Tegen de hoogste stapel stond een ladder, en gillend van het lachen speelden we een soort verstoppertje, tot de boerin ons kwam roepen.

De jongens moesten zich gaan wassen, omdat ze hun vader die dag op de boerderij hadden geholpen, ook al was het zondag. De boer kwam binnen om zich op te knappen voor de thee, en mijn moeder bood aan zijn vrouw te helpen met het tafeldekken.

'Antoinette, heb je de jonge katjes gezien toen jullie buiten waren?' vroeg de boerin.

'Nee,' antwoordde ik.

Mijn vader was die dag de joviale vader, en hij nam me bij de hand. 'Kom mee,' zei hij. 'Terwijl zij de thee klaarzetten, zal ik je erheen brengen, dan kunnen we ze samen bekijken.'

Het was de laatste dag dat ik geloofde in de aardige vader.

Nog steeds mijn hand vasthoudend, liep hij met me naar de

schuur waar de jongens en ik een paar minuten geleden nog hadden gespeeld. We liepen naar achteren en vonden het nest met bontgekleurde katjes, variërend van gitzwart tot goudgeel, zo jong dat hun ogen nog een melkwitte kleur hadden. Toen ik naar ze keek, geeuwde een van de katjes en liet kleine witte tandjes zien, waartussen een klein, heel roze tongetje naar voren stak. Gesust door de bedwelmende geuren van de boerderij en verrukt over de wriemelende donzige balletjes, knielde ik om hun zijdeachtige vacht te strelen. Ik keek verlangend op naar mijn vader, hopend dat ik misschien een van die kleine katjes zou mogen hebben. Toen ik hem in de ogen keek, verstarde ik: de aardige vader was verdwenen; ik zag de glinstering in zijn ogen, zijn spottende blik en voelde weer dat brok van angst dat mijn stem blokkeerde en maakte dat ik geen woord kon uitbrengen.

Als in slow motion voelde ik hoe zijn handen mijn rok ruw omhoogschoven, voelde de ruk aan mijn onderbroekje toen het tot aan mijn enkels omlaag werd getrokken, voelde het ruwe stro op mijn naakte lichaam, voelde hem bij me binnendringen en een paar minuten later zijn schokkende bewegingen. Slijm droop langs mijn been, maar toen ik omlaag keek, zag ik alleen maar mijn pas gepoetste schoenen met mijn witte broekje erop gedrapeerd.

Toen hij zijn gulp had dichtgemaakt, haalde hij een schone zakdoek uit zijn zak en gooide me die toe. Als door een tunnel hoorde ik zijn stem zeggen: 'Maak je hiermee schoon.'

De blijdschap van die dag loste op, de zon verdween, en schemering kleurde de wereld, die veranderde in een vijandig oord. Ik deed wat hij zei, terwijl hij toekeek.

'Klaar, Antoinette?' vroeg hij, terwijl hij me opzijschoof. Toen zette hij het masker op van de joviale vader, pakte mijn hand beet en bracht me terug naar het huis voor de thee.

De boerin lachte stralend. Denkend dat ik zo verslagen keek

omdat mijn vader niet wilde dat ik een van de katjes zou houden, zei ze: 'Het zijn geen goede huisdieren, Antoinette. Boerderijkatten hebben alleen maar belangstelling voor het vangen van ratten.'

Ik keek haar zwijgend aan. Spreken was me onmogelijk, en stilletjes ging ik aan tafel zitten. Er werd een royale Ierse high tea opgediend: met zelfgerookte ham, gebraden kip, hardgekookte eieren, salade, aardappelkoekjes, sodabrood en zelfgemaakte jam. Ze bleef maar zeggen: 'Kom, Antoinette, eet dan.' Toen zei ze tegen mijn moeder: 'Ze is erg stil vandaag.'

Mijn moeder keek me met zo'n minachtende blik in haar ogen aan dat ik verstarde. Toen richtte ze zich tot de boerin met haar beleefde glimlachje en antwoordde: 'Mijn dochter is een boekenwurm, geen prater.'

Behalve de bezoeken aan mijn grootouders kan ik me geen andere gezinsuitjes herinneren uit die periode van mijn leven.

Terwijl ik in de lounge van het verpleeghuis zat, dacht ik aan dat kleine meisje dat ik vroeger geweest was – toen ze nog een kleuter was, vol vertrouwen in de liefde van haar moeder en zonder enige reden om andere volwassenen te wantrouwen. Ik zag weer de foto waarop ze zelfverzekerd in de camera keek toen ze drie was. Ik dacht aan haar enthousiasme over de verhuizing naar Noord-Ierland, haar blijdschap omdat ze naar een nieuwe school ging, haar liefde voor haar hond. En ik vroeg me af hoe Antoinette geworden zou zijn als ze normaal had kunnen opgroeien.

Ik voelde haar aanwezigheid toen een ander beeld zich aan me opdrong. Ik zag een donkere kamer; daarin lag een klein, angstig kind ineengerold in bed, een duim in haar mond om troost te zoeken. Haar donkerbruine krullen zaten vochtig achter in haar nek geplakt, terwijl ze haar ogen wijd opensperde. Ze was te bang om ze dicht te doen, voor het geval haar nachtmerrie zou terugkeren: de nachtmerrie van te worden achtervolgd, stuurloos te zijn; de nachtmerrie die nog steeds mijn slaap teisterde en toen met haar was begonnen.

In de wetenschap dat de tijd voorbij was waarin ze haar moeder kon roepen, kon ze niet anders dan rillend blijven liggen, tot de slaap terugkwam om haar ogen tegen haar zin te sluiten.

Toen herinnerde ik me voor het eerst sinds jaren het ultieme verraad, het verraad dat het lot van het kleine meisje bezegelde. Alleen door haar in het diepst van mijn geheugen te verbergen en Toni te creëren, was ze in staat geweest het te overleven.

Als ik door die tientallen jaren heen mijn armen naar haar had kunnen uitstrekken, zou ik haar hebben opgepakt en ergens in veiligheid hebben gebracht, maar Antoinette was er niet langer om te worden gered.

Ik bleef terugkomen op dezelfde vraag: waarom sloot mijn moeder consequent haar ogen voor dat alles, bleef ze in een staat van ontkenning die een dergelijke jeugd mogelijk maakte?

Ik had altijd gedacht dat mijn moeder een ongelukkig leven had, dat ze nooit enig geluk had gekend en haar leven vernietigd was door het egoïsme van mijn vader. Ik zag haar altijd als afkomstig uit een bemiddeld Engels middenklassemilieu, dacht dat ze zich nooit gelukkig had gevoeld in Noord-Ierland, en ik geloofde dat ze domweg met de verkeerde man was getrouwd. Maar in dat verpleeghuis, zonder iets dat mijn geest afleidde van die herinneringen, drong het voor het eerst goed tot me door wat mijn moeder had gedaan. Toen ik haar vertelde over die kus, wist ze wat het onvermijdelijke gevolg zou zijn. Ze was zesendertig jaar toen ik het haar vertelde, een vrouw die een oorlog had meegemaakt. Ze haalde me van de school waar ik gelukkig was. Een school met enkele van de beste docenten in Noord-Ierland, waar de directeur, een toegewijde, intelligente vrouw, de verandering in een kind zou hebben opgemerkt en zich hebben afgevraagd wat de reden daarvan kon zijn. Dat was het moment waarop mijn moeder, besefte ik, de medeplichtige werd van mijn vader.

'Begrijp je het nu, Toni?' hoorde ik het gefluister. 'Begrijp je nu wat ze heeft gedaan?'

'Nee,' antwoordde ik. 'Nee, ik begrijp niet wat ze heeft gedaan. Ik wil dat ze het me vertelt. Ik wil dat ze me vertelt waarom.'

'Denk aan de spelletjes, Toni,' kwam het gefluister weer.

Eerst was er zijn spelletje van 'ons geheim'. Toen was er het spelletje van 'het gelukkige gezin', en ten slotte haar laatste spel van Ruth, 'het slachtoffer'.

Mijn gedachten gingen terug naar de vele keren dat ze haar Engelse accent en damesachtige beschaafde houding gebruikte om zich te redden uit een moeilijke situatie, om mensen ervan te overtuigen dat ik het lastige kind was en zij de lankmoedige moeder.

Ze wist dat ik met een wandeling van zes kilometer van school naar huis onmogelijk vriendinnen kon hebben. De kinderen die naar de dorpsschool gingen, woonden allemaal in de buurt van de school, dus was ik in de weekends en in de vakanties afgezonderd, en er was niemand aan wie ik mijn problemen kwijt kon.

Ik veronderstel, dacht ik triest, dat ik het altijd geweten heb. Ik was nooit opgehouden met van mijn moeder te houden, want dat doen kinderen nu eenmaal niet. Ik was er nooit mee opgehouden, had nooit het verlangen ertoe gehad. Maar nu vroeg ik me af, nu ze nog maar zo'n korte tijd te leven had, of ze me uiteindelijk een verklaring zou geven. Zou ze eindelijk toegeven dat ze geen slachtoffer was geweest, dat, in weerwil van het schuldgevoel dat ze geprobeerd had me op te dringen, niet ík de schuldige was? Zou er een smeekbede om vergiffenis over haar lippen komen?

Dat was wat ik wilde, wat ik hoopte, toen ik terugging naar het bed van mijn moeder en in de luie stoel in slaap viel.

# 9

Een diepe depressie hing als een dichte mist boven het huis, kolkte om ons hoofd, drong door in ons brein. Ze vergiftigde de atmosfeer en creëerde woorden, woorden die fungeerden als wapens van verbittering, verwijten en woede. Die van haar waren altijd dezelfde beschuldigingen. Hij gokte, hij dronk, hij maakte zijn ontslaguitkering op. Haar stem joeg hem uit huis, volgde hem naar het hek. De impact van zijn woede sloeg terug, bleef als een zwarte schaduw hangen in elke hoek van het huis.

Er stonden weer theekisten in de zitkamer, en de honden, alsof ze voelden dat er een vraagteken boven hun toekomst hing, verscholen zich onder de tafel.

Mijn moeder had me al verteld dat we zouden moeten verhuizen. Boven, als ik in bed lag, trok ik de dekens over mijn hoofd om de angst buiten te sluiten, die gevoed werd door de voortdurende kwaadheid van mijn ouders.

De geïsoleerde ligging van de kippenfarm, de kou en het geldgebrek – hoe hard ze ook werkten, er was nooit genoeg – wakkerde de woede van mijn moeder aan. Maar één glimlach van mijn vader kon die onmiddellijk verdrijven.

De ambitie van mijn moeder was altijd geweest een eigen huis te bezitten, zoals haar ouders vroeger.

Haar hoop op een winstgevend bedrijf was de bodem ingeslagen; ze hadden moeite om de huur te betalen en er bleef geen cent over om te sparen.

'Antoinette,' zei ze tegen me, 'morgen ga ik met je naar een oude dame. Als ze ons aardig vindt, gaan we misschien bij haar wonen. Ik wil dat je je heel goed gedraagt. Als we daarheen verhuizen, ga je weer terug naar je oude school. Dat zou je toch graag willen, hè?'

Ik voelde de hoop in me opkomen, maar probeerde die te verbergen toen ik antwoordde: 'Ja, mama, dat zou ik erg fijn vinden.'

Die avond ging ik naar bed met een sprankje hoop. Zou ik werkelijk die dorpsschool, waar ze een hekel aan me hadden, kunnen verlaten en teruggaan naar een school waar ik populair was geweest? Maar toen kwamen er andere gedachten in me op: wie was die oude dame, en waarom ging mijn moeder er met mij naartoe en niet mijn vader? Vragen waarop ik geen antwoord had tolden door mijn hoofd tot ik in een onrustige slaap viel.

De volgende ochtend werd ik vroeg wakker en herinnerde me onmiddellijk weer het gesprek van de vorige avond met mijn moeder. Een gevoel van opwinding ging door me heen, dat ik echter probeerde te onderdrukken omdat ik niet wilde dat het gevolgd zou worden door teleurstelling.

Zou ik werkelijk een dagje uitgaan met mijn moeder, en zou ik misschien teruggaan naar mijn oude school, en de dorpsschool die ik haatte, achter me laten? Hoopvol liep ik de trap af.

De pannen kokend water op het fornuis stelden me gerust toen mijn moeder me vertelde dat ze voor mijn wasbeurt bestemd waren. Toen ik klaar was met mijn ontbijt was de badkuip vol. Ik kleedde me snel uit en liet me in het water zakken. Eerst zeepte ik mijn hele lijf in, genietend van het zeepwater dat door mijn vingers sijpelde, spoelde mijn lichaam toen af met het washandje, waste mijn haar in het verwarmde regenwater, spoelde het uit tot het brandschoon was en droogde het toen energiek met de handdoek. Gesust door het hypnotische ritme van de borstel en loom door de warmte van het fornuis, leunde ik tegen haar knieën, me koesterend in haar aandacht. Een gevoel van veiligheid maakte zich van me meester. Ik wilde dat ze me elke avond zo verzorgde, net als vroeger.

Toen mijn moeder mijn haar van achteren met een lint bijeen had gebonden, legde ze mijn mooie kleren klaar, gaf me een paar witte sokjes en poetste mijn schoenen. Toen we allebei klaar waren, reed mijn vader ons naar Coleraine, waar mijn moeder en ik de bus namen, die ons een paar kilometer verder het land in reed. Toen we uit de bus stapten, liepen we een paar meter naar het begin van een oprijlaan die gedeeltelijk overschaduwd werd door hoge heggen. Aan een boom was een bord gespijkerd met het simpele opschrift 'Cooldaragh'.

Geen hek belette ons de toegang, zodat we hand in hand de lange oprijlaan afliepen. De bomen aan beide zijden vormden een rasterwerk, terwijl hun ongesnoeide takken zich boven ons hoofd uitspreidden tot ze elkaar bijna raakten en een koel, groen, kantachtig plafond vormden. Aan de voet ervan groeide een wirwar van gras en brandnetels, die zich uitstrekte tot in het grind. Juist toen ik me begon af te vragen waar we naartoe gingen, zag ik na een bocht in de weg Cooldaragh liggen. Ik slaakte een zachte kreet. Het was het grootste en mooiste huis dat ik ooit had gezien.

Toen we dichterbij kwamen, renden twee honden ons kwispelstaartend tegemoet, gevolgd door een statige oude dame. Ze was lang en mager, met wit haar in een wrong op haar hoofd gedraaid. Haar kaarsrechte houding logenstrafte de noodzaak van de stok die ze in haar linkerhand hield, terwijl ze mijn moeder haar rechterhand aanbood. Ze herinnerde me aan mensen die ik op oude, vergeelde zwart-witfoto's had gezien. Mijn moeder schudde haar de hand en stelde ons voor.

'Dit is mijn dochter Antoinette,' zei ze glimlachend, met haar hand op mijn schouder. 'En dit, Antoinette, is mevrouw Giveen.'

Verlegenheid legde me het zwijgen op, maar de oude dame leek het te begrijpen en glimlachte naar me.

Mevrouw Giveen bracht ons naar een kamer waar de thee al klaarstond. Jong als ik was, besefte ik algauw dat dit een soort sollicitatiegesprek was en dat ik, net als mijn moeder, getaxeerd en beoordeeld werd. Ze stelde me verschillende vragen, bijvoorbeeld wat ik graag deed en wat mijn hobby's waren. Toen informeerde ze naar mijn school en vroeg of ik het daar naar mijn zin had.

Voor ik antwoord kon geven, kwam mijn moeder tussenbeide. 'Het ging uitstekend toen ze naar haar school in de stad ging, maar helaas moesten we verhuizen. Toen woonden we te ver weg om haar daar naartoe te sturen. Maar ze vond het er heerlijk, hè, Antoinette?'

Ik beaamde het.

Mijn moeder vervolgde: 'Als we hier zouden wonen, zou ze elke dag met de bus naar school kunnen. Een van de redenen dat ik graag wil verhuizen, is dat mijn dochter terug kan naar de school waar ze zich zo gelukkig voelde.'

De oude dame keek naar mij en vroeg: 'Antoinette, zou je dat willen?'

Ik voelde een brok in mijn keel. 'O, ja, ik zou dolgraag teruggaan naar mijn oude school.'

Na de thee stak ze plotseling haar hand naar me uit. 'Kom, kind. Dan zal ik je de omgeving laten zien.'

Hoewel ze me aan geen van mijn beide grootmoeders deed denken, omdat ze niet hun warmte en innemende manier van optreden had, vond ik haar instinctief sympathiek. Ze praatte met me terwijl we naar buiten liepen en stelde me voor aan haar honden, die haar kennelijk heel dierbaar waren. Ze legde haar hand op de terriër, waarvan de kleur me deed denken aan die van Judy.

'Deze is als puppy bij me gekomen. Hij is nu dertien en heet Scamp.'

Ze gaf een klopje op de hals van de grotere hond, die haar vol aanbidding aankeek.

'En dit is Bruno, een kruising tussen een herder en een collie. Hij is twee jaar.'

Ze informeerde naar mijn honden. Ik vertelde haar over Judy, dat ik haar voor mijn vijfde verjaardag had gekregen, en hoe ik Sally had gered en mee naar huis had genomen. Ik vertelde haar zelfs over June, de bantam. Ze stelde me gerust en klopte op mijn schouder.

'Als je hier komt wonen, kun je je honden meenemen. Ruimte genoeg voor ze.'

Ik slaakte een zucht van opluchting. Het was het enige wat ik niet had durven vragen. Ik keek naar de honden, die op het grasveld ronddartelden, en zag enorme bloeiende struiken die groot genoeg waren voor een kind om in te spelen. Ze vertelde me dat ze rododendrons heetten. Daarachter lag een bos met hoge, schaduwrijke bomen.

'Ik heb mijn eigen kerstboomplantage,' zei mevrouw Giveen. 'Zodat ik met Kerstmis altijd mijn eigen boom kan uitzoeken.'

Ik begon me bij haar erg op mijn gemak te voelen. Ik bleef babbelen terwijl ze met me naar de zijkant van het huis liep, waar kleine, stevige pony's graasden op een groot weiland. Vol vertrouwen kwamen ze naar de afrastering; hun grote, vochtige ogen met de dikke wimpers staarden ons aan. Mevrouw Giveen leunde over de omheining om ze zachtjes te aaien, en legde uit dat het oude, gepensioneerde pony's waren die vroeger karren met turf hadden getrokken. Nu konden ze vrij rondlopen en hun leven in alle rust beëindigen. Ze richtte zich op, haalde een paar suikerklontjes uit haar zak en gaf ze aan de kleine pony's. Vol bewondering zag ik hoe hun fluwelen neuzen aan haar hand snuffelden en ze voorzichtig de suikerklontjes pakten.

'En, Antoinette,' vroeg ze onverhoeds. 'Zou je hier willen wonen?'

Het huis en het terrein eromheen leken me magisch, zoals de plaatsen waarover ik had gelezen in sprookjesboeken. Ik had nooit gedroomd dat ik in zo'n huis zou kunnen wonen en durfde nauwelijks te geloven dat ze het echt meende. Ik keek haar aan en zei heel simpel: 'Ja, dat zou ik heel fijn vinden.'

Ze glimlachte weer naar me terwijl ze me terugbracht naar mijn moeder om ons beiden rond te leiden in het huis. Eerst kwamen we in een reusachtige jachtzaal, waar musketten en een verzameling messen met primitieve heften aan de muur hingen boven een grote marmeren schouw. Later hoorde ik dat haar grootvader, die in Amerika tegen de indianen had gevochten, ze daar had opgehangen. Een zware, eikenhouten deur gaf toegang tot haar eigen zitkamer, die gemeubileerd was met fraaie, sierlijke stoelen en banken met spichtige poten. In de daaropvolgende maanden leerde ik dat het Louis Quinze-meubels waren, de periode van Lodewijk de Vijftiende.

Terwijl de twee vrouwen met elkaar zaten te praten, besefte ik dat mijn moeder gepolst werd voor de positie van huishoudster en gezelschapsdame. Mevrouw Giveen bleek niet genoeg geld meer te hebben om het hele huis met personeel te voorzien, omdat de opkomst van de fabrieken in Noord-Ierland een eind had gemaakt aan het tijdperk van goedkope arbeidskrachten.

Mijn vader, begreep ik, zou in de stad blijven werken als monteur. Als ze geen huur hoefde te betalen en geld verdiende met haar nieuwe baan, hoopte mijn moeder te kunnen sparen voor een eigen huis.

Toen ik hoorde dat we daar zouden gaan wonen, had ik het gevoel geslaagd te zijn voor een of andere test en dat mijn moeder blij en tevreden over me was. Ik kan me niet echt herinneren dat ze de boel inpakte in het huis met het rieten dak, maar we hadden niet veel spullen, en ik geloof dat veel van onze oude meubels werden achtergelaten. De kippen werden verkocht aan naburige boeren, inclusief mijn bantam, June, wat me veel verdriet deed. We bleken nog steeds niet meer dan een paar koffers en de nu gehavende theekisten te bezitten, en zoals bij alle vorige verhuizingen vulde mijn moeder ze met kleren, beddengoed en boeken.

Toen we in Cooldaragh aankwamen, werden we bij de deur door mevrouw Giveen begroet.

'Antoinette, kindlief,' zei ze, 'kom mee, dan zal ik je je kamer laten zien.'

We liepen door de jachtzaal en de grote trap op naar een galerij met diverse deuren. Ze liet me mijn ruime kamer zien, waarin een ouderwets koperen bed stond met een dik donzen dekbed. Daarnaast stond een nachtkastje met een kleed erop en een olielamp. Bij het raam stond een klein bureau en daarnaast een boekenkast. Toen vertelde ze me tot mijn vreugde dat haar kamer naast die van mij lag. Het gaf me een veilig gevoel.

Er waren nog twee andere trappen, die naar het niet meer gebruikte personeelsverblijf leidden. Eén trap was bestemd geweest voor de mannen, de andere voor de vrouwen. Mijn ouders kregen de slaapkamer van de huishoudster, die dicht bij de enige badkamer in het huis lag. Vroeger, toen er nog veel personeel was, werd het badwater verwarmd op het met turf gestookte fornuis en door een leger dienstmeisjes naar boven gebracht. Nu werd het naar boven brengen van de talloze pannen water die nodig waren voor ons wekelijkse bad een zware taak.

Onder aan die trappen bevonden zich nog twee kamers, vroeger de voorraadkamer van de butler en die van de dienstmeisjes. Een deur kwam uit op een klein binnenplein, waar een pomp ons water leverde. Regentonnen vergaarden water voor al onze overige behoeften, en elke ochtend moesten er emmers gevuld worden en naast het fornuis gezet.

Een lange, roodbetegelde gang liep van de keuken en de voorraadkamers naar het hoofdgedeelte van het huis, waar de zitkamer van mijn ouders was.

Later, toen ik het huis in mijn eentje bezichtigde, telde ik vierentwintig kamers. Slechts vier slaapkamers waren gemeubileerd, waarvan er twee door mij en mijn ouders werden bewoond. De kleinste en stoffigste kamers, waarin geen meubels stonden, waren de voormalige personeelsverblijven.

Niet alleen waren er geen stromend water en geen elektriciteit in Cooldaragh – het hele huis werd verlicht door olielampen of kaarsen – maar de bus reed slechts één keer per dag naar de stad; hij vertrok 's ochtends en kwam pas na zes uur 's avonds terug. Afgesproken werd dat ik op school zou lunchen. Dat betekende dat ik in de warme bibliotheek mijn huiswerk kon maken en kon eten met de interne leerlingen terwijl ik op de bus wachtte.

Toen we eenmaal gesetteld waren, moest mijn moeder een nieuw uniform voor de Coleraine High School met me gaan kopen. Ook al was ik blij dat ik terug kon, toch was ik niet langer het vrolijke, zelfverzekerde kind dat ze hadden gekend. Ik was een stuk introverter geworden. Omdat de docenten de geleidelijke verandering in me niet hadden gezien, leken ze het toe te schrijven aan het verstrijken van de tijd.

Mijn vader was de meeste weekends afwezig – 'overwerk', zoals mijn moeder altijd uitlegde – wat een opluchting voor me was. Die dagen lunchten zij en ik met mevrouw Giveen in haar eetkamer, waarin net als in haar zitkamer antieke meubels stonden. Het blad van het mahoniehouten buffet stond vol met zilveren voorwerpen. We zaten gedrieën aan de glimmend gepoetste tafel, die groot genoeg was voor tien mensen. Mijn moeder, die nooit erg goed had kunnen koken, wist in het weekend een redelijk braadstuk klaar te maken. Als ik op die tijd terugkijk, denk ik dat mijn vader met opzet wegbleef, omdat mevrouw Giveen tot een uitstervend ras behoorde: de aristocratie van Noord-Ierland. Mijn vader voelde zich altijd geïntimideerd door dat soort mensen, terwijl mijn moeder zich volkomen op haar gemak voelde in hun gezelschap. Ik denk dat ze zichzelf kon wijsmaken dat ze een vriendin was van mevrouw Giveen en niet haar huishoudster.

De oude dame was in de tachtig en straalde trots en waardigheid uit. Intuïtief wist ik dat ze eenzaam was, en we hadden een band samen die vaak bestaat tussen heel jonge en oude mensen. Na de lunch hielp ik mijn moeder met opruimen en afwassen aan de diepe, witte gootsteen in de meidenkamer. Daarna ging ik met alle honden naar buiten. Ik speelde in de rododendrons, die hoog genoeg waren om er rechtop in te kunnen staan, of ging op bezoek bij de kleine, ruwharige pony's. Als ik ze wat lekkere hapjes voerde, mocht ik hun zachte neus liefkozen en hun nek aaien.

Ik voelde me in die tijd geborgen in de kamer waarin ik sliep. Mijn vader waagde het niet bij me in de buurt te komen, met mevrouw Giveens kamer direct aan de andere kant van de muur.

Op regenachtige dagen verkende ik het huis. Mevrouw Giveen had kasten vol souvenirs van de Amerikaanse oorlogen, vertelde graag over haar grootvader en liet me alles zien wat hij had nagelaten.

Op andere dagen ging ik met een boek naar de grote keu-

ken, die altijd gevuld was met verrukkelijke geuren van de broden en koekjes die mijn moeder bakte. Hier werd alles klaargemaakt op het oude met turf gestookte fornuis. Voor ik me
verdiepte in de avonturen van *The Famous Five* of ging zwem-
men met de beroemde *Water Babies*, kreeg ik diverse karweitjes opgedragen. Ik werd dan naar buiten gestuurd om emmers
water te pompen. Ik verzamelde ook turf voor het fornuis en
manden hout voor het haardvuur in onze kamers. Op de dagen dat het mooi weer was, die niet vaak voorkwamen in de
Noord-Ierse winter, wandelde ik in het bos en zocht naar afgevallen takken en dikke twijgen voor het vuur. Die legden we
achter het fornuis om te drogen, waarna ze als aanmaakhout
werden gebruikt. Mijn moeder had ergens gelezen dat thee van
brandnetels medicinale eigenschappen bezat, dus vulde ik,
voorzien van tuinhandschoenen, manden met groene brandnetels, die ze liet sudderen op het fornuis, waar ze een penetrante
geur verspreidden.

Als ik in de winter op schooldagen 's ochtends met een kaars
in de hand mijn weg zocht door de gangen om water te gaan
halen voor het wassen, kon ik het geritsel horen van muizen.
Ik was er niet bang voor en beschouwde ze alleen als een ongemak, omdat hun aanwezigheid betekende dat elk hapje
voedsel in blikken of bussen bewaard moest worden. Op een
ochtend zag ik dat mijn vader, toen hij laat was thuisgekomen,
een pak suiker had laten staan. Er zat een dikke muis in met
kleine kraaloogjes en trillende snorharen. Ik joeg hem weg en
gooide de rest van de suiker in de vuilnisbak. Hoewel Cooldar-
ragh een leger van katten had, lagen er elke ochtend verse muizenkeutels, en mijn taak was het die op te ruimen.

Pasen kwam en ging, en het weer verbeterde. Toen kon ik
weer het grootste deel van mijn tijd met de honden doorbrengen om het bos te verkennen. Ik wandelde over de met bladeren bedekte grond van het bosgebied, verwarmd door de zon-

nestralen die door het nieuwe groene lover schenen. Ik hoorde het vrolijke gezang van vogels, terwijl de met eieren gevulde nesten bewaakt werden door de ouders. Scamp, die blind was geworden, was te oud voor die wandelingen, maar de andere drie honden hielden me graag gezelschap, renden naast me en om me heen, en groeven in het struikgewas. Judy liet me vaak in de steek voor een hoopvolle jacht op konijnen. Bruno, op mijn bevel van 'Zoek', ging Judy zoeken en bracht haar terug.

Tussen de kerstboomplantage en het bos was een klein meertje. Daar ging ik liggen, zoekend naar kikkerdril. Ik porde met een stok in het water om te zien of er leven was in de modder. Mijn geduld werd vaak beloond als ik kleine kikkertjes zag die net het stadium van kikkervisjes achter de rug hadden, of een glimp opving van de padden die huisden in de met sleutelbloemen bezaaide graspollen.

Vroeg in de avond ging ik met mevrouw Giveen naar de pony's om ze lekkere hapjes te voeren. Ze wisten altijd hoe laat we kwamen en stonden bij de omheining geduldig op ons te wachten. Als we terugkwamen, hielp ik mijn moeder met de high tea, die klaar moest zijn voordat mijn vader thuiskwam van zijn werk. Ik bracht het blad voor mevrouw Giveen naar haar zitkamer en ging dan terug naar de keuken om samen met mijn ouders te eten.

Mijn vader zei in die tijd heel weinig tegen me. Ik voelde nog wel zijn ogen die me volgden, maar over het geheel negeerde hij mij en ik hem.

Die dagen waren een vredig intermezzo in mijn leven, een intermezzo waarvan ik, met het verstrijken van de tijd, aannam dat het eeuwig zou duren, maar hoe kon dat?

Aan het begin van mijn zomervakantie werd ik wakker in een griezelig stil huis. Ik voelde dat er iets mis was toen ik via de achtertrap naar de keuken liep. Terwijl mijn moeder mijn ontbijt klaarmaakte, zei ze me dat mevrouw Giveen die nacht in haar slaap vredig was overleden. Ze vertelde het me heel vriendelijk, want ze wist hoeveel ik van die oude dame hield. Een diepe troosteloosheid maakte zich van me meester, want ik wist dat ze onbewust niet alleen mijn vriendin maar ook mijn beschermster was geweest. Ik wilde afscheid van haar nemen en ging naar boven naar haar slaapkamer, waar ze op bed lag met gesloten ogen en een verband dat om haar kin en de kruin van haar hoofd was gebonden. Ik was niet bang toen ik voor het eerst de dood zag. Ik wist alleen dat ze er niet langer was.

De honden waren die dag heel rustig. Ze schenen net als ik te voelen dat ze een vriendin hadden verloren. Die avond gaf ik de pony's hun lekkernijen, streek over hun hals en voelde iets van troost in de plechtige blik in hun ogen.

Ik herinner me niets meer van de begrafenis of van de bloedverwanten die kwamen, maar natuurlijk gebeurde dat. Wat ik me wél herinner, is dat haar schoondochter een paar weken kwam logeren, voornamelijk voor de inventarisatie van het huis, en wel speciaal van het antiek. Ze was een charmante, aardige vrouw, die altijd naar parfum rook. Ze nodigde me uit in haar kamer, die aan de andere kant van mijn kamer lag, en gaf me haarspelden en linten cadeau. Het opwindendst vond ik dat ze me een geruite jurk gaf die ze uit Londen had meegebracht. Mijn moeder, een ervaren naaister, maakte mijn eerste mantelpakje voor me van grijs flanel. Ik was heel trots op mijn plotseling volwassen uiterlijk, dat ik in de spiegel bewonderde, en ik verheugde me erop het pakje te dragen als ik met de jonge mevrouw Giveen naar de kerk ging.

Het gebeurde tijdens haar bezoek dat de zondagdienst werd onderbroken door een kleine vleermuis die plotseling tevoorschijn kwam en boven ons hoofd vloog. Ik zag het diertje gewoon als een vliegende muis, maar de in paniek geraakte kerkgangers beschouwden het als een angstaanjagend wezen, en de zondagsdienst werd voortijdig afgebroken. Volwassenen, was mijn conclusie, waren voor de vreemdste dingen bang.

Het was de eerste keer dat ik mijn moeder zag met een andere vrouw van ongeveer dezelfde leeftijd in wier gezelschap ze zich prettig voelde. Instinctief had ik altijd geweten dat ze het gezelschap van mijn grootmoeder van vaderszijde, of van mijn tante niet op prijs stelde. Vaak zaten we gedrieën in de weekends in de tuin opzij van het huis, waar we op Engelse wijze de afternoon tea gebruikten. Mijn moeder reed een dienwagen naar buiten met sierlijke kleine sandwiches met ei en tuinkers of dungesneden zelfgerookte ham. Er waren versgebakken scones met jam en room, gevolgd door vruchtencake, alles weggespoeld met thee die uit een zilveren theepot in porseleinen kopjes werd geschonken. Mijn moeder en de jonge mevrouw Giveen zaten druk te praten; op die dagen voelde ik me heel volwassen, omdat ik betrokken werd bij de gesprekken.

De dag die ik vreesde brak aan, de dag waarop mevrouw Giveen me vertelde dat ze terug moest naar haar huis in Londen. Voor ze wegging gaf ze me een cadeau.

'Antoinette,' zei ze, 'ik weet dat je binnenkort jarig bent. Het spijt me dat ik er dan niet zal zijn, maar ik heb een presentje voor je.'

Ze gaf me een klein gouden medaillon aan een ketting, dat ze om mijn hals hing.

Nu het huis leeg was, voelde mijn moeder zich, geloof ik, de vrouw des huizes, wat ze in het daaropvolgende jaar ook inderdaad was.

# 10

De gouden gloed van de zon raakte mijn oogleden en dwong
ze open. Slaperig keek ik om me heen in de kamer. De stralen
van de zon vielen op mijn nieuwe geruite jurk, die aan de
achterkant van de deur hing, en verscherpten de rode en blauwe kleuren tot ze glansden als juwelen.

Een lichte opwinding verried me dat dit mijn tiende verjaardag was, de dag waarop ik mijn eerste feest zou geven; elk
meisje uit mijn klas werd verwacht, alle veertien. Toen mijn
vader hoorde dat mijn moeder toestemming had gegeven, zei
hij dat hij die dag zou gaan golfen, en gaf me daarmee een bijzonder cadeau – zijn afwezigheid. Dit was míjn dag, en de eerste helft ervan zou ik alleen met mijn moeder zijn. Zijn aanwezigheid zou geen schaduw werpen over een dag waarvan ik
vond dat hij mij toebehoorde.

Mijn oog viel op het gouden medaillon met de ketting die
de jonge mevrouw Giveen me had gegeven, en met pijn in het
hart wenste ik dat zij en haar schoonmoeder erbij konden
zijn. Mijn moeder had me tijdens de zomervakantie verteld
dat ik dit jaar een feest mocht geven. Ik herinnerde me hoe
trots ik met de uitnodigingen naar school was gegaan. Alle
meisjes in mijn klas hadden ja gezegd, en ik was opgewonden
bij het vooruitzicht ze mijn huis te laten zien. Want in mijn ge-

dachten en die van mijn moeder was Cooldaragh mijn thuis.

De honden en ik eindigden onze wandelingen altijd in de kerstboomplantage, waar mijn gedachten uitgingen naar de jonge Giveens die daar jaar na jaar hun kerstboom uitzochten en hem naar de grote hal brachten. Ik stelde me hen voor, in de formelere kleding die ik gezien had op de sepiakleurige foto's in de zitkamer, staande op een trap om de boom te versieren. Ik stelde me hen voor op kerstochtend, zittend voor een haardvuur als ze hun cadeaus openmaakten, terwijl de bedienden op de achtergrond stonden te wachten op hun eigen grote dag.

Ik rekte me uit, wilde nog even in bed blijven liggen. Dit was het Cooldaragh dat ik met mijn klasgenootjes wilde delen. Ik wilde dat zij dezelfde magie zouden voelen als ik.

De stem van mijn moeder onderbrak mijn fantasieën. Ik trok mijn oude kleren aan, die opgevouwen op de stoel naast het bed lagen, en ging naar beneden om haar te zoeken. Heerlijke bakgeuren hingen in de gang, die me zeiden dat ze al aan het werk was.

Ik wist dat mijn taart, met het roze glazuur en de tien witte kaarsjes en de woorden 'Happy Birthday', de vorige dag al was gebakken. Toen ik in de keuken kwam, zag ik rijen kleine cakejes die op rekken lagen af te koelen. Ernaast stond de kom, waar ik begerig naar keek, omdat ik die na het ontbijt mocht uitlikken, zodra het glazuur op de taart was aangebracht.

De tafel was gedekt voor twee; een theepot onder een gebreide theemuts stond in het midden, en naast de broden zag ik bruine eieren in witte eierdoppen en een kleine stapel pakjes.

'Gefeliciteerd, schat,' zei mijn moeder, en begroette me met een zoen. Dit, dacht ik, zou een perfecte dag worden.

Bij het uitpakken van de cadeaus vond ik een paar nieuwe

schoenen van mijn ouders, glanzend zwart met een riempje over de wreef; een Fair Isle-trui van mijn Ierse grootouders, en van mijn Engelse grootmoeder drie boeken van Louisa M. Alcott, *Little Women, Little Men* en *Jo's Boys*, boeken die ik, zoals ik al vaak had laten doorschemeren, graag wilde hebben.

Ik viel met smaak aan op mijn ontbijt en voerde de honden stiekem kleine hapjes. Ik was blij dat het een zonnige dag was, gelukkig dat ik mijn moeder voor mij alleen had en enthousiast over mijn cadeaus.

De hele week had ik me verheugd op mijn feest. Ik stelde me voor hoe ik de meisjes van school zou rondleiden in mijn huis. Ik stelde me voor dat ze diep onder de indruk zouden zijn en me zouden benijden dat ik hier kon wonen. Het vooruitzicht dat ik mijn klasgenootjes kon uitnodigen maakte het nog aantrekkelijker om na de lange zomervakantie weer naar school te gaan. Al was de vakantie heel plezierig, het was ook een eenzame tijd. Toen de jonge mevrouw Giveen eenmaal vertrokken was, voelde ik een isolement dat het gezelschap van de honden niet kon verdrijven. Gekleed in een short, een T-shirt en gymschoenen, hield ik verkenningstochten met ze over het landgoed. Met een klein flesje limonade en een paar sandwiches bleef ik soms bijna een hele dag weg en keerde terug met dode takken en twijgen, die we gebruikten om het fornuis in de spelonkachtige keuken te stoken. Ik genoot van mijn dagelijkse taken, waaronder, nu ik wat ouder was, ook het zagen van de dikke dode takken in houtblokken. Maar ik zag bijna nooit iemand, kwam niet van het land van Cooldaragh af en miste het contact met andere kinderen. Omdat er geen boerderij in de buurt was, de dichtstbijzijnde winkels in Coleraine waren en de bus maar tweemaal per dag reed, waagden we ons zelden naar buiten. We waren afhankelijk van de dagelijkse melkbezorging en de levensmiddelenwagen, die tweemaal per week kwam.

Maar die zomervakantie had mijn moeder en mij dichter bij elkaar gebracht, omdat we alleen elkaars gezelschap hadden. Als het regende, zaten we behaaglijk in de keuken, zetten de deur van het fornuis open en deden ons te goed aan de zelfgemaakte cakejes die ze graag bakte. Ik met een boek dat ik verslond, en zij met haar breiwerk; het constante geklik van haar naalden vormde een sussend geluid op de achtergrond, als ze zich met gebogen hoofd concentreerde op het breien van een nieuwe trui.

Ze had een donkergroene trui voor me gebreid, met een V-hals die was afgezet met zwart en wit, voor mijn terugkeer naar school. Andere keren trok ze een wollen sok over een houten paddenstoel om de gaten te stoppen die er regelmatig in verschenen, of zuchtte ze bij een rok die moest worden uitgelegd tot er geen zoom meer over was. Er was altijd extra huiswerk te maken, want mijn school geloofde in projecten voor de vakantie.

Na het ontbijt, toen ik mijn moeder had geholpen met het glazuren van de cakejes, ging ik naar buiten met de honden. De waarschuwing van mijn moeder om niet te ver te gaan, omdat ik me bijtijds moest optutten voor mijn feest, belette me het bos in te gaan. In plaats daarvan ging ik de pony's goedemorgen wensen. Na ze een knuffel en wat hapjes uit mijn zak te hebben gegeven, ging ik terug naar huis.

Door de zon had de rode baksteen een warme gloed gekregen toen ik het binnenplein opliep en door de achterdeur naar de keuken ging. Pannen water stonden al klaar op het fornuis om mee naar boven te worden genomen voor mijn bad, en ik moest drie keer de achtertrap op voordat het water diep genoeg was.

Ik trok de cadeaus aan van de jonge mevrouw Giveen. Eerst de geruite jurk met de wijde rok en de rij knoopjes op de rug, die mijn moeder vastmaakte. Toen de nieuwe zwarte schoenen over mijn witte sokjes, en ten slotte deed mijn moeder het gouden medaillon om mijn hals. Mijn pasgewassen haar werd geborsteld, opzij bijeengebonden en op zijn plaats gehouden met een haarspeld. Ik poseerde een paar seconden voor de spiegel, tevreden over wat ik zag.

Een halfuur voordat de meisjes verwacht werden stond ik op de trap, mijn ogen strak gericht op de oprijlaan, wachtend tot de eerste auto zou arriveren. De honden lagen vlakbij, vastbesloten me gezelschap te houden; ze voelden dat er iets in de lucht hing. Net als ik bleven ze naar de oprijlaan kijken.

Enkele minuten vóór de tijd die op de uitnodiging was vermeld, reed er een stoet zwarte auto's over de stoffige oprijlaan. Grind spatte op toen ze knarsend stopten voor de trap waar ik stond te wachten. Ik voelde me net als mijn moeder de eigenaresse. Portieren gingen open en de keurig geklede meisjes stapten uit, allemaal met fraai ingepakte pakjes in de hand. Na mijn moeder verzekerd te hebben dat ze om half zeven zouden worden afgehaald, vertrokken hun ouders.

Mijn moeder bracht karaffen limonade toen we op het grasveld zaten met mijn stapel cadeaus. Gretig keken ze toe terwijl ik het ene geschenk na het andere uitpakte. Het cadeaupapier werd er afgehaald en onthulde dozen snoepjes die lachend werden rondgedeeld, tot mijn moeder, die niet wilde dat we onze eetlust zouden bederven, ze mee naar binnen nam. Andere pakjes bevatten haarspelden en linten. Een nieuwe pen in een etui ontlokte me een zucht van blijdschap, evenals een dagboek met roze kaft, een dagboek waarin nooit geschreven zou worden omdat ik na die dag niet vond dat er iets te schrijven viel. Maar in het begin van die middag, in de warme zon en omringd door mijn klasgenoten, wist ik niet wat me nog te wachten stond.

Mijn moeder hielp me alle cadeaus te verzamelen en zei toen dat ik mijn vriendinnen het huis moest laten zien, iets waartoe ze me niet hoefde over te halen. Ik ging hen voor naar de zaal waar ik, toen ik hen attent maakte op alle Amerikaanse souvenirs, een verandering merkte in de atmosfeer. Ik hoorde gefluister, wat vreemd gemompel en een verbaasd lachje, en plotseling zag ik mijn geliefde Cooldaragh door hun ogen.

In plaats van de pracht en praal die ik hun zo vaak had beschreven, zag ik de afgesloten open haarden, waarin kranten waren gestopt tegen de tocht, de spinnenwebben die in de hoeken hingen en het stoffige tapijt op de trap die naar de ongemeubileerde slaapkamers boven leidden. In de eetkamer voelde ik hun blik rusten op het nu zwart aangeslagen zilver, dat sinds de dood van de oude mevrouw Giveen niet meer gepoetst was. Ik zag de versleten gordijnen die er al zoveel jaren hingen, en de olielampen die op het buffet stonden en verrieden dat er in deze reusachtige relikwie uit een ander tijdperk geen elektriciteit was.

'Waar,' hoorde ik een van hen fluisteren, 'halen ze het warme water vandaan?'

Mijn klasgenoten waren het product van vrijstaande huizen, met fraai aangelegde tuinen, moderne meubels en glanzend zilver. Ze kwamen uit huizen waar het 'dagmeisje' elk spoor van stof verwijderde en waar een dagelijks bad vanzelfsprekend was. Ze konden de magie niet zien die ik zag. Ze konden alleen maar een vervallen gebouw zien. Met het onfeilbare instinct dat kinderen eigen is, voegden ze nog wat toe aan de informatie die ze al van hun ouders hadden opgevangen. Ze wisten dat mijn moeder de huishoudster was, dat ik niet uit een gestudeerd gezin kwam en dat er een kloof tussen ons bestond.

Ik voelde weer de afstand tussen ons en wist dat ik een buitenbeentje was. Nieuwsgierigheid, geen vriendschap, was de emotie die hen die dag naar Cooldaragh had gebracht. De vriendschap waarin ik had willen geloven, begon me te ontglippen. Ik voelde me alsof ik plotseling achter glas stond. Kijkend door een raam waarachter mjn leeftijdgenoten lachten en praatten, kon ik slechts hun gebabbel en gegiechel nabootsen. Ik stond buiten en keek naar binnen, waar iemand een feest gaf en observeerde mezelf.

Die middag deden we spelletjes; met zoveel kamers was verstoppertje spelen favoriet, maar als het mijn beurt was om me te verstoppen, wist ik op de een of andere manier dat ze niet zo enthousiast naar mij zochten als ik naar een van hun vriendinnen. Ik voelde hun saamhorigheid terwijl ze wachtten op de auto's die hen zouden bevrijden en terugbrengen naar hun steriele huizen.

Mijn moeders onthaal met sandwiches, vruchtenpuddinkjes en kleine geglazuurde cakejes, vond gretig aftrek en werd weggespoeld met nog meer limonade. De verjaardagstaart werd binnengebracht, en voordat hij werd aangesneden moest ik alle kaarsjes uitblazen; als dat in één keer gebeurde, mocht ik een wens doen. Ik ademde zoveel mogelijk lucht in en blies met stijf dichtgeknepen ogen. Ik hoorde het applaus en deed ze weer open. Alle kaarsjes waren uit en ik sloot mijn ogen weer en deed een wens.

'Laat ze me aardig vinden, laat ze mijn vriendinnen worden,' vroeg ik, en toen ik mijn ogen weer opendeed, dacht ik even dat mijn wens vervuld was. Nu, dacht ik, zou het een goed moment zijn om de snoepjes te laten rondgaan die ik had gekregen. Toen ik naar de plek ging waar mijn cadeaus lagen opgestapeld, merkte ik tot mijn ontsteltenis dat alle snoepjes verdwenen waren. Ze moesten zijn opgegeten toen we verstoppertje speelden, toen ik, weggekropen in een van de stoffige, ongebruikte kamers, zo lang had moeten wachten voor ik gevonden werd. Ik wist niet wat ik moest zeggen en keek naar mijn moeder.

Ze lachte. 'Schat, je moet leren delen.'

Ik zag haar veelbetekenende blikken wisselen met de meisjes en wist dat zij en de anderen me uitlachten. Ik keek naar de lachende gezichten om me heen, en mijn gevoel dat ik erbuiten stond kwam weer terug.

Toen het feest ten einde liep, stond ik op de trap van Cooldaragh en keek naar mijn 'vriendinnen' die in een stoet van auto's vertrokken, na me beleefd te hebben bedankt voor de dag en met vage beloftes om me bij hen thuis uit te nodigen. Ik wilde dat maar al te graag geloven, en deed dat dus ook, en zwaaide vrolijk naar de wegrijdende auto's tot de laatste uit het zicht verdwenen was.

Met de klok van zeven arriveerde mijn vader. Een vader wiens rood aangelopen gezicht me zei dat hij had gedronken. Zijn starende ogen waren strak op mij gericht. Ik wilde weg, ontsnappen, maar zoals altijd hielden zijn ogen me vastgenageld aan mijn stoel.

Mijn moeder, met een hoger klinkende stem dan gewoonlijk, een teken dat ze zenuwachtig was, zei dat ik hem mijn cadeaus moest laten zien.

'Kijk eens, Paddy, wat ze allemaal heeft gekregen.'

Een voor een liet ik ze hem zien.

'Wat, geen snoepjes?' Hij zag het antwoord in mijn gezicht en snoof. 'Heb je er niet aan gedacht om iets voor je ouwe pa te bewaren?'

Ik keek onderzoekend naar zijn gezicht. Was dit de joviale vader met wie je grapjes kon maken, of de andere? vroeg ik me af, terwijl mijn maag ineenkromp van angst.

Het laatste cadeau dat ik hem liet zien was mijn pen, zwart met een zilveren clip. Toen ik mijn hand uitstak om hem de pen te laten zien, voelde ik mijn hand beven, en zijn glimlach bewees me dat het hem niet ontgaan was.

'Waar is je andere pen, die je moeder en ik voor je hebben

gekocht?' vroeg hij, en mijn hart zonk in mijn schoenen toen ik besefte dat hij vanavond niet de joviale vader was.

'In mijn schooltas,' was het enige wat ik stotterend uit kon brengen.

Hij liet een onaangenaam lachje horen. 'Nou, ga hem dan halen – je hebt er toch zeker geen twee nodig?'

'Dat heb ik wel,' protesteerde ik. 'Ik heb een reservepen nodig, en daarom heeft Marie me deze gegeven.'

Voor mijn ogen, als de padden die ik in het bos had gezien, leek hij op te zwellen. Zijn borst leek uit te zetten, zijn ogen waren bloeddoorlopen. Ik zag het verraderlijke trillen van zijn mond, en te laat besefte ik dat ik hem niet had moeten tegenspreken.

'Spreek me niet tegen, meid,' bulderde hij terwijl zijn hand de hals van mijn jurk vastgreep en me van de stoel sleurde. De grond kwam naar me toe, alle lucht verdween uit mijn lichaam, zijn handen knepen zich om mijn keel en vaag hoorde ik mijn moeder gillen.

'Paddy, hou op, je vermoordt haar nog!'

Mijn handen graaiden naar de zijne, probeerden de vingers los te maken die zich om mijn keel klemden, terwijl mijn adem schor piepte en mijn benen hulpeloos op de grond trappelden.

Ik hoorde hem schreeuwen: 'Doe wat ik zeg!' Toen, door mijn moeders smeekbeden heen voelde ik de druk van zijn vingers verminderen.

Ik kwam overeind, versuft en in de war.

'Haal haar hier vandaan,' gilde hij tegen mijn moeder. 'Breng haar naar haar kamer.'

Zonder iets te zeggen pakte ze me bij mijn arm, duwde me de gang in en de trap op, en liet me toen plotseling los. Met een woedend gezicht beval ze me daar te blijven.

'Waarom moet je hem altijd ergeren? Je weet toch dat hij driftig is?' Haar stem klonk vermoeid. 'Kun je ter wille van mij niet proberen de vrede te bewaren?' Ik hoorde een smekende klank in haar stem en besefte dat ze net zo bang was als ik.

Later kwam ze terug in mijn slaapkamer, waar ik, nog steeds verward, probeerde te kalmeren door te ontsnappen in *Little Women*.

Onze blikken ontmoetten elkaar en ik wist dat de bescherming die ik had genoten toen de Giveens hier waren verdwenen was. Ik wist dat ze gekozen had voor mijn vader en ik gedegradeerd werd tot een lastig kind.

'Doe je best om je vader niet meer kwaad te maken, Antoinette,' waren haar enige woorden toen ze de olielamp uit mijn kamer meenam en wegging. Ik sloot mijn ogen. Nu ik niet meer kon lezen, verzon ik een verhaaltje. Een verhaal waarin ik weer geliefd was, omringd werd door vriendinnen en op talloze feesten werd uitgenodigd.

Terug in het verpleeghuis maakte ik een kop koffie en stak een sigaret op terwijl ik probeerde de stroom herinneringen te stuiten, maar Antoinette, de geest van mijn kindertijd, was nog steeds aanwezig. Ik hoorde haar weer.

'Toni, herinner het jezelf, herinner je de waarheid.'

Ik had geloofd dat ik had afgerekend met mijn verleden, maar Antoinettes gezicht bleef terugkomen om me te achtervolgen. Ik had jaren geleden bijna alle foto's vernietigd, foto's van het kind dat ik eens geweest was, maar nu flitsten ze stuk voor stuk voor mijn ogen.

Ik zag haar als de mollige kleuter met krulhaar en stralende ogen, die zelfverzekerd glimlachte naar de camera, met haar handjes op één knie van de over elkaar geslagen beentjes. Op die foto droeg ze haar lievelingsjurkje met het smockwerk dat haar moeder gemaakt had.

Een paar jaar later was ze gekleed in een geruite jurk, te kort voor haar magere figuurtje, geen sokjes, en tweedehands sandalen. Onder de ogen waarmee ze me aankeek, waren donkere kringen. Ze stond op het grasveld van Cooldaragh met Judy in haar armen en met haar andere vrienden, de honden, aan haar voeten.

Op een andere foto stond ze bij de rododendrons van Cooldaragh met de moeder van wie ze zoveel hield. Er waren geen foto's van haar met andere kinderen of speelkameraadjes

Ik dwong de mentale foto's te verdwijnen en liep terug naar het bed van mijn moeder. Toen ik mijn ogen dichtdeed, keek ik naar de jaren die achter me lagen en dacht aan het ongelukkige, eenzame kind dat op Cooldaragh had geleefd. Een kind wier verjaardag bedorven was, niet alleen door de wreedheid van haar vader en de onverschilligheid van haar moeder voor haar benarde toestand, maar ook door haar onvermogen tot een wisselwerking te komen met haar leeftijdgenoten, en met de andere kinderen overweg te kunnen. Hoe ze als door een raam naar hen keek terwijl ze speelden, lachten en babbelden. Als ze probeerde mee te doen, bleef het bij na-apen.

Het was te laat om zich één te voelen met hen, haar jeugd was al voorbij. Op haar tiende verjaardag wist ze dat elk geluksgevoel slechts een vluchtige illusie was.

Terwijl ik naast het bed van mijn moeder zat, herinnerde ik me één daad van rebellie, en die riep een wrang glimlachje bij me op. Het gebeurde kort na mijn verjaardag en bewees dat het kleine meisje nog woede kon voelen en niet een totale marionet was.

In Cooldaragh waren alle open haarden afgesloten met krantenpapier, niet alleen om iets van de kou buiten te houden, maar ook om de vogels en vleermuizen te beletten binnen te komen. Als ik in de schemering water ging halen, had ik vaak de vleermuizen rond het huis gezien, hun onzichtbare wereld verkennend als de duisternis was ingevallen.

Terwijl ik naar ze keek, herinnerde ik me die dag in de kerk, toen het gelui van de kerkklok de rust van een ervan had verstoord. Ik had de angst gezien die de blinde vlucht ervan bij het vrouwelijk deel van de congregatie had opgeroepen,

Ik koos mijn avond zorgvuldig uit. Ik wist dat als mijn vader op vrijdagochtend met zijn auto naar Coleraine ging, hij altijd laat en dronken thuiskwam. Ik kende de routine van mijn moeder bij die gelegenheden. Als ze het wachten eindelijk moe was, liep ze door de lange, donkere gang van onze zitkamer naar de keuken, met een kaars in de hand om zich bij te lichten. Dan zette ze een pot thee voor ze langs de personeelstrap naar haar slaapkamer ging.

Die avond, in de wetenschap dat mijn moeder zou denken dat ik sliep, stond ik stilletjes op uit bed, vastbesloten de vleermuizen vrije toegang te verlenen tot het huis. Ik porde gaten in de kranten die de afvoer van de haarden verstopten. Vervolgens zette ik de deur open van de lege stallen waar de vleermuizen huisden en die slechts door het kleine binnenplein van het huis werden gescheiden. Geduldig hurkte ik boven aan de personeelstrap, wachtend op mijn nachtelijke bezoekers, de instrumenten van mijn kleine wraakneming. Ik werd beloond. Eén dappere vliegende muis nam een duikvlucht door de achterdeur naar binnen. Toen ik zeker wist dat hij ver genoeg in huis was, sloop ik op mijn blote voeten de trap af en deed zachtjes de deur dicht.

Rillend van de kou ging ik terug naar mijn standplaats op de trap om het resultaat af te wachten. Ik hoefde niet lang te wachten.

Ik zag een oranje gloed toen de deur van de zitkamer van mijn ouders openging. Toen volgde het flakkerende vlammetje van de kaars dat mijn moeder bijlichtte. Ik hoorde haar gillen toen de vleermuis, met zijn ingebouwde radar, om haar hoofd fladderde.

Ik wist dat ze in het halfduister verstard was van angst. Snel liep ik de trap af, sloeg mijn armen om haar heen, pakte de kaars uit haar trillende vingers en bracht haar terug naar hun zitkamer, waar ik haar in een stoel hielp. Ik zei dat ik in de badkamer was toen ik haar hoorde gillen.

Ze bleef zitten terwijl de tranen over haar wangen stroomden. Ik ging met haar kaars naar beneden, naar de keuken, waar de slapende honden zich nauwelijks bewogen, en zette thee voor haar. Ik schikte een kopje, melkkannetje, suikerpot en de kaars op een blad, en leidde haar de grote trap op naar haar slaapkamer, op die manier de vleermuis vermijdend. Ik zette het blad naast haar bed en omhelsde haar, want ik hield nog steeds van mijn moeder.

Met mijn volwassen verstand probeerde ik te begrijpen hoe het leven van mijn moeder in die tijd geweest moest zijn. Ik begreep waarom ze wilde vluchten in haar fantasiewereld van 'het gelukkige gezin', waar niets mis was met ons leven. Wat had ze anders? Na de dood van mevrouw Giveen had ze vrijwel geen contact meer met andere mensen. Ze had geen familie of vrienden in Noord-Ierland en zeker geen financiële onafhankelijkheid. Zonder vervoer moest haar isolement zijn toegenomen, want ik voelde de depressie die zich van haar meester maakte.

In deze tijd zou een vrouw keuzes hebben die mijn moeder waren ontzegd, maar als ze die had gehad, zou ze dan een andere weg zijn ingeslagen? Wat er in latere jaren gebeurde, deed me daaraan twijfelen.

Ik bleef naast haar bed zitten. Het nachtlampje wierp een flauwe gloed op haar. Ik keek naar haar kleine, hulpeloze figuur en zag dat de slaap iets van de rimpels had gladgestreken die door pijn veroorzaakt werden. Ik voelde dezelfde tegenstrijdige emoties als het kleine kind dat haar moeder die avond omarmde: verwarring, woede en een intens verlangen haar te troosten en te beschermen.

# I I

Nu de Giveens allemaal weg waren, begon mijn vader de weg naar mijn kamer weer te vinden. Op de dagen dat hij wist dat hij laat thuis zou komen, ging hij met de auto naar de stad. Als hij terugkwam, sliepen mijn moeder en ik ieder aan een andere kant van het huis. Mijn kamer was donker, het enige licht kwam van de maan, die in heldere nachten buiten voor mijn raam leek te zweven. Vaak viel ik in slaap terwijl ik probeerde het vriendelijke en geruststellende gezicht te zien van het mannetje in de maan. Ik was al lang geleden mijn zaklantaarn kwijtgeraakt, dus nu mijn moeder mijn lamp had meegenomen, had ik alleen maar de kaars om me bij te lichten als ik naar mijn kamer ging. Als ik in het donker in bed lag, met ineengeklemde handen, hield ik mijn ogen stijf dicht, hopend dat als ik ze niet opendeed, hij er niet zou zijn. Maar hij was er altijd. Ik probeerde dieper weg te kruipen onder de dekens. Maar dan voelde ik de kou op mijn lijf als hij ze omlaagtrok en mijn flanellen nachthemd omhoogschoof.

Hij fluisterde in mijn oor: 'Je vindt dit prettig, hè, Antoinette?'

Ik zei niets.

Hij zei: 'Je wil toch zeker wel wat zakgeld, hè?'

Hij haalde wat geld uit zijn zak en stopte dat in mijn hand.

Daarna trok hij zijn broek uit. Ik zal me altijd herinneren hoe hij rook. Die naar whisky stinkende adem, de verschaalde reuk van sigaretten en zijn lichaamsgeur – voor hem geen deodorant. Nu ik wat ouder was, ook al bleef hij nog voorzichtig, kon hij het zich permitteren wat ruwer te zijn. Hij drong diep in me. Ik voelde hoe zijn ogen zich door mijn gesloten oogleden boorden. Hij zei dat ik mijn ogen open moest doen. Ik wilde het niet. Ik was nog zo jong, en hij deed me pijn. Ik hoorde hem een schorre kreet slaken voor hij zich van me af liet rollen; hij ging van het bed af, trok snel zijn kleren aan en verdween naar het bed van mijn moeder.

Ik bleef achter met wat losse munten.

Toen zijn bezoeken aan mijn kamer veelvuldiger werden, nam ook de fysieke gewelddadigheid toe. Op een avond speelde ik in wat mevrouw Giveens zitkamer was geweest. Ik was daarheen gegaan om alleen te zijn, weg van mijn ouders. Hij kwam binnen met een krant en ging zitten. Ik had een van die kleine hebbedingetjes die eruitzagen als kikkers en uit knalbonbons kwamen. Ik zat er doelloos mee te spelen, luisterend naar het klikkende geluid dat ze maakten. Toen voelde ik zijn blik op me gericht.

'Antoinette,' zei hij, 'hou daarmee op. Stop daarmee!'

Ik sprong op van angst. Het stukje speelgoed viel uit mijn hand en gaf een laatste klik.

Dat was het enige excuus dat hij nodig had. Hij pakte me op en smeet me tegen de grond.

'Je stopt als ik je zeg dat je moet stoppen!' schreeuwde hij.

Vaak werd ik 's nachts wakker met mijn gebruikelijke nachtmerrie. Ik droomde dat ik omlaag viel in de duisternis. Ik bleef vallen. En dan vermengde de aanwezigheid van mijn vader, die me wakker maakte, zich met die nachtmerrie. Als hij weg was, kwam de slaap slechts moeizaam terug. De volgende ochtend was ik moe als ik naar beneden ging naar de keuken en warm water haalde om me te wassen. Ik zorgde ervoor dat ik me op die ochtenden altijd erg goed tussen mijn benen waste. Ik vind het heel moeilijk me te herinneren wat ik voelde, maar ik schijn me te herinneren dat ik maar heel weinig voelde.

Nu hij zo vaak naar mijn kamer kwam, kreeg ik regelmatig 'zakgeld' en kon ik weer vriendschap kopen met snoepjes. Kinderen kunnen net als dieren aanvoelen of iemand zwak, anders of kwetsbaar is. Zelfs al waren dit keurig opgevoede kinderen, die geen wreedheid kenden, toch hadden ze een instinctieve afkeer van me. Dus als ik in de vroege avond at met de interne leerlingen, vermeed ik zoveel mogelijk de kinderen van mijn eigen leeftijd. Ik probeerde bij de jongere kinderen te gaan zitten, of bij de oudere die aardig tegen me waren. Afgezien van de maaltijden bracht ik mijn tijd door in de bibliotheek, waar ik mijn huiswerk maakte. Ik wist dat ik niet populair was, en merkte dat de docenten het ook wisten. De leerkrachten op die school waren oppervlakkig vriendelijk tegen me, maar ik voelde hun afstandelijkheid. Op mijn tiende was ik opgehouden met te verwachten dat mensen me aardig zouden vinden.

De busrit naar huis duurde ongeveer dertig minuten, en in die tijd probeerde ik mijn huiswerk af te maken en delen van boeken te lezen waarover ik de volgende dag zou worden verhoord. Op een avond stapte mijn vader in bij de volgende bushalte. Hij ging niet naast me zitten, maar schuin tegenover me, zodat hij me aan kon kijken. Hij plakte de glimlach van de aardige vader op zijn gezicht, maar ik geloofde niet meer in het bestaan daarvan. Die avond kon ik mijn buskaartje niet vinden. Ik voelde dat mijn vader naar me zat te staren en werd misselijk van angst terwijl ik in mijn schooltas en mijn zakken zocht. Ik probeerde te fluisteren tegen de busconducteur.

'Ik kan mijn kaartje niet vinden. Zeg het alstublieft niet tegen mijn vader.'

Maar de busconducteur lachte slechts. Hij wist dat ik een weekkaart had, want hij had elke dag dienst op deze bus.

'Geeft niet,' zei hij. 'Je vader zal heus niet kwaad zijn. Kijk maar. Hij lacht naar je. Wees niet zo'n malle meid.'

En ja, daar zat mijn vader, met fonkelende, bloeddoorlopen ogen. Toen knipoogde hij naar me. Ik herkende die knipoog. De rit leek me eindeloos lang te duren, ook al waren het maar een paar kilometer. Het was donker die avond, en toen ik uit de bus stapte was het koud. Zodra de bus uit het zicht was verdwenen, greep hij me beet, zoals ik had geweten dat hij zou doen, en begon hij me te slaan. Op mijn billen, op mijn schouders; met zijn andere hand pakte hij mijn nek vanachter beet en hield me stevig vast. Hij zwaaide me rond, schudde me door elkaar. Ik huilde niet. Toen niet. Ik gilde niet. Ik had al lang geleden afgeleerd om luid te schreeuwen. Maar toen hij me naar huis bracht, voelde ik de tranen langs mijn wangen druppen. Mijn moeder moet de sporen van die tranen hebben gezien, maar ze zei niets. Ik raakte mijn eten nauwelijks aan, ik was te veel van streek om te eten, te bang om te weigeren. Ik maakte het beetje huiswerk dat ik nog moest doen en ging naar bed. Ik wist toen dat ik niet een kind was dat probeerde haar ouders kwaad te maken, maar dat ik een vader had die elk excuus aanpakte om aanmerkingen te maken en me af te rossen.

Die avond kwam hij in mijn kamer terwijl ik nog wakker was, en rukte de dekens van me af. Ik voelde dat er meer geweld in hem school dan gewoonlijk. Ik was erg bang voor hem en begon te schreeuwen van angst.

'Ik wil geen zakgeld,' zei ik. 'Ik wil niet dat je het met me doet.' Ik voelde hysterie in me opkomen en ging door met smeken. 'Alsjeblieft, alsjeblieft, doe het niet. Je doet me pijn.'

Het was de eerste en laatste keer dat ik schreeuwde als hij in mijn slaapkamer kwam. Mijn moeder stond in de gang en hoorde me.

Ze riep: 'Wat is er aan de hand?'

Mijn vader riep terug: 'Niks. Ze had een nachtmerrie. Ik kwam even kijken wat er was. Het is al over.'

Toen hij wegging, siste hij in mijn oor: 'Denk eraan dat je niks tegen je moeder zegt, kind.'

Een paar minuten later, toen ik weggedoken lag onder de dekens, kwam ze mijn kamer binnen.

'Antoinette, wat is er gebeurd?' vroeg ze.

'Niks,' antwoordde ik. 'Ik had een nachtmerrie.'

Daarop verliet ze de kamer. Ze vroeg het me nooit meer.

Andere avonden kon ik het geknars van het grind horen als zijn auto stopte. Bevend van angst lag ik dan in bed en luisterde naar het gekraak van de vloerplanken als hij naar mijn kamer sloop. Die avonden deed ik net of ik sliep, in de hoop dat hij me niet wakker zou maken. Maar hij deed het altijd.

Niet elke keer als hij kwam liet hij me 'zakgeld' achter, maar toch zeker twee keer per week. Na die eerste nacht waarin hij mijn vingers met geweld open had gedwongen en het geld in mijn hand had geduwd, begon hij het met een spottend lachje achter te laten in het Chinese potje dat op mijn tafel stond en waarin ik het gouden medaillon bewaarde. Dan zei hij: 'Daar is je zakgeld, troel.'

Op de avonden dat hij vroeg thuiskwam, ging ik op de bank zitten met de honden aan mijn voeten en een boek open op schoot. Vaak, als ik las over kinderen met liefhebbende en zorgzame ouders, sprongen de tranen in mijn ogen en rolden over mijn wangen, wat mijn vader de kans gaf waarop hij gewacht had.

Hij keek op en vroeg: 'Waarom huil je, moppie?'

Ik probeerde zijn blik te vermijden en mompelde: 'Niks.'

Dan kwam hij van zijn stoel, pakte me beet bij mijn hals, schudde me heen en weer en sloeg me, meestal rond mijn schouders.

'Goed,' zei hij zacht, 'dan heb je nu tenminste wél iets om over te huilen, hè?'

Mijn moeder zei niets.

Daarna stopte ik met het lezen van kinderboeken over gelukkige gezinnen. Ik begon de boeken van mijn moeder te lezen. Ik vertelde haar niet waarom. Ze heeft het ook nooit gevraagd. De eerste boeken voor volwassenen die ik las, waren delen uit de *White Oak Series*. Het waren geen trieste boeken, maar er kwamen geen kinderen in voor.

Op een dag stond er een man op me te wachten toen ik uit school kwam. Hij stelde zich voor als een vriend van mijn vader. Hij had toestemming gekregen van de toezichthoudende docent om thee met me te gaan drinken. Ik ging met hem naar een tearoom, waar hij me trakteerde op scones, cake en ijs. Iets waar kleine meisjes dol op zijn! Hij babbelde met me over school. Geleidelijk bracht hij het gesprek op mijn honden. Toen vroeg hij me wat ik graag las. Ik vertelde hem dat ik een boek aan het lezen was, getiteld *Jalna*, uit de *White Oak Series*.

'Je bent heel volwassen voor een meisje van jouw leeftijd als je dergelijke boeken leest,' zei hij.

Ik straalde van blijdschap over zijn vriendelijkheid en duidelijke belangstelling, en over zijn complimentje. Toen we klaar waren met eten en praten, bracht hij me terug naar school en zei dat hij genoten had van mijn gezelschap. Hij vroeg of ik het prettig zou vinden om nog een keer met hem uit te gaan. Ik antwoordde bevestigend.

Hij kwam me verschillende keren daarna weer afhalen. Ik vertelde de docenten dat hij een vriend was van mijn vader, en ze gaven hem altijd toestemming me mee uit te nemen. Ik verheugde me op zijn bezoeken. Ik merkte dat hij graag naar me luisterde, en voelde me volwassen en belangrijk. Ik kon altijd bestellen wat ik wilde. Hij leek gefascineerd door mijn kinderlijk gebabbel. En mensen hadden altijd zo weinig belangstelling voor me getoond, dat ik meende een volwassen vriend te hebben gevonden. Tot de laatste dag dat ik hem zag.

Die dag, op de terugweg uit school, nam hij me mee naar een grasveldje. Hij vertelde me weer dat hij zo blij was met mijn gezelschap. Dat hij van kleine meisjes hield, vooral van kleine meisjes die zo volwassen waren als ik. Toen staarde hij me aan, met ogen die plotseling op die van mijn vader leken. Hij plukte een paar grassprietjes en streek er suggestief met zijn vingers langs, op en neer, op en neer.

'Antoinette,' zei hij, 'weet je wat ik nu graag zou doen?'

Ik wist het.

'Ik weet dat je dat graag wilt, ja toch, Antoinette?'

Als een konijn dat gevangen wordt in het plotselinge felle licht van koplampen, verstijfde ik.

'Ik weet dat je het met je vader doet,' zei hij. 'Zeg maar tegen de docent dat ik je, als ik de volgende keer kom, naar huis zal brengen. Dan kunnen we de middag samen doorbrengen voor je de bus neemt. Dat zou je toch graag willen, Antoinette?'

Ik kon slechts knikken, zoals me geleerd was.

Die avond vertelde ik mijn vader over zijn vriend. Met een rood gezicht van woede schudde hij me door elkaar.

'Doe dat met niemand anders dan met mij, begrepen?' siste hij, terwijl hij zijn vuisten ophief.

Maar deze keer liet hij ze zakken zonder me te slaan en verliet mijn kamer. De vriend van mijn vader heb ik nooit meer gezien en ik ben er nooit achter gekomen hoe hij het ontdekt had van mijn vader en mij. Alleen mijn vader kon het hem verteld hebben. Zelfs monsters schijnen de druk te voelen van te moeten leven met een leugen; zelfs zij hebben iemand nodig die het weet en de echte mens accepteert.

Mijn leven in Cooldaragh hield nog een paar maanden stand. Toen vertelde mijn moeder dat het huis verkocht was en we weer moesten verhuizen, deze keer terug over de Ierse Zee naar Kent. Zij zou, net als mijn vader, moeten werken, want nu we niet langer konden blijven wonen zonder huur te betalen, zou het inkomen van mijn vader niet voldoende zijn voor ons levensonderhoud. Zij zou, geloofde ze, in Engeland gemakkelijker een baan vinden.

Mijn moeder vertelde me dat ze in de twee jaar die we in Cooldaragh hadden doorgebracht, genoeg geld opzij had weten te leggen voor een aanbetaling op een huis. De harde groeven die de laatste paar jaar rond haar mond waren verschenen, leken te verzachten toen ze dat zei, want eindelijk zag ze de verwezenlijking van haar droom – het bezit van een eigen huis – dichterbij komen.

Ik zag haar enthousiasme, maar kon het niet met haar delen, want ik was van Cooldaragh gaan houden.

# 12

Wat me nog ongeruster maakte over ons vertrek uit Cooldaragh was dat mijn moeder me had verteld dat ik niet bij hen zou komen wonen als we verhuisden. Ik zou naar mijn peetmoeder in Tenterden worden gestuurd. Het was al geregeld dat ik daar naar de plaatselijke school zou gaan. Zelfs al verzekerde ze me dat het maar een tijdelijke oplossing was, totdat zij en mijn vader een huis voor ons hadden gevonden, toch had ik het gevoel dat ik in de steek werd gelaten. Mijn leven in ons gezin mocht dan verschrikkelijk zijn geweest, het vooruitzicht te worden overgedragen aan de zorg van vreemden was nog angstaanjagender.

Zo onverschillig als mijn moeder leek te zijn over het feit dat ze van mij gescheiden zou worden, zo wanhopig was ze over de noodzaak een goed onderkomen te vinden voor Bruno, haar lievelingshond. Hij zou naar Zuid-Ierland gaan, waar de dochter van mevrouw Giveen woonde.

Tot overmaat van ramp besloten mijn ouders om Sally, ook al voelde ze zich gelukkig bij ons, te laten inslapen. Geduldig legde mijn moeder uit dat het hondje nooit helemaal op verhaal was gekomen van zijn vroegere leven. Ze kreeg last van stuipaanvallen, en het zou onjuist zijn een nieuw onderdak ervoor te zoeken.

In tranen informeerde ik naar Judy en de katten. De katten zouden in Cooldaragh blijven, terwijl Judy onderdak zou vinden bij een naburige boer, tot we allemaal gesetteld waren.

Ik voelde me wanhopig omdat we Cooldaragh en de enige school waar ik ooit gelukkig was geweest, moesten verlaten. Ik voelde mijn hele leven teloorgaan toen ik onder tranen afscheid nam van de dieren. Eerst van Bruno, die opgewekt vertrok in de auto van zijn nieuwe bazin. Ik stond aan het eind van de oprijlaan en keek de verdwijnende auto na, hopend dat ze net zoveel van hem zouden houden als ik.

Het tweede en moeilijker afscheid was van Sally. Een bijna ondraaglijk verdriet overmande me toen ze, denkend dat ze een uitstapje ging maken, vol vertrouwen in de auto van mijn vader sprong. Ik stak mijn hand door het raampje om haar voor de laatste keer te aaien en probeerde het dier niet de tranen te laten zien die dreigden me te verstikken. Ik wist dat het haar laatste reis was naar de dierenarts, want dat had mijn vader me die ochtend verteld.

Ik herinner me mijn intense verdriet, en vroeg me af waarom een man die zo'n doorgewinterde leugenaar was, me die dag zo nodig de waarheid had moeten vertellen. Ik moest onder ogen zien dat die waarheid ook van mijn moeder afkomstig was. Wat zou één leugentje om bestwil, om mij te beschermen, ertoe hebben gedaan, waar het leven van onze hele familie op leugens berustte? Mijn moeder probeerde weliswaar me te troosten, maar zonder enig succes. Ik had het gevoel dat ik een van mijn vriendinnen de dood in had gestuurd.

In de komende paar weken hielp ik mijn moeder weer met het inpakken van de theekisten en ik pakte mijn koffer in voor mijn verblijf bij mijn peetmoeder, aan wie ik geen enkele herinnering had. Omdat ik maar één kleine koffer mocht meenemen, moesten een paar van mijn geliefde bezittingen eraan geloven – Jumbo was het eerste slachtoffer.

Een paar dagen voordat we zouden vertrekken, werden al onze bezittingen afgehaald om te worden opgeslagen. De volgende dag bracht mijn vader Judy naar de boer. Ik wilde met Judy mee, maar mijn angst om met hem alleen te zijn woog zwaarder dan mijn wens haar te vergezellen. Ik aaide en knuffelde haar toen ze in de auto zat, en zij, mijn verdriet aanvoelend, likte slechts mijn hand.

Terwijl ik de auto nakeek en in de verte zag verdwijnen, voelde ik me eenzaam en alleen. Al mijn vrienden waren weg. Ik wist dat mijn moeder zich ook bedroefd voelde, maar deze keer voelde ik weinig liefde voor haar, niet meer dan een latente wrok.

De dag kwam waarop onze nog overgebleven persoonlijke bezittingen in de auto werden geladen. Ik zat tussen de bagage op de achterbank geklemd toen we naar de veerboot in Belfast reden. Die zou ons naar Liverpool brengen, vanwaar we, na de twaalf uur durende overtocht, onze reis naar Kent zouden voortzetten. Toen we deze keer na de overtocht in Liverpool aankwamen, voelde ik geen enkele opwinding, slechts een doodse depressie.

Het volgende traject, tijdens de lange rit naar Kent, probeerde ik te lezen, maar ik kon de heldere, scherpe beelden niet van me afzetten. Sally die naar me keek met haar vertrouwende bruine ogen, toen ze aan haar laatste reis begon. Ik kon het zijdezachte haar op haar kop nog voelen toen ik haar aaide. Ik zag de pony's die op me stonden te wachten bij de omheining toen ik ze een laatste keer kwam begroeten en lekkere hapjes voerde. Het gevoel en de geur van de pony's toen ik voor het laatst mijn armen om hun hals sloeg, bleef nog hangen. Ik zag de trouwe Bruno uit het raam kijken terwijl hij uit het zicht verdween, en ik miste Judy verschrikkelijk.

Tijdens het rijden keek ik naar het achterhoofd van mijn ouders; het hoofd van mijn moeder werd vaak naar hem toegedraaid terwijl ze rustig met hem praatte. Nu en dan keek ze achterom naar mij, maar ik hield mijn boek op ooghoogte, om de gevoelens te verbergen die ik ongetwijfeld getoond zou hebben: wrok over het feit dat ik straks in de steek zou worden gelaten en woede over het gedwongen afscheid van mijn vrienden.

Om de paar uur stopten we langs de weg voor sandwiches en thee. Ik was zo verstandig ze niet te weigeren, maar ik voelde dat de gekauwde brokken in mijn keel bleven steken. Alleen de inhoud van de thermosfles scheen voldoende vocht op te leveren om ze te kunnen doorslikken.

Toen het donker begon te worden stopten we eindelijk voor een groot grijs huis. In het gras van de kleine voortuin groeiden geen bloemen. In plaats daarvan stond er een groot bord met de aankondiging BED AND BREAKFAST. Hier zouden we die nacht blijven, legden mijn ouders uit voordat mijn moeder me naar mijn peetmoeder bracht. Nadat ik had gegeten, een maaltijd die door de eigenaresse werd opgediend in een kleine, sombere eetkamer, ging ik lusteloos naar bed, een veldbed in de kamer van mijn ouders, waarin ik onmiddellijk in slaap viel.

De volgende ochtend, nadat ik me had gewassen en aangekleed, ontbeet ik in dezelfde troosteloze eetkamer. Daarna bracht mijn moeder de koffer naar de bushalte, terwijl ik droefgeestig achter haar aan liep.

Tijdens de busrit van een uur hield mijn moeder een eenzijdige conversatie. Ik kende haar goed genoeg om te weten dat de opgewekte klank van haar stem haar nervositeit verborg. Ze vertelde me dat mijn peetmoeder zich verheugde op mijn bezoek, en ze vroeg me om lief te zijn. Ze verzekerde me dat onze scheiding niet van lange duur zou zijn en dat ik me daar gelukkig zou voelen.

Ongelovig zat ik te luisteren en reageerde nauwelijks, tot

haar opgewekte gebabbel langzamerhand verstomde. Ik had het gevoel dat ik hetzelfde lot onderging als de honden. Ik kreeg ook een nieuw onderkomen. Ik kon en wilde niet begrijpen waarom ik, nu mijn ouders op zo korte afstand zouden wonen, niet bij hen kon blijven. Zittend in die bus verwachtte ik een hekel te zullen hebben aan mijn peetmoeder, en toen we bij haar huis kwamen, wist ik dat ik niet teleurgesteld zou worden.

Na de warme rode baksteen van Cooldaragh maakte het grijze, halfvrijstaande huis een trooteloze indruk. Ik keek met afkeer naar de kleine voortuin met de armzalige donkerroze hortensia in het kleine plekje donkere aarde. Toen mijn moeder de ijzeren klopper ophief om onze komst aan te kondigen, wierp ik een blik op de vitrage voor de ramen, die elk zicht op het interieur beletten. Ik zag het gordijn op de bovenverdieping bewegen, maar kon niet zien wie er achter stond. Ik hoorde voetstappen de trap afkomen en toen deed ze de deur open en wenkte ons met een vaag glimlachje om binnen te komen.

Mijn volwassen ik heeft begrip en compassie geleerd. Ik zou nu een eenzame vrouw van middelbare leeftijd hebben gezien met weinig sociale vaardigheden, die niet gewend was aan kinderen. In mijn vooringenomen kinderlijke ogen leek haar lange, knokige lichaam op dat van een heks. Mijn mening was gevormd.

Mijn moeder en ik zaten in haar sobere zitkamer, op haar functionele rechte stoelen met de smetteloze beschermhoezen op de armleuningen. Een paar minuten later kwam het onvermijdelijke theeblad, want zonder thee scheen geen volwassen gesprek mogelijk te zijn.

Terwijl ik een klein bordje met een droge scone op mijn schoot in evenwicht hield en mijn porseleinen kopje onhandig omhooghield, namen zij en ik elkaar aandachtig op. Waar ik een heks zag, zag zij ongetwijfeld een wrokkig kind met een zuur gezicht, lang en te mager voor haar leeftijd. De antipathie die ik voelde, zag ik weerspiegeld in haar ogen.

Ik luisterde naar de twee vrouwen die over mij zaten te praten alsof ik een levenloos voorwerp was. Voor het eerst voelde ik een echte wrok tegen mijn moeder terwijl ik er in een gedeprimeerd stilzwijgen bij zat.

Hoe kon ze, dacht ik, me hier achterlaten?

Ik hoorde dat hun gesprek stokte. Er viel een pijnlijke stilte, die werd verbroken door de stem van mijn peetmoeder: 'Ik laat jullie maar even alleen om afscheid te nemen.' Toen stond ze abrupt op en nam het theeblad mee.

Mijn moeder en ik keken elkaar behoedzaam aan terwijl ik wachtte tot zij iets zou zeggen. Ten slotte maakte ze haar handtas open, haalde er een envelop uit en gaf die aan mij.

'Antoinette,' zei ze kalm, 'ik moet nu weg. Hier zit wat zakgeld in voor je. Daar moet je mee toe tot ik je kom halen.'

Ik bleef als verdoofd staan, terwijl ze me snel omhelsde en haastig vertrok. Toen ik de voordeur hoorde dichtvallen, liep ik naar het raam. Ik trok de vitrage opzij en keek haar troosteloos na tot ze uit het zicht verdwenen was. Ze keek niet één keer achterom.

Woede en wrok verteerden me. Ik miste Judy ondraaglijk. 's Nachts rolden de tranen over mijn gezicht terwijl ik dacht aan het lot van de dieren. Ik werd gestraft, maar ik wist niet waarvoor. Ik verborg in huis mijn intense verdriet achter een gemelijk gezicht, en mijn peetmoeder, met haar gebrek aan ervaring met kinderen, begreep niet dat het kind geschokt en volkomen in de war was. Ze zag alleen rebellie.

Mijn toenemende instabiliteit was in het huis van mijn ouders niet zichtbaar geweest, omdat zij fungeerden als deksel op de ketel, zodat de druk niet kon ontsnappen. Daar werd ik onder controle gehouden, emoties werden onderdrukt en gedrag geprogrammeerd. Nu, zonder die grenzen, was mijn gevoel van veiligheid verdwenen. Een dier dat getraind wordt met angst, zal terugkeren naar zijn onbetamelijke gedrag als de angst wordt weggenomen. Ik was geen kind dat was opgegroeid met loftuitingen en liefde, en waarin zelfvertrouwen werd aangekweekt. Ik was een kind van wie de nachten werden gestoord door nachtmerries en van wie de dagen verwarrend waren. Een kind dat niet alleen alles miste wat vertrouwd was, maar bang dat het voorgoed was achtergelaten. Omdat ik nooit de onafhankelijkheid had gekend om mijn eigen emoties te beheersen, voelde ik me nu nog onzekerder, en elke regel die mijn peetmoeder probeerde me voor te schrijven werd verfoeid.

Mijn ouders werden mijn meesters; mijn vader hield me in bedwang met dreigementen en mijn moeder met haar gepijnigde manipulaties. Woede werd nu de allesoverheersende emotie die me bezielde. Woede werd mijn verdediging tegen verdriet, en mijn peetmoeder werd het mikpunt. Ze keek hulpeloos toe als ik, vastbesloten geen duimbreed toe te geven, in opstand kwam tegen al haar bevelen.

'Niet hollen, Antoinette,' zei ze als we uit de kerk kwamen, dus holde ik. 'Kom meteen uit school naar huis.' Dus bleef ik treuzelen. 'Eet je groente op', en ik prikte rond in mijn eten tot ze me van tafel op liet staan en ik vrij was om naar mijn kamer te gaan en te lezen. Ze schreef mijn moeder om haar te vertellen dat ik me ongelukkig voelde en het haar beter leek dat ik naar haar terugkeerde. Mijn moeder, die volgens mij had gehoopt dat mijn peetmoeder van me zou gaan houden en zou willen dat ik bleef, sprak af om me te komen halen.

Later ontdekte ik dat mijn peetmoeder vond dat ze zo tekortgeschoten was in haar taak als kinderverzorgster, dat ze zichzelf, en niet mij, de schuld had gegeven van mijn gedrag. Daarom had ze ervan afgezien mijn slechte gedrag aan mijn moeder te melden en me op die manier behoed had voor straf.

Ik was blij dat ik het huis kon verlaten dat ik zo somber had gevonden. Opgelucht zwaaide ik de oude vrouw gedag, van wie ik wist dat ze me nooit had gewild of aardig had gevonden. Misschien dat, als ik in de toekomst had kunnen zien en had geweten wat me de volgende paar jaar te wachten zou staan, ik me bedacht zou hebben, maar toen ik elf was wist ik nog van niets.

# 13

Tijdens de reis per bus en trein van Tenterden naar Old Wo-
king, vertelde mijn moeder me over het huis dat zij en mijn
vader hadden gekocht en hoe ze het hadden ingericht.

In de jaren vijftig, voordat patio's in de mode kwamen, hadden huizen een achtertuin, met een buiten-wc, een waslijn en
hoogstwaarschijnlijk de fiets van de echtgenoot tegen de ongeverfde bakstenen muur. Maar mijn moeder, die in Cooldaragh
zoveel gehouden had van bloemen, had een foto gezien van
een bungalow in Frankrijk en geprobeerd het uiterlijk daarvan
zoveel mogelijk na te bootsen.

Ze had de muren witgeschilderd, en de deuren en raamlijs-
ten blauw. Niet alleen waren er bloembakken aan de voorkant
van het huis, maar er waren ook bakken met Oost-Indische
kers bevestigd aan de muren die de achtertuin omringden. Ze
vertelde me hoe levendig de hangende oranje bloemen con-
trasteerden met de pas gewitte muren.

Het huis zelf, vertelde ze, moest nog worden opgeknapt.
Haar plan was al het behang eraf te halen en de keuken geel
en de rest van het huis crèmewit te schilderen, terwijl de
vloer beneden onherkenbaar zou worden met parketlino-
leum.

Terwijl mijn moeder me alle details uitlegde, merkte ik hoe

ze genoot van het plannen maken voor ons nieuwe huis, het eerste dat ze had kunnen kopen na twaalf jaar huwelijk.

Aan het eind van onze reis liepen we een klein eindje naar een straat, waar kleine, saaie, halfvrijstaande en rijtjeshuizen pal aan het trottoir stonden, zonder dat een heg of een struik de monotonie verbrak. Ons huis stak fraai af met zijn pas geschilderde muren, kleurige bloembakken, blauwe deur en glimmend gepoetste klopper.

Die avond, toen mijn vader thuiskwam uit zijn werk, aten we met elkaar. Ze leken allebei zo blij te zijn dat ik weer terug was, dat ik moed vatte en hun mijn nieuws vertelde.

'Ik heet nu Toni.'

Mijn peetmoeder had me verteld dat Toni de juiste afkorting was van Antoinette. Toni, vond ik, was mijn naam, de naam van een meisje dat populair kon zijn. Antoinette was iemand anders.

Mijn moeder glimlachte naar me. 'Die naam zal gemakkelijker zijn aan te brengen op de etiketjes in je kleren als je naar je nieuwe school gaat.'

Het was haar manier om haar instemming te doen blijken.

Mijn vader gaf geen commentaar en weigerde tot zijn dood toe me Toni te noemen.

In het weekend werkte mijn vader, dus hielp ik mijn moeder met het afkrabben van het behang. Eerst maakte ik het vochtig met een natte doek en krabde er vervolgens met de schraper lange repen af. Die zaterdag lukte het me een hele muur schoon te krabben. Ik voelde me weer vertrouwd met mijn moeder, die me maar bleef vertellen wat een goede hulp ik was. We dronken samen de afternoon tea in onze met bloemen gevulde achtertuin, waar ze mijn onuitgesproken vragen beantwoordde.

'Over twee weken gaat je vader op bezoek bij je grootouders en dan zal hij Judy mee terugbrengen,' verzekerde ze me.

'Maandag breng ik je naar je nieuwe school, waar je zult kennismaken met de directeur.'

Ik besefte dat dit geen meisjesschool was, waaraan ik inmiddels weer gewend was geraakt, maar een gemengde school.

'Wat moet ik aantrekken?' vroeg ik.

'O,' antwoordde ze, 'de directeur heeft gezegd dat je je oude schooluniform mag dragen tot je er uitgegroeid bent.'

Mijn blijdschap over het nieuws dat Judy terug zou komen, verdween. Mijn hart zonk in mijn schoenen, want weer zou ik anders gekleed zijn dan mijn medeleerlingen.

De zondag kwam en ging veel te snel voorbij. Die maandag bracht mijn moeder me naar mijn nieuwe school. Die ochtend kleedde ik me zorgvuldig in mijn groene overgooier, witte blouse en groen-met-zwarte das, grijze kniekousen en oude veterschoenen, en trok ten slotte mijn groene blazer aan.

Toen ik aankwam, kromp ik ineen. Op het schoolplein liepen meisjes in grijze rokken, witte blouses, korte sokjes en instappers. Ik zag groepjes kinderen van mijn leeftijd die aan het spelen waren, groepjes tieners die samen stonden te praten, en mijn zelfvertrouwen duikelde omlaag. Slechts voorzien van mijn nieuwe naam volgde ik mijn moeder het gebouw in om mijn nieuwe directeur te ontmoeten.

Hij bekeek mijn schoolrapporten, informeerde naar mijn laatste twee scholen en wat me daar het meest bevallen was. Hij ondervroeg me over mijn hobby's, maar hoe kon ik hem, een stadsbewoner in Engeland, uitleggen hoe het plattelandsleven in Noord-Ierland was? Hij bracht me naar mijn klas en stelde me voor aan de docent die daar de leiding had. Ik zag niet de in zwarte toga gehulde gestalte waaraan ik gewend was, maar een grote, blonde, knappe vrouw. Ze vertelde me dat zij die dag Engels gaf. Ik kreeg een boek om te lezen, dat ik in Noord-Ierland al bestudeerd had, en besefte dat zelfs mijn lievelingsvak saai zou zijn.

Toen die dag les na les volgde, begon ik steeds wanhopiger te worden, omdat het leerplan me zo droefgeestig maakte. Pauzes kwamen en gingen. De zelfverzekerde leerlingen in hun nonchalante uniformen leken me te negeren. Ik moet hen ook wel vreemd zijn voorgekomen in mijn overgooier, met mijn kniekousen die door jarretels werden opgehouden, mijn haar met een keurige scheiding en op zijn plaats gehouden met een haarspeld, terwijl dat van hen bijeengebonden was in een paardenstaart. Ik stond op de speelplaats met mijn boeken in mijn armen geklemd en probeerde een van de meisjes in gedachten te dwingen tegen me te praten.

Niemand deed het.

Die middag liep ik naar huis, terwijl ik zag hoe de andere kinderen in groepjes met elkaar stonden te praten. In hun ogen maakte ik waarschijnlijk een afstandelijke indruk. Ik was niet ervaren in de sociale omgang en bleef een buitenstaander.

Thuis kondigde mijn moeder enthousiast aan dat ze een baan had gevonden, en toen ik twee weken op school was, ging mijn vader naar Noord-Ierland om zijn familie te bezoeken en Judy mee terug te nemen. In de loop van de volgende paar weken hoorde ik dat ik een examen moest doen, het zogenaamde 11+, wat ik niet had geweten. De docenten gaven me extra huiswerk om het Engelse leerplan in te halen, maar omdat het examen al over een paar dagen was, bezorgde het me slapeloze nachten.

Waar mijn vader weinig belangstelling had voor mijn opleiding, scheen mijn moeder absoluut te willen dat ik voor het examen zou slagen. De leerkrachten hadden vertrouwen in me, maar ik was er minder zeker van. Ik had gemengde gevoelens over de komende paar weken, aarzelend tussen opwinding bij het vooruitzicht van Judy's terugkomst en angst voor het naderend examen.

Ze kwamen allebei. Eerst Judy, die trilde van blijdschap

toen ze me zag. Hoewel ze nu geen bossen en velden had om naar konijnen te speuren, paste ze zich snel aan het stadsleven en het aangelijnd uitgelaten te worden aan. Ik ging drie keer per dag met haar wandelen.

Ik miste mijn oude school en veel van mijn leven in Cooldaragh, maar Judy leek zich beter aan te passen dan ik.

Toen kwam het gevreesde examen. De opgaven werden zwijgend uitgedeeld aan de jonge leerlingen die allemaal wisten hoe belangrijk deze dag was. Ik wist dat ik twee opgaven goed had gemaakt, maar het rekenen was totaal anders dan ik het geleerd had. Ik keek vertwijfeld naar mijn docent, die over mijn schouder naar mijn antwoorden keek maar niets zei.

Toen de bel ging en alle opgaven moesten worden ingeleverd, voelde ik me wanhopig, want ik wist dat als ik niet slaagde, ik niet naar de middelbare school zou gaan en nog lang in de hoogste groep van deze school zou moeten blijven.

In de volgende weken, terwijl ik wachtte op de uitslag van het examen, zag ik mijn vader maar zelden. Hij scheen voortdurend te werken, dat vertelde mijn moeder me tenminste. Ik ging altijd rechtstreeks naar huis, hielp met het huishouden en maakte dan mijn huiswerk.

Toen veranderde mijn vader zijn werktijden van de dag- in de nachtdienst, in dezelfde tijd dat mijn moeder ging werken. Omdat haar kantoor een lange busrit noodzakelijk maakte en mijn school maar een paar minuten lopen was, ging ze eerder uit huis dan ik. Op de eerste ochtend van onze nieuwe dagindeling at ik snel mijn ontbijt, terwijl op het fornuis een pan met water stond die ik mee naar boven naar mijn slaapkamer zou nemen om me te wassen.

Omdat de kamer van mijn ouders en die van mij slechts door een minuscule overloop gescheiden waren, probeerde ik zo zacht mogelijk de trap op te lopen om mijn vader niet wak-

ker te maken, die, toen hij uit de nachtdienst thuiskwam, meteen naar bed was gegaan.

Ik goot het water in een oude porseleinen kom, trok mijn
nachthemd uit en begon me in te zepen. Voor het eerst zag ik
in de spiegel dat mijn lichaam begon te veranderen. Kleine
heuveltjes begonnen te verschijnen op mijn vroeger platte
borst. Nog steeds in de spiegel kijkend streek ik met mijn handen eroverheen, niet zeker wetend of die veranderingen me wel
bevielen. Toen zag ik nog een tweede spiegelbeeld.

Mijn vader, slechts gekleed in zijn bezwete onderhemd en
onderbroek, was uit zijn slaapkamer gekomen en hurkte op de
grond bij mijn deur, die hij heel stil geopend moest hebben. Ik
voelde rillingen van angst door me heen gaan toen ik probeerde de handdoek te pakken en mezelf te bedekken.

'Nee, Antoinette,' beval hij, 'ik wil naar je kijken. Draai je
om.'

Ik deed wat me gezegd werd.

'Ga je nu wassen,' beval hij weer.

Toen ik hem gehoorzaamde, voelde ik een hete blos van
schaamte op mijn gezicht. Hij stond op, kwam naar me toe en
draaide me om naar de spiegel.

'Kijk in de spiegel, Antoinette,' fluisterde hij.

Terwijl zijn hand over mijn ontluikende borsten streek,
hoorde ik zijn schorre adem in mijn oor, en gleed zijn andere
hand omlaag. Toen liet hij me gaan.

'Kom uit school rechtstreeks naar huis en breng me een kop
thee als je binnen bent. Antoinette, hoor je me?' vroeg hij, toen
ik zwijgend naar de grond stond te staren.

'Ja, papa,' fluisterde ik.

Toen gaf hij me een knipoog en verliet abrupt mijn kamer.
Bevend kleedde ik me snel aan, borstelde mijn haar en ging
naar beneden om Judy uit te laten voor ik naar school ging.

Die dag was ik nog stiller dan anders en stak niet langer als eerste mijn hand op om de vragen van de docent te beantwoorden, want ik wist wat er zou gebeuren als ik thuiskwam en thee zette voor mijn vader. Toen om vier uur de bel ging, pakte ik langzaam mijn schooltas en liep in m'n eentje naar huis, mijn leeftijdgenoten negerend die hetzelfde deden, maar in kleine groepjes. Maar ik wist dat zij begroet zouden worden door liefdevolle moeders, want 'sleutelkinderen' kwamen pas een paar jaar later.

Met mijn huissleutel ging ik naar binnen en werd begroet door een opgewonden Judy, die, zoals elke dag, wachtte tot ik met haar zou gaan wandelen. Die dag kon ik zijn aanwezigheid boven voelen nog voordat hij iets zei.

'Antoinette, ben jij dat?' riep hij omlaag.

Ik antwoordde dat ik er was.

'Goed. Zet gauw thee en kom naar boven. Laat die hond van je maar in de achtertuin.'

Ik zette de ketel op het vuur, verwarmde de pot een paar minuten, schepte de thee erin, liet die langzaam trekken en deed melk en suiker in het kopje, terwijl ik al die tijd zijn stijgende ongeduld voelde en mijn angst steeds meer toenam. Toen ik het ten slotte niet langer kon uitstellen, zette ik het kopje op een blad met twee biscuitjes en bracht het naar boven. Toen ik in de donkere slaapkamer kwam, waar de gordijnen waren dichtgetrokken, lag hij in het bed dat hij deelde met mijn moeder. Weer rook ik zijn lichaamsgeur en was ik me bewust van zijn opwinding. Ik zette het blad naast zijn bed.

'Trek dat uniform uit en kom hier,' zei hij, en pakte zijn kopje thee.

Ik kwam terug in mijn onderhemd, onderbroek, schoenen en sokken.

'Trek uit,' beval hij, wijzend naar mijn onderhemd en onderbroekje. Toen stak hij een sigaret op en keek naar me met de glimlach die ik maar al te goed kende. Naast het bed stond de pot vaseline die normaal op de toilettafel stond naast zijn haarborstel. Hij doopte de vingers van één hand erin, terwijl hij zijn sigaret bleef roken. Ik beefde van angst, want ik wist dat mijn moeder pas over twee uur thuis zou komen, en ik voelde dat wat er in Noord-Ierland met me gebeurd was, nu nog veel erger zou zijn. Ik wist dat mijn rijper wordende lichaam hem nog meer opwond dan mijn jongere lijf had gedaan.

Hij trok me in bed, zodat ik dwars op zijn knieën zat, haalde zijn vingers uit de pot en duwde ze ruw bij me naar binnen. Toen stapte hij uit bed en legde me neer zoals hij al die jaren geleden in de auto had gedaan, met mijn benen hulpeloos bungelend over de rand van het bed, en stootte hij ruwer naar binnen dan ooit tevoren. Ik kon mijn ogen sluiten, maar niet mijn oren.

'Dat vind je prettig, hè, Antoinette?' fluisterde hij.

Toen ik geen antwoord gaf, stootte hij nog harder en mijn hele lichaam verstijfde van de pijn.

'Zeg tegen je papa dat je het prettig vindt,' zei hij, met een laatste trek aan zijn sigaret. 'Zeg "Ja, papa, ik vind het prettig".'

Ik gehoorzaamde zacht fluisterend. Toen voelde ik die kleverige substantie op mijn dijen terwijl hij met zijn sigarettenpeuk nog in de hand zijn zaad op me loosde.

'Ga je nu schoonmaken en ruim beneden op voor je moeder thuiskomt van haar werk,' zei hij, terwijl hij me ruw uit bed duwde.

Ik trok een oude rok en trui aan, ging naar de buiten-wc in de achtertuin en boende en schrobde me met vochtig wc-papier om te proberen de kleverigheid en zijn stank te verwijderen. Toen ging ik naar beneden om de as van de vorige avond uit de open haard te scheppen en legde een nieuw vuur aan met opgerold krantenpapier en kleine stukjes hout. Ik haalde steenkool van buiten, waste af en zette een paar minuten voordat mijn moeder kwam de ketel op het vuur, zodat er verse thee op haar zou wachten.

# 14

Vaag hoorde ik de stem van mijn moeder langs de trap naar boven roepen, en door de golven van pijn heen dringen die achter mijn ogen op de loer lagen, een pijn die zich boven in mijn hoofd vastzette, terwijl onzichtbare klauwen zich om de achterkant van mijn hals klemden.

Ik wist dat het tijd was om naar beneden te gaan en water te halen om me te wassen. Ik deed mijn mond open om mijn moeder te roepen, maar slechts een schor geluid ontsnapte aan mijn lippen. Mijn ogen leken op elkaar geplakt, als om ze te beschermen tegen het felle licht van de ochtend, dat pijnlijk door mijn oogleden drong. Ik stak een hand op die plotseling loodzwaar was geworden, met vingers die gezwollen en stijf waren. Ik probeerde ze te masseren, maar ik voelde niets anders dan de brandende hitte van mijn voorhoofd.

Ik dwong mezelf om rechtop te gaan zitten, duizeligheid deed de kamer om me heen draaien, zwarte vlekken dansten voor mijn ogen en zweet parelde op mijn voorhoofd. IJskoud, met een trillend lichaam en klapperende tanden, in paniek en met wild kloppend hart, voelde ik het bloed kloppend door mijn lichaam stromen.

Moeizaam zette ik mijn benen buiten het bed en wankelde naar de spiegel. Het gezicht van een vreemde staarde me aan, een vreemde met een gele huid die strak over een gezwollen ge-zicht spande. In één nacht waren er donkere kringen onder mijn ogen verschenen, en sluik, vochtig haar zat aan mijn hoofd geplakt. Weer hief ik mijn hand op om mijn haar naar achteren te strijken en zag dat mijn vingers net zo geel waren als mijn gezicht en tot twee keer hun omvang waren opgezwol-len. Bevend kwam ik de trap af, op benen die te zwak waren om me te dragen, en liet me op een stoel vallen. Tranen rolden onbeheerst over mijn wangen toen ik de kille blik van mijn moeder zag.

'Wat is er nu weer, Antoinette?' hoorde ik haar vragen, maar toen kwam er een bezorgde klank in haar stem. 'Antoinette, kijk me aan.' Haar hand raakte even mijn voorhoofd aan. 'Mijn god,' riep ze uit, 'je gloeit.'

Haastig vertelde ze me dat ik me niet moest bewegen – niet dat ik dacht dat ik daartoe in staat zou zijn – en toen hoorde ik haar door de kamer lopen naar het kleine halletje waar de telefoon stond. Ze draaide een nummer en sprak snel in het apparaat.

Een paar minuten later kwam ze terug met een deken, die ze voorzichtig om mijn schouders drapeerde, en vertelde me dat de dokter onderweg was. Hoeveel tijd er verstreek wist ik niet, want ik was verzonken in een koortsachtige versuffing. Het ene moment rilde ik over mijn hele lijf, en het volgende had ik het gevoel dat ik in brand stond. Ik hoorde vaag dat er op de deur geklopt werd, en de stem van de dokter. Ik voelde me op-gelucht omdat ik zeker wist dat hij me zou helpen.

Een koele thermometer werd in mijn mond gebracht, vin-gers hielden mijn pols vast en al die tijd vervaagden de gestal-ten voor me. De dokter vertelde mijn moeder dat ik 41 graden koorts had en een nierontsteking. 'Nefritis' noemde hij het, en stond erop dat er onmiddellijk een ambulance werd gebeld.

Ik hoorde de ziekenwagen naderen, voelde dat mijn moeder

tijdens de rit mijn hand vasthield, maar was me er nauwelijks van bewust dat ik op de stretcher naar de kinderafdeling werd gebracht en op een bed werd gelegd, in afwachting van het onderzoek. Ik wilde alleen maar slapen.

De volgende paar dagen waren slechts een vage herinnering, een wazige indruk van voortdurende misselijkheid, scherpe naalden die in mijn billen werden gestoken en een substantie injecteerden waarvan ik later zou horen dat het penicilline was, handen die me omdraaiden, en een vochtige doek die op geregelde tijden mijn koortsachtige lichaam afveegden. Andere keren werd mijn slaap onderbroken als mijn hoofd werd vastgehouden en een rietje in mijn mond werd gestopt, waardoor een koel vocht door mijn uitgedroogde keel drupte, of als een koude metalen kom onder mijn billen werd geschoven en stemmen zeiden dat ik niet rechtop moest gaan zitten maar plat moest blijven liggen tot ik sterker was.

Die eerste paar dagen leken tot één dag ineen te vloeien, en slechts de zorgende handelingen van de zusters onderbraken mijn slaap. Het bezoekuur was de enige tijd waarin het me nodig leek mijn ogen open te houden.

De kinderen om me heen letten angstvallig op de dubbele deur aan het eind van de zaal, staarden ongeduldig naar de klok terwijl de wijzers langzaam voortkropen naar het uur waarop de deuren naar twee kanten zouden openzwaaien om een stroom glimlachende volwassenen binnen te laten met speelgoed, boeken en fruit.

Ik draaide mijn hoofd om op het kussen, mijn ogen strak gericht op de deur, gespannen uitkijkend naar mijn moeder. Als de deur openging kwam ze haastig naar me toe in een wolk van parfum, ging naast mijn bed zitten, hield mijn hand vast, streek het haar uit mijn gezicht en zoende me in een publiek vertoon van genegenheid. De glimlach waarmee mijn vader naar me staarde, getuigde van zijn bezorgdheid, en de glimlach waarmee hij naar de zusters keek leverde hem stralende reacties op.

Ze had zich ongerust gemaakt over me, vertelde mijn moeder me, want ik had haar enorm doen schrikken. Maar nu was ik in goede handen, en ik moest een brave meid zijn en gauw weer beter worden. Ik moest, legde ze uit, een paar weken in het ziekenhuis blijven, en niet alleen in het ziekenhuis, maar in bed. Ze vertelde me verder dat ik een heel ernstige nierontsteking had en een dieet kreeg van glucose en gerstewater. Ze zei dat het stil in huis was zonder mij, dat Judy me miste, en dat ze wist dat ik zo snel ik kon beter zou worden. Uit mijn liggende positie naar haar opkijkend, richtten mijn ogen zich op haar, tot de starende blik van mijn vader ze van haar wegtrokken naar hem.

De glimlach om zijn lippen was altijd die van de aardige vader, maar in zijn ogen zag ik de slechte vader, degene die voor iedereen onzichtbaar was, die in zijn hoofd leefde.

De dagen werden weken en mijn kracht kwam langzamerhand terug, en daarmee de belangstelling voor mijn omgeving. Hoewel ik nog steeds in bed moest blijven, kon ik rechtop zitten tegen een stapel kussens, die van één tot drie waren aangegroeid in hetzelfde aantal dagen. Nu mijn ogen niet langer van vermoeidheid dichtvielen, werd lezen weer een genot. Twee keer per week wachtte ik gespannen op de kar die de gewenste boeken zou brengen. Bij het eerste bezoek, toen ik de bibliothecaresse vertelde dat mijn voorkeur uitging naar detectiveverhalen, keek ze me aan met een blik van verbijstering en een afkeurend geluid over zo'n onkinderlijke smaak. Maar we bereikten een compromis met de verhalen van Agatha Christie over de capriolen van Tommy en Tuppence, gevolgd door Miss Marple en Hercule Poirot. Gelukkig voor mij was Agatha een productief schrijfster, en mijn voorraad leek onuitputtelijk.

De vaste routine van de zaal bood een bepaalde troost. Eerst de vroege ochtendronde met po's voor de kinderen die aan bed gebonden waren. Dan zaten we als rijen broedkippen te persen, in de wetenschap dat de inhoud van die koude metalen bakken aandachtig onderzocht zou worden voor ze werden weggebracht. Vervolgens kwamen er kommen water voor onze 'kop-en-staart' wasbeurt, waarbij ter wille van de privacy de gordijnen om ons heen werden dichtgetrokken.

Daarna volgde het ontbijt. Proteïnerijke eieren en bruin brood werden in de naburige bedden opgediend en deden me watertanden, maar ik kreeg alleen mijn kom lichtgrijze stroperige glucose.

Pas als de bladen waren weggehaald, kon ik mijn boek pakken en zoeken naar de oplossing van de mysteries voordat de onderhavige detective moeiteloos de schuldige ontmaskerde.

Ik was me nauwelijks bewust van het constante geroezemoes van de activiteit om me heen in de drukke zaal. Het geruis van de blauw-met-witte uniformen van de verpleegsters, de zachte stappen van hun witte veterschoenen op de grijze, industriële vloerbedekking, het gebabbel van herstellende kinderen en de metalen klank van de gordijnringen als de gordijnen werden dichtgetrokken rond het bed van een kind dat zieker was dan ik, verdwenen allemaal naar de achtergrond terwijl ik de pagina's omsloeg.

De geuren van de lunch drongen in mijn neusgaten, het ontberen van elke proteïne maakte dat al het eten van de anderen heerlijk rook. Ik keek jaloers naar de bladen als ze me mijn glucose kwamen brengen.

'Drink op, Antoinette,' was het opgewekte bevel als ik opstandig naar het onappetijtelijke vocht keek. 'Het zal je goed doen.'

Ik wilde vast voedsel.

'Het maakt je beter, en dan mag je naar huis.'

Ik wilde cake, ijs, snoep en een bord vol bruine toast, druipend van de boter en met dotten donkerbruine marmite. Beelden van zulke traktaties zweefden voor mijn ogen als het water me in de mond liep bij de herinnering eraan. Dan lepelde ik het onsmakelijke goedje uit de kom in mijn mond en dwong mezelf het door te slikken. De inspanning om beter te worden, met het hongerdieet en het eindeloze prikken van naalden, leek een moeizame en langdurige onderneming.

Na de lunch kwam het opmaken van het bed, waarbij de lakens zo strak werden getrokken dat we ons niet konden bewegen. Daarna, met stevig ingepakte armen en keurig gekamd haar, wachtten we de ronde af van de hoofdzuster.

De dubbele deur zwaaide open en een statige gestalte maakte haar entree, gevolgd door een entourage van artsen, een in het blauw geklede zaalzuster en een stafzuster. Een gesteven opstaande kraag hield het imponerende hoofd met de witte kap van de hoofdzuster rechtop, haar cape golfde achter haar aan. Gebiedend bleef ze bij elk bed staan en vroeg aan het gemummificeerde kind hoe het zich voelde.

Na het horen van 'Heel goed, dank u, zuster', liep ze verder naar het volgende bed tot haar ronde voltooid was. Daarna ging de deur weer open en ontlokte haar vorstelijke vertrek een collectieve zucht van opluchting aan zowel verpleegsters als patiënten; armen werden uit de lakens gewrongen, lichamen gleden in een comfortabelere positie voor het middagslaapje, waarna het bezoekuur kon beginnen.

De nacht begon altijd te vroeg voor mij, en onderbrak mijn detective altijd als hij op het punt stond de meest onwaarschijnlijke persoon in het boek als de schuldige aan te wijzen. Maar al vond ik het nog zo vervelend dat mijn avontuur door een hogere macht een halt werd toegeroepen, meestal viel ik snel in een vrijwel ononderbroken slaap. Alleen de zeldzame opname van een nachtelijke patiënt kon me storen. Bij een van die gelegenheden zag ik de baby.

Ik hoorde het lichte gerammel van de gordijnhaken twee bedden bij me vandaan, opende een slaperig oog en zag een kleine vorm met, in mijn kinderlijke verbeelding, het hoofd van een monster. Een hoofd dat volledig kaal was en zo groot dat elke beweging, dacht ik, het tere nekje zou breken. Een lamp erboven wierp een vage oranje gloed op het ledikantje. Een vrouw boog zich eroverheen, raakte met haar hand de kleine vingertjes van de baby aan, waarna de ringen weer rammelden en het gordijn werd gesloten, en ik weer in een onrustige slaap viel.

Twee dagen lang bleven de gordijnen rond dat bed gesloten terwijl verpleegsters en artsen heen en weer liepen en aan het oog onttrokken wat er te zien was. De derde nacht zag ik, als in een droom, de vrouw weer, en ik zag aan haar houding dat ze verdriet had. Ik zag een ingepakte vorm in de armen van de zaalzuster, die het pakketje mee de zaal uit nam, en ik zag het licht uitgaan. Toen vielen mijn ogen dicht.

De volgende ochtend waren de gordijnen opengetrokken, het nu lege ledikantje was keurig opgemaakt en van de baby was geen spoor te bekennen.

Met die instinctieve wetenschap die kinderen soms hebben, wist ik dat de baby dood was. Ik wist ook dat ik er niet naar moest vragen.

Elke middag zag ik hoe de kinderen naar de deur keken terwijl ze opgewonden wachtten op hun ouders en familie. Ik zag hun gezicht oplichten, zag hun armen omhooggaan om geknuffeld te worden en voelde mijn eigen angst. Terwijl ik in dat ziekenhuisbed lag kon ik de ogen van mijn vader niet vermijden, evenmin als de angst die ik voor hem voelde.

Zes weken na mijn opname kwam hij alleen. Herinneringen, die door de prettige routine van het ziekenhuis gedeeltelijk waren vervaagd, kwamen met een schok bij me terug en mijn vingers klemden zich om de lakens.

Ik vroeg me af waar mijn moeder was toen hij mijn hand pakte en zich bukte om me een zoen op mijn wang te geven. In antwoord op mijn onuitgesproken vraag vertelde hij me dat ze een ernstige kou had gevat en geen ziektekiemen de zaal in wilde brengen. Zijn dikke, golvende haar glansde die dag van de brillantine en zijn glimlach voor de verpleegsters sprankelde. Maar de slechte vader lag op de loer in zijn ogen en kwam zijn mond uit met elk woord dat hij zei.

Nog steeds mijn hand vasthoudend, terwijl ik me verder onderuit liet zakken in de kussens, zei hij: 'Antoinette, ik heb je gemist. Heb jij je papa gemist?'

De marionet nam het over. 'Ja,' fluisterde ik, en mijn herwonnen kracht scheen mijn lichaam te verlaten.

'Nou, als je thuiskomt heb ik een geschenk voor je. Daar hou je toch van, hè, Antoinette?'

Ik vroeg hem niet wat het geschenk was; ik wist het. Ik voelde de druk van zijn hand terwijl hij wachtte op mijn reactie. Ik keek naar hem op en gaf hem het antwoord dat hij horen wilde.

'Ja, papa.'

Hij keek me stralend aan, en ik zag de zelfvoldane glans in zijn ogen. 'Gedraag je goed, Antoinette. Ik kom morgen terug.' En hij kwam.

De zusters bleven me vertellen wat een lieve vader ik had, hoeveel hij van zijn kleine meisje hield, en dat het niet lang meer zou duren voor ik naar huis mocht.

Na zijn derde bezoek wachtte ik tot de andere kinderen in slaap waren gevallen. Ik pakte het koord van mijn ochtendjas, bond één eind om mijn nek en het andere eind aan het hoofdeinde van het bed. Toen liet ik me op de grond vallen.

Natuurlijk werd ik gevonden. De nachtzuster scheen te denken dat ik depressief was omdat ik naar huis wilde, en ze verzekerde me herhaaldelijk dat het niet lang meer zou duren. Ze stopte me weer in bed en bleef naast me zitten terwijl ik in slaap viel. De volgende ochtend was het koord van mijn ochtendjas verdwenen.

Op dat bezoekuur kwamen allebei mijn ouders binnen. Mijn moeder pakte mijn hand beet terwijl mijn vader er met over elkaar geslagen armen bij stond.

'Antoinette,' zei ze, 'ik weet zeker dat afgelopen nacht een vergissing was. De hoofdzuster heeft me vandaag gebeld. Je wilt toch zeker niet dat ik me weer zo ongerust over je moet maken?'

Ik zag haar heldere glimlach en wist dat het incident stevig opgeborgen was in het kistje met het opschrift 'Niet over praten'. Het spel van het gelukkige gezin was nog steeds aan de orde en zij was de centrale figuur in het tableau.

'Papa en ik hebben samen gepraat,' ging ze verder, haar stralende glimlach nu ook op mijn vader richtend. 'Je zult beslist erg verzwakt zijn als je uit het ziekenhuis komt. Dus hebben we besloten je naar tante Catherine te brengen.' Ik kende tante Catherine nauwelijks, maar tijdens haar zeldzame bezoeken had ik haar altijd aardig gevonden. 'Een paar weken buiten op het land zullen je goed doen. We zullen het niet meer over die malle geschiedenis hebben, lieverd, en natuurlijk zullen we niets tegen tante Catherine zeggen. We willen haar toch niet bezorgd maken, wel?'

Ik voelde de starende blik van mijn vader terwijl ik naar mijn moeder keek, en ik voelde ook haar ruk aan het koord waarmee ik met haar verbonden was. Verlangend naar haar goedkeuring, antwoordde ik: 'Dank je, dat lijkt me leuk.'

Nu hun taak voltooid was, ontspanden beide ouders zich tijdens de rest van het bezoekuur, en toen de bel ging om het eind ervan aan te kondigen, vertrokken ze na veel gezoen. Ik veegde mijn kin af waar de lippen van mijn vader terecht waren gekomen, pakte toen mijn boek op en verdiepte me in het verhaal.

Getrouw aan haar belofte werd er nooit meer een woord over het incident met het koord gezegd. Mijn moeder had een vast patroon om problemen aan te pakken: 'Als we er niet over praten, is het niet gebeurd.' Alsof haar ontkenning aanstekelijk werkte, volgde het ziekenhuispersoneel haar voorbeeld.

Mijn vader kwam nog slechts één keer alleen op bezoek.

'Antoinette, denk aan wat ik je gezegd heb. Je praat niet over familiezaken. Begrepen?'

'Ja, papa.' antwoordde ik, zakte verder onderuit in bed en probeerde de felle blik in zijn ogen te vermijden. In hun diepte kon ik een glimp opvangen van de woede die ik zou ontketenen als ik het ooit waagde hem ongehoorzaam te zijn.

Elke dag wachtte ik tot mijn moeder weer door die deur binnen zou komen, en herhaaldelijk werd ik teleurgesteld. Toen ze eindelijk weer verscheen, putte ze zich uit in excuses, die rond mijn hoofd zweefden, en omdat ik haar wilde geloven, knikte ik op de juiste momenten. Door haar werk, zei ze, was ze te vermoeid geweest. Zo'n lange tocht met de bus, ging ze verder. Ze vertelde me dat tante Catherine zich verheugde op mijn bezoek, en omdat haar familie heel bemiddeld was, hoefde ze niet te werken. Mijn moeder wilde dat ze vrij kon nemen om voor me te zorgen, maar ze wist dat ik het zou begrijpen waarom dat niet kon. En ik verheugde me toch zeker ook op mijn bezoek.

Op mijn elfde wist ik alleen dat ik naar huis wilde naar mijn moeder, maar mijn verlangen om het haar naar de zin te maken bleef even groot als vroeger.

'Het zal leuk zijn tante Catherine weer te zien,' antwoordde ik, en werd beloond met een stralende glimlach en twee kussen op elke kant van mijn gezicht.

De laatste dagen in het ziekenhuis vloeiden ineen terwijl ik las, speelde met de andere kinderen en wachtte tot me verteld zou worden dat het morgen mijn laatste dag in het ziekenhuis zou zijn. Eindelijk was het zover.

Ik kleedde me die ochtend vroeg aan, pakte mijn kleine koffer met de grotere hoeveelheid boeken en kleren die ik had vergaard in de drie maanden die ik in het ziekenhuis had doorgebracht. Toen die taak volbracht was, ging ik geduldig op mijn bed zitten en wachtte op mijn moeder.

# 15

Mijn moeder had me met de trein en de bus naar het grote, grillig gebouwde huis gebracht aan de kust van Kent, waar mijn tante woonde. Hier had ik een mooie kamer gekregen, waar het behang paste bij het met bloemtakjes bedrukte dekbed dat op mijn witgeschilderde bed lag. Ze hadden me verteld dat dit de kamer was geweest van Catherines dochter, maar nu Hazel een tiener was, had ze een grotere kamer gekregen, zodat deze voor de duur van mijn bezoek van mij zou zijn.

Mijn tante Catherine was geen bloedverwant, maar de beste vriendin van mijn moeder. In de jaren vijftig werden voor iedereen onder de eenentwintig de namen van volwassenen vaak voorafgegaan door 'tante' of 'oom'. Ze was een knappe vrouw met schouderlang haar in een donkerblonde kleur die toen mode was voor een generatie die zich niet vaak toevertrouwde aan de vaardigheid en ervaring van een kapper. Haar indringende parfum, een mengeling van een lichte bloemengeur en verrukkelijke bakgeuren, bleef in de kamer hangen als ze daaruit vertrokken was. Haar nagels waren, in tegenstelling tot die van mijn moeder, kort, en heel lichtroze gelakt, en ze droeg platte sandalen. Hoge hakken, merkte ik, werden slechts bij speciale gelegenheden gedragen, zoals op dagen als ze me meenam naar tearooms die me herinnerden aan mijn prille jeugd.

Het eerste uitstapje met haar was naar een groot warenhuis, waar ze me vroeg om stof uit te zoeken.

'Je bent zó lang geworden in het ziekenhuis, Antoinette, en zó mager, dat geen van je kleren je meer schijnt te passen.'

Op die manier omzeilde ze tactvol de kwestie van de afdankertjes, die dankbaar werden geaccepteerd door mijn moeder en door mij werden verfoeid. 'Laten we samen wat moois uitzoeken.'

Ze pakte mijn hand beet en bracht me naar de lift, waar de man die hem bediende, een oorlogsveteraan, trots gestoken in het uniform van de zaak, met zijn lege mouw dwars over zijn borst gespeld, tegen een kruk leunde terwijl hij de op elke verdieping verkrijgbare artikelen opsomde, tot we bij de fournituren kwamen. Dat was in de naoorlogse tijd, voordat de automatisering dat soort baantjes overbodig maakte.

We liepen door de afdeling met de knopen, strengen wol en allerlei breispullen, tot we bij de stoffen kwamen. Verrukt keek ik naar de rollen stof in alle kleuren van de regenboog, kleuren die ik nooit eerder had gezien. Een tere zilveren stof en geborduurd chiffon trokken het eerst mijn aandacht. Ik wilde ernaartoe hollen om ze allemaal te bekijken, maar tante Catherine nam me zacht bij de hand en bracht me naar de meer in aanmerking komende katoenen stoffen.

'Kijk,' riep ze uit, terwijl ze een zachtroze en wit gestreepte rol naar me toe trok. 'Dit zal je goed staan.' Toen, voor ik kon antwoorden, wees ze naar een andere, lichtblauwe stof. 'Vind je die mooi?'

Ik knikte, bang dat de betovering verbroken zou worden. De opwinding verlamde mijn tong en maakte dat ik mijn adem inhield.

'Goed, dan nemen we ze allebei,' riep ze vrolijk uit. 'En nu nog een feestjurk.'

Ze zag dat mijn oog viel op een fraaie ruit, die leek op de stof van mijn lievelingsjurk, waar ik nu uitgegroeid was.

'Dan nemen we die er ook nog bij,' zei ze. Ze liet alles inpakken en ging toen met me theedrinken. Ik was zó blij dat ik door het dolle heen was. Ik huppelde naast haar met zo'n brede grijns dat mijn wangen bijna pijn deden.

Omdat dit een bijzondere dag was, gaf ze me een plakje cake, ondanks mijn dieet. Toen ik de zachte cake doorslikte en het zoet op mijn tong proefde, voelde ik me intens gelukkig en zou ik voorgoed bij haar willen blijven.

Ik was een leven binnengetreden waarvan ik vroeger slechts een glimp had opgevangen uit de gesprekken van andere kinderen. Ik was net als Alice 'aan de andere kant van de spiegel' terechtgekomen en had geen enkel verlangen om terug te keren. Die dag vergat ik Judy, vergat ik hoe erg ik haar miste, en gunde ik het mezelf om van elk moment te genieten. Mijn duidelijke vreugde moedigde tante Catherine aan en ze babbelde voort over de diverse uitjes die ze voor ons had gepland.

'We kunnen niet te veel doen,' waarschuwde ze me, 'want je bent nog niet helemaal beter, maar over een paar weken wil ik met jullie allemaal naar het circus. Zou je dat willen?'

Ik voelde dat ik mijn ogen opensperde. Dit was iets waarover ik had gelezen. Ik had erover gedroomd dat ik naar een circus zou gaan, maar ik was er nog nooit geweest.

O, ja,' wist ik er hijgend uit te brengen. Dit was niet te overtreffen, dacht ik.

In de weken die ik er logeerde, leerde ik dat tante Catherines grootste plezier was haar gezin gelukkig te maken, en ik had het gevoel dat ik erbij hoorde. Haar twee kinderen – Roy, die een jaar ouder was dan ik, en Hazel, vijf jaar ouder – hadden me grotendeels genegeerd. Roy negeerde me omdat ik nog niet sterk genoeg was om mee te spelen en Hazel vanwege het verschil in leeftijd. Dus was ik verbaasd, maar heel blij, toen

Hazel twee weken na mijn komst aanbood me haar paard te laten zien. Paarden waren haar passie; ze had paardgereden sinds ze klein was en had een pony gehad tot ze er te groot voor was geworden. Haar nieuwe paard had ze voor haar vijftiende verjaardag gekregen en was haar grote trots.

Hij was een ruin, vertelde ze me, een lichte vos met een schofthoogte van ruim een meter veertig. Ik merkte dat zij evenveel van hem hield als ik van Judy, al maakte ze duidelijk dat je tegen een hond weliswaar heel goed kunt praten, maar dat je een paard kon berijden en daarom nuttiger was.

Tante Catherine gaf ons een bos wortels om hem te voeren, waarschuwde Hazel dat ze me niet te ver moest laten lopen en met het begin van een heldenverering volgde ik haar naar de weide. Daar kwam een lichtbruin paard, veel groter dan de pony's in Cooldaragh, naar ons toe gedraafd. Ze zei dat ik hem de wortel op mijn platte hand moest aanbieden, wat ik aarzelend deed. Ik voelde een golf van vreugde door me heen gaan toen zijn zachte adem tegen mijn palm kietelde, en mijn zelfvertrouwen werd groter toen ik hem over zijn hoofd mocht aaien.

Hazel zadelde het paard, en vroeg me toen tot mijn verrukking of ik hem wilde berijden.

'O, ja!' antwoordde ik onmiddellijk. Per slot van rekening was me alleen maar gezegd dat ik niet te ver mocht lopen, en niemand had iets gezegd over paardrijden.

Ik moest me uitrekken om vaste voet te krijgen in de eerste stijgbeugel, terwijl Hazel hem stilhield. Toen, met een laatste zwaai, zat ik op zijn rug. Plotseling leek de grond heel ver onder me, dus keek ik recht voor me uit en pakte de teugels vast. Eerst liep hij stapvoets. Ik werd overmoedig en gaf hem een tikje met mijn hiel, zoals ik ruiters had zien doen. Ik voelde dat hij wat harder ging lopen, en terwijl ik probeerde zijn ritme te volgen, ging hij met de vrolijke energie van een jong paard over in handgalop. De wind deed mijn ogen tranen, mijn zicht werd troebel en ik voelde dat ik de controle begon te verliezen, en mijn enthousiasme maakte plaats voor angst. Ik hoorde dat Hazel zijn naam riep toen hij over de weide galoppeerde. Ze schreeuwde naar me dat ik aan de teugels moest trekken, maar al mijn inspanning was erop gericht om in het zadel te blijven.

Toen, met speels plezier, gooide hij zijn achterbenen in de lucht en ik vloog over zijn hoofd. In één stoot ademde ik de lucht uit mijn lichaam en even zag ik sterretjes, terwijl ik op de grond lag met gebogen benen en open, maar niet gefocuste ogen.

Hazels bezorgde stem drong door mijn verwarring heen en heldenverering versterkte mijn rug. Ik vermande me, tot de wereld ophield met draaien, en toen stond ik voorzichtig op. Hazels gezicht stond minder bezorgd toen ze me afborstelde, ongetwijfeld opgelucht dat ze geen verklaring hoefde te geven voor gebroken botten.

Tot mijn ontsteltenis zei ze: 'Je moet meteen weer opstijgen. Als je dat niet doet, zul je altijd bang blijven.'

Ik keek weer naar het paard, dat zonder zich om mijn ongemak te bekommeren tevreden stond te kauwen op de laatste wortel. Ik zag een reus. Hazel verzekerde me dat ze hem zou leiden, en zonder haar helemaal te geloven, klom ik weer op zijn rug. Heldenverering kan van ons allemaal dappere kleine soldaten maken. Ik werd ervoor beloond, want die dag sloten zij en ik vriendschap en kwamen we zwijgend overeen dat tante Catherine gelukkiger zou zijn als ze niet op de hoogte zou zijn van ons avontuur.

Het leven die zomer in het huis van mijn tante was vredig. Omdat ze meer aan huis gebonden was dan haar twee kinderen, bracht ik mijn dagen door met lezen in de tuin of met haar te helpen in de keuken. In de ochtend werd haar naaimachine op de grote houten tafel gezet, en kleren voor het hele gezin verschenen als bij toverslag. Maar eerst maakte ze de drie jurken voor mij. Ik bleef staan terwijl zij, met een mond vol spelden en een centimeter in de hand, de stof afspeldde, tot alleen de zoom nog genaaid moest worden, wat ze 's avonds met de hand deed.

De lunch bestond uit een lichte snack, die werd gegeten in de warme keuken, maar de avondmaaltijden werden altijd opgediend in de eetkamer.

's Middags werd de naaimachine weggezet, als de voorbereidingen voor het avondeten begonnen. Ik hakte groente, schilde aardappelen en zette voor ons allebei thee, terwijl zij de lievelingsgerechten van de gezinsleden, heerlijke stoofpotten en braadschotels, klaarmaakte. Behalve op maandag, dan werd het koude vlees van het braadstuk van zondag geserveerd met augurkjes en aardappelpuree.

Oom Cecil, tante Catherines man, een lange, slanke man met een hartelijke glimlach en fonkelende ogen, verkleedde zich elke avond van zijn streepjespak in corduroy vrijetijdskleding, shirt en zijn met leer afgezette lievelingsvest. Dan ontspande hij zich met een gin-tonic die mijn tante voor hen beiden inschonk als deel van hun avondritueel.

Als het tweede drankje op was, gingen we eten. Hij nam plaats aan het hoofd van de tafel en zij diende het avondmaal op. Dit was altijd het uurtje voor het gezin, en dan informeerde hij belangstellend naar de activiteiten van vrouw en kinderen die dag. Hij vergat mij niet, informeerde naar mijn gezondheid en maakte een opmerking dat ik er weer zo goed begon uit te zien.

Vaak werden er spelletjes gedaan, kaart- of bordspelen, zodra de keuken was opgeruimd, en daarna gingen we in bad en naar bed. Elke avond mocht ik een halfuur lezen voor mijn tante naar mijn kamer kwam, me instopte en het licht uitdeed, en ik viel in slaap met de herinnering aan haar nachtzoen.

Eindelijk brak de dag aan waarop we naar het circus gingen. In mijn nieuwe roze-met-witte jurk en witte vest stapte ik achter in de auto. Roy, met zijn keurig gescheiden en naar achteren gekamde blonde haar, zat in een lange grijze broek en marineblauwe blazer naast me en probeerde nonchalant te kijken terwijl ik opgewonden zat te babbelen.

Felle lampen verlichtten de grote tent, de wachtende rijen bij de kassa stonden vol kinderen, wier vrolijke gezichten de verwachtingsvolle spanning verrieden, terwijl ze de hand van hun ouders vasthielden. Bij het betreden van de enorme tent drong de geur van zaagsel in mijn neus toen we op de rijen boven elkaar geplaatste banken plaatsnamen. Ik voelde me in de zevende hemel. Eerst kwamen de clowns met hun beschilderde gezichten, hun monden gerekt in een constante glimlach, gevolgd door de dansende honden, kleine, zwart-witte, energieke schepseltjes met witte plooikragen om hun nek. Aan het eind van hun optreden ging elk hondje op een kleine kruk zitten en wachtte op het applaus dat hem toekwam. Overal om me heen kon ik de kinderen zien met grote ogen en roze wangen van opwinding, met uitgestrekte halzen om de clowns te zien terugkomen, en daarna de collectieve ingehouden kreet toen hun optreden werd gevolgd door de grote katten. Met mijn handen aan beide kanten steunend op de zitting om in evenwicht te blijven, deed ik mijn best me zo lang mogelijk te maken om niets te missen. Ik deelde de opwinding van de andere kinderen en hield met hen mijn adem in, terwijl die grote, mooie dieren door de ring van vuur sprongen, klapte hard in mijn handen toen de dompteur een buiging maakte, en werd weer stil toen mijn blik gefascineerd omhoogging en mijn mond een 'o' vormde met de rest van het publiek, starend naar de trapezewerkers die hun halsbrekende verrichtingen uithaalden.

Toen kwamen de majestueuze olifanten; elk ervan hield zijn slurf om de staart van het dier vóór hem, en een kleintje kwam achteraan. Ik verwachtte dat de kleine krukjes elk ogenblik zouden breken toen ze hun massieve poten en hun lichaamsgewicht erop lieten rusten, zuchtend van teleurstelling toen ze de piste verlieten. Ten slotte kwamen de clowns weer terug om het eind van de voorstelling aan te kondigen. Ik kon me nauwelijks bewegen. Ik voelde me opgesloten in een magische bubbel van pure vreugde die je alleen in je kindertijd kunt voelen. Vele jaren later, toen ik een petitie ondertekende om dieren in circussen te verbieden, herinnerde ik me met een enigszins treurige nostalgie de magie van die avond.

Twee weken later vertelde tante Catherine me wat ze dacht dat goed nieuws was. Mijn ouders kwamen het komend weekend en ik zou met hen teruggaan naar huis. Ik moest voor controle naar het ziekenhuis en als alles goed was, kon ik in september terug naar school.

Ik luisterde met gemengde gevoelens; enerzijds miste ik mijn moeder en Judy, anderzijds was ik gewend geraakt aan het leven in een gelukkig gezin, goed gekleed te gaan en me onderdeel te voelen van tante Catherines gezin. Ik wilde haar tevredenstellen, plakte een glimlach op mijn gezicht en verzekerde haar dat ik haar zou missen, maar dat ik me er natuurlijk op verheugde mijn ouders weer te zien.

Het weekend brak aan. Ik hoorde hun auto voorrijden en stond naast mijn tante bij de deur toen ze hen verwelkomde. Er werd geknuffeld en gezoend, geroepen dat ik zo gegroeid was, dat ik er zo goed uitzag. Die avond kwam mijn moeder me instoppen en gaf me een nachtzoen, een zoen die mijn wang nog leek te verwarmen toen ik in bed lag, me afvragend wat de volgende week zou brengen.

# 16

Het onderzoek in het ziekenhuis was goed afgelopen en ik werd voldoende fit verklaard om terug te gaan naar school, al werd ik vrijgesteld van gymnastiek en alle sporten, omdat ik daar nog niet sterk genoeg voor was. Dat nieuws vernam ik met genoegen; op die speciale school werd populariteit niet gemeten naar je prestaties in de klas maar op het hockeyveld, bij netbal en op gymnastiek. In geen daarvan was ik een uitblinker. Nu had ik een geldig excuus om aan de gehate lessen en de onvermijdelijk daaropvolgende spot te ontkomen.

Mijn moeder had een tijdje vrijgenomen van haar werk tot ik gesetteld was, en de eerste twee weken was het een feest om bij haar thuis te komen. Er stonden altijd warme, verse scones en een pot thee op me te wachten, en op vrijdag zelfgemaakte koffiecake, mijn lievelingscake. Maar mijn grootste vreugde was mijn moeder voor mij alleen te hebben, met haar te kunnen babbelen zonder de heimelijke blik van mijn vader op me te voelen, die me overal volgde.

Nadat ik had gegeten en met Judy gespeeld had, ging ik aan de keukentafel zitten met mijn huiswerk, dat meer was en moeilijker, nu ik in de hoogste groep zat en een heel kwartaal moest inhalen. Mijn moeder maakte het eten klaar terwijl ik werkte, en als ik in die warme keuken zat, wenste ik dat er nooit een eind aan die tijd zou komen.

Ik besloot toen me tegen mijn vader te verzetten als mijn moeder weer aan het werk ging. Ik zou hem zeggen dat ik nu wist dat wat hij met mij deed verkeerd was. Hoewel ik het altijd vreselijk had gevonden wat hij met me deed, had ik het tot op dat moment geaccepteerd als onvermijdelijk. Na zes weken in een gelukkig gezin was ik gaan beseffen hoe verkeerd het was. Instinctief had ik altijd geweten dat ik 'ons geheim' niet moest bespreken, dat het een schandelijke daad was, maar ik was nog te jong om in te zien dat het zíjn schande was en niet de mijne. Ik dacht dat als ik mensen zou vertellen wat er aan de hand was, ze me nooit meer als een normaal kind zouden beschouwen en me op de een of andere manier de schuld zouden geven.

Gesust door een vals gevoel van veiligheid, was ik weer aan school gewend geraakt. Mijn reputatie dat ik een zwakke gezondheid had maakte me nog meer tot een buitenbeentje, maar in ieder geval lieten de andere kinderen me met rust. Hun getreiter en gespot hield op omdat de docenten duidelijk hadden gemaakt dat pesterijen na mijn lange ziekte niet zouden worden getolereerd.

De laatste dag van de vakantie van mijn moeder kwam en daarmee de herverschijning van de joviale vader. Hij kwam thuis met een stralende glimlach en een vage whiskyadem. Ik probeerde niet ineen te krimpen toen hij zijn hand onder mijn kin legde en omhoog liet glijden langs mijn wang om op mijn hoofd te laten rusten.

'Kijk, Antoinette, ik heb een cadeautje voor je.' Hij knoopte de bovenkant van zijn jas open en liet me een wriemelend klein bundeltje bont zien. Voorzichtig maakte hij kleine nageltjes los van zijn trui, reikte me het aan, en ik stak mijn armen uit om het van hem over te nemen. Het warme, kleine lijfje nestelde zich tegen me aan, en het eerste zachte gerommel van een tevreden spinnend katje klonk uit zijn buikje. Ongelovig streelde ik de vacht, een klein katje voor mij alleen.

'Hij is voor jou. Ik zag hem in de dierenwinkel en toen dacht ik dat hem moest kopen voor mijn kleine meid.' En ik, die nog steeds wilde geloven in de aardige vader, liet me overtuigen dat hij weer bestond en keek verrukt naar hem op. Het kleine, grijze bundeltje doopte ik Oscar; ik gaf hem een doos met een opgevouwen oude deken, waarin hij sliep bij mijn moeder en besnuffeld werd door Judy. De volgende ochtend lag hij tevreden naast Judy te slapen, zich koesterend in de warmte van haar lijf, terwijl Judy zich volkomen onverschillig hield.

Die week begon mijn vader met nachtdiensten, en toen ik thuiskwam, werd ik door hem opgewacht en niet door mijn moeder. Ik bracht mijn pas gevonden moed in praktijk en zei 'nee'. Hij glimlachte naar me, en toen volgde die knipoog.

'Maar je vindt het prettig, Antoinette, dat heb je me zelf verteld, weet je nog? Heb je toen gelogen tegen je papa? Hè?'

Zijn stemming veranderde van de ene seconde op de andere.

'Zet een kop thee voor je vader,' beval hij en dankbaar ontsnapte ik. Een paar minuten later slurpte hij het hete vocht met samengeknepen ogen en een uitdrukking die ik niet kon doorgronden maar waarvan ik wist dat die weinig goeds voorspelde.

'Weet je, Antoinette, je moeder en ik doen het. We doen het voortdurend.' Ik keek hem vol afgrijzen aan, niet in staat mijn blik af te wenden van zijn starende ogen. 'Weet je nog niet hoe baby's worden gemaakt?'

Ik wist het niet, maar dat zou niet lang duren, en ik zag dat hij verrukt was over mijn afgrijzen bij wat hij me vertelde. Ik dacht aan alle zwangere vrouwen die ik had gezien, vrouwen die blij leken te zijn met hun toestand, en voelde me misselijk worden bij de gedachte dat ze hadden deelgenomen aan zo'n walgelijke daad. De tante, van wie ik zoveel gehouden had, moest het hebben gedaan, dacht ik, minstens twee keer, en mijn moeder. Hoe kónden ze? Mijn gedachten tolden door mijn hoofd, en een nieuwe angst stak de kop op. Mijn hele visie op volwassenen veranderde die middag, en de laatste restjes veiligheid, zoals ik die kende, lieten me in de steek en ik bleef achter met slechts verwarring als metgezel.

Hij vertelde me dat ik niet zwanger kon worden, alsof dat mijn enige angst was, maar toch bleef ik 'nee' zeggen. Hij lachte me uit.

'Ik zal je wat vertellen, Antoinette. Je mama houdt ervan.' Toen begon het hem blijkbaar te vervelen om me te kwellen, want hij haalde zijn schouders op en draaide zich om.

Had ik de eerste ronde gewonnen? vroeg ik me af. Was het werkelijk zo gemakkelijk geweest?

Nee, ik had slechts een onbelangrijke schermutseling gewonnen, niet eens een veldslag, en de oorlog stond op het punt te beginnen. De volgende dag ging ik naar het kantoor van mijn moeder. Ik zou haar verrassen, dacht ik, haar afhalen van haar werk en op die manier het gesar van mijn vader vermijden, de tergende opmerkingen die me een slapeloze nacht bezorgden en waarin verontrustende beelden voor mijn geestesoog verschenen. Hoe meer ik probeerde ze van me af te zetten, hoe koppiger ze bleven terugkomen, terwijl ik lag te draaien en te woelen.

'Wat een leuke verrassing, lieverd!' riep ze uit terwijl ze me naar een stoel bracht waar ik op haar kon wachten. Toen ze klaar was met haar werk keek ze met een warme glimlach op, stelde me voor aan haar collega's, en speelde de rol van de trotse moeder. Toen, met haar arm om de schouders van een dochter die zo graag in haar wilde geloven, bracht ze me naar buiten.

Mijn vader stond op ons te wachten. Op de een of andere manier had hij, toen ik niet thuiskwam uit school, geraden waar ik naartoe was gegaan en was me te vlug af geweest. Hij zei tegen mijn moeder dat er een film draaide in de plaatselijke bioscoop waarvan hij wist dat ze die goed zou vinden en hij

kwam haar halen om erheen te gaan. Ik was dol op de bioscoop en denkend dat de uitnodiging ook voor mij gold, keek
ik hoopvol naar hen op.

'En, Antoinette, heb je je huiswerk al gemaakt?' vroeg hij.
Hij kende het antwoord natuurlijk al voordat ik iets zei.

'Nee.'

'Ga jij dan maar terug naar huis. Je moeder en ik komen
later. Als je met ons mee had gewild, had je rechtstreeks naar
huis moeten gaan.'

Hij glimlachte naar me terwijl hij sprak, een glimlach die me
vertelde dat ik weer ging verliezen.

'Geeft niet, lieverd,' ging mijn moeder verder, 'er komen nog
gelegenheden genoeg. Eet iets en zorg ervoor dat je al je werk
hebt gedaan als we thuiskomen.'

Ik sloeg de richting in naar huis terwijl zij, opgaand in elkaars gezelschap, de andere kant opgingen.

Drie dagen later, toen ik thuiskwam uit school, zag ik Oscar
roerloos in Judy's mand liggen. Ik wist dat hij dood was voor
ik hem oppakte. Zijn kopje hing in een vreemde hoek en zijn
kleine lijfje was al stijf toen ik hem opnam en wanhopig naar
mijn vader keek.

'Hij moet zijn nek hebben gebroken terwijl hij aan het spelen was,' verklaarde mijn vader, maar ik geloofde hem niet.

Jaren later, als ik op die dag terugkijk, dacht ik dat hij
hoogstwaarschijnlijk onschuldig was, want ik had hem nog
nooit wreed gezien tegen een dier. Misschien was dat één daad
waarvan ik hem vals had beschuldigd. Omdat ik geloofde dat
hij schuldig was, verzwakte ik, en toen hij dat zag, maakte hij
gebruik van de gelegenheid om te profiteren van mijn verdriet.
Hij pakte mijn hand en bracht me naar de slaapkamer.

De tranen rolden over mijn wangen, en met een vriendelijke
klank in zijn stem, een klank die zijn bedoelingen logenstrafte,
gaf hij me een klein flesje en zei dat ik het moest leegdrinken.

Een scherp vocht vloeide door mijn keel, en ik stikte bijna voordat de warmte zich in mijn lichaam verspreidde. Ik hield niet van de seks die erop volgde, maar ik hield wel van de whisky.

En zo ontdekte ik op mijn twaalfde dat alcohol pijn en verdriet kan verdoven en zag ik sterkedrank als een vriend. Pas in later jaren besefte ik dat vriendschap met een fles van de ene dag op de andere kan veranderen in een relatie met de vijand.

Ik werd wakker met het besef dat er iets goeds ging gebeuren. Mijn nog slapende brein zocht naar wat het was en toen raakte ik plotseling opgewonden. Mijn Engelse oma kwam op bezoek. Ze zou een paar weken bij ons blijven, op de slaapbank beneden slapen, en ze zou er elke dag zijn om me te begroeten als ik uit school kwam. En het beste van alles was dat mijn vader het tijdens haar bezoek niet zou wagen bij me in de buurt te komen. Tijdens de duur van haar bezoek zou de joviale vader vertoond worden en zou mijn moeder haar spelletje van het gelukkige gezin spelen.

Ik rekte me vol genot uit, denkend aan de vrijheid die de komende paar weken zouden brengen, en met tegenzin kleedde ik me aan om naar school te gaan. Ik wilde thuis zijn om haar te kunnen begroeten, niet mijn vader. Maar omdat hij haar bezoek niet associeerde met vrijheid, integendeel, wist ik dat er nog een bonus was. Hij zou, zoals hij al eerder had gedaan, zijn nachtdienst veranderen in dagdienst, zodat ik hem veel minder vaak hoefde te zien.

Bij uitzondering had ik op school moeite me te concentreren, en de uren tikten langzaam voorbij. Ik wilde niets liever dan naar huis gaan en wachtte ongeduldig op de laatste bel. Toen ik die hoorde holde ik door het hek naar buiten en liep zo snel ik kon naar huis.

Ik riep haar terwijl ik naar binnen liep en ze kwam naar me

toe met een liefdevolle glimlach en open armen om me te omhelzen.

Met haar kaarsrechte houding en op haar gebruikelijke hoge hakken, had ik altijd gedacht dat ze lang was, maar toen ik haar omhelsde, was ik me plotseling ervan bewust hoe klein en frêle ze was. In mijn platte veterschoenen stak mijn hoofd zelfs boven haar schouders uit.

Toen ik een paar minuten later aan de keukentafel zat terwijl zij thee inschonk, bestudeerde ik haar gezicht door de rookwolk heen die haar altijd scheen te omringen, een asloze sigaret quasi-permanent aan haar lip gekleefd. Als klein kind had ik er gefascineerd naar gekeken, wachtend tot hij zou vallen, maar dat gebeurde nooit.

Haar laatste bezoek was al een paar maanden geleden en ik zag dat er meer fijne rimpeltjes waren verschenen in haar porseleinen huid en dat de nicotine een gele strook had aangebracht op de voorkant van haar nu vaal wordende roodblonde haar. Haar glimlach, nog steeds vol warmte, die ik beschouwde als speciaal voor mij gereserveerd, gleed over haar gezicht terwijl ze de ene vraag na de andere op me afvuurde: over mijn gezondheid, over de school en mijn eventuele plannen als ik van school zou komen.

Ik stelde haar gerust wat mijn gezondheid betrof, en vertelde haar dat ik nu volledig hersteld was, al kon ik nog niet meedoen aan sport en gymnastiek. Ik zei dat ik, ook al hield ik niet van mijn school, altijd hoge cijfers had, en vertrouwde haar mijn ambitie toe – de ambitie om naar de universiteit te gaan, Engels te studeren en onderwijs te geven.

Het daaropvolgende uur ging haar porseleinen theekopje onder het praten voortdurend naar haar mond. Ons gesprek werd slechts onderbroken door het koken van meer water voor het herhaaldelijk vullen van onze kopjes. Terwijl ik naar haar keek terwijl ze dronk, herinnerde ik me dat ze me vaak verteld had dat het enige porselein waarvan een kopje gemaakt hoorde te zijn, eierschaalporselein was; mijn moeder werd woedend als oma haar eigen kopje uit haar tas haalde en dat op tafel zette.

Ik was gefascineerd door het mooie kopje en had er de eerste keer dat ze het ophield tegen het licht vol bewondering naar gestaard, verbaasd dat ik de omtrek van haar vingers erdoorheen kon zien. Ik vroeg me af hoe het mogelijk was dat zo'n teer voorwerp sterk genoeg was om niet te barsten als ze het zo vaak vulde met de bijna zwarte, kokendhete thee waar ze van hield.

Nu mijn oma bij ons was, gedroegen mijn ouders zich alsof er een permanente babysitter was gearriveerd; ze gingen nu vaker samen uit, meestal naar de plaatselijke bioscoop. Ik vertelde haar niet dat mijn ouders me alleen zouden hebben gelaten als zij er niet was geweest, maar net niet vaak genoeg om de aandacht van de buren te trekken. Waar de driftbuien van mijn vader jegens mij mijn moeder nooit angst schenen te bezorgen, deed de mogelijkheid van roddelpraatjes dat beslist wel.

Mijn ouders vertrokken met een reeks instructies voor mij – ik moest mijn huiswerk maken, lief zijn, naar bed gaan als oma dat wilde – gevolgd door een haastige zoen van mama. Een vrolijk 'Tot morgenochtend, schat', kwam uit haar zorgvuldig geschminkte mond, en oma en ik keken elkaar tersluiks aan; ik me afvragend hoe ze het vond dat ik veronachtzaamd werd, zij zich afvragend hoezeer ik me dat aantrok.

Die avonden brachten oma en ik door met kaarten. Nu ik de kinderspelletjes voor gezien hield, legde ik me opgewekt toe op gin rummy en whist. Sommige avonden werden bordspelen, zoals Monopoly, uit hun doos gehaald. De uren vlogen dan voorbij terwijl ik, vastbesloten om te winnen, me concentreerde op het spel. Zij, kennelijk net zo vastbesloten, tuurde met samengeknepen ogen door de rook van haar hachelijk bungelende sigaretten.

Het werd veel te gauw bedtijd, en we dronken nog een laatste warme drank voor ik de trap opging en in bed plofte. Ze gaf me altijd een halfuur de tijd voordat zij naar boven kwam. We omhelsden elkaar en ik snoof de geur van haar gezichtspoeder op, vermengd met haar 'lelietjes-van-dalen'-parfum, dat in de loop der jaren bijna verdrongen werd door de vertrouwde geur van sigaretten.

Slechts één keer gaf ze in mijn aanwezigheid blijk van haar afkeuring van mijn ouders. Ze kleedden zich weer voor hun avondje uit, met de warme uitstraling tussen hen die hen tot een koppel maakte, maar nooit tot een gezin, en noemden de titel van de film van die avond. Het was een film van Norman Wisdom, waarover ik mijn klasgenoten had horen praten en die ik graag wilde zien. Mijn gezicht moet de hoop hebben uitgedrukt die ik voelde, de hoop dat ik voor één keer erbij betrokken zou worden. Mijn oma zag het en probeerde me te helpen.

'O, Ruth,' zei ze tegen mijn moeder, 'dat is een film voor alle leeftijden. Je hoeft niet bang te zijn om mij alleen te laten – morgen is het zaterdag, dus als je wilt kan Antoinette met jullie mee.'

Mijn moeder verstarde even voor ze zich weer in de hand had en luchtig antwoordde: 'O, vanavond niet, ze moet nog huiswerk maken.' Toen richtte ze zich tot mij met een belofte die ik niet meer vertrouwde. 'Een andere keer, schat,' zei ze op een toon die bedoeld was om me te troosten maar dat niet deed. Ze woelde even door mijn haar en was verdwenen, terwijl ik triest achterbleef.

'Dat is niet juist,' hoorde ik oma mompelen. 'Maar kop op, Antoinette.' En ze zette het water op om wat extra thee voor me te zetten.

Ze moest iets tegen mijn ouders hebben gezegd, want de volgende avond bleven ze thuis, en toen het tijd was om naar bed te gaan, kwam mijn moeder me instoppen en niet mijn oma. Ze ging op het voeteneind van het bed zitten, opgaand in haar rol van zorgzame moeder, een rol waarin ze volkomen geloofde.

'Oma vertelde me dat je gisteravond verdrietig was omdat we je niet hebben meegenomen, maar je weet dat we je niet overal mee naartoe kunnen nemen. Ik dacht dat je het leuk zou vinden wat tijd met haar door te brengen. Feitelijk ben jij degene die ze komt opzoeken.'

'Ze komt ons allemaal opzoeken,' mompelde ik.

'O, nee, kindje, mijn broer is haar lieveling, altijd geweest. En zijn vrouw lijkt veel op oma. Nee, schat, als jij er niet was, denk ik niet dat we haar ooit zouden zien. Dus lijkt het me egoïstisch om haar alleen te laten, vind je niet?'

'Ja,' antwoordde ik, want wat kon ik anders zeggen?

Ze glimlachte naar me, blij dat ik het begreep. 'Dus we horen niets meer van dat soort onzin, hè, liever?' Ze keek naar me en zocht de geruststelling waarvan ze wist dat die zou komen.

'Nee,' fluisterde ik ten slotte, en met een vluchtige zoen, die nauwelijks mijn wang bereikte, ging ze weg en liet me in het donker achter om in slaap te vallen met de gedachte dat ik zo egoïstisch was geweest ten opzichte van de oma van wie ik zoveel hield.

De volgende keer dat ze uitgingen, vertelde ik mijn oma dat ik alleen die ene film had willen zien en dat mijn moeder in de schoolvakantie met me naar een film van Norman Wisdom zou gaan. Ik was blij dat ze weg waren, want ik vond het heerlijk om met haar samen te zijn, verzekerde ik haar. Dat was waar, maar toch vond ik het triest om te worden buitengesloten. Ik wist dat het weer een bewijs was hoe weinig ze van me hielden. Ik geloof dat mijn oma dat ook vond, maar ze scheen me op mijn woord te geloven, en later speelden we opgewekt gin rummy. Een spel dat ik won, wat suggereerde dat ze zich minder concentreerde dan ze had moeten doen.

Die avond maakte ze een kop chocolademelk voor me en gaf me een extra biscuitje. De volgende dag stond ze te wachten bij het hek van de school. Ze vertelde me dat ze besloten had met me te gaan theedrinken en tegen mijn moeder had gezegd dat ik later mijn huiswerk zou maken.

Trots pakte ik haar arm vast. Ze droeg haar mooiste blauwe tweedjas, met een klein blauw hoedje dat zwierig op haar hoofd stond. Ik wilde dat de andere kinderen konden zien dat ik familie had, iemand die niet alleen om me gaf maar ook nog mooi was.

De volgende dag werd ik beloond toen mijn klasgenoten opmerkten dat mijn moeder er zo goed uitzag. Ik genoot van hun verbazing toen ik hun vertelde dat de knappe roodharige vrouw met wie ze me hadden gezien mijn grootmoeder was.

De twee weken met haar gingen snel voorbij en al te gauw werd het tijd voor haar vertrek. Toen ze mijn treurige gezicht zag op de dag van haar afscheid, beloofde ze dat ze binnen niet al te lange tijd terug zou komen; feitelijk had ze al besloten ons nog vóór mijn zomervakantie weer te komen bezoeken. Dat leek te ver weg, want de paasvakantie naderde en zelfs het bevrijd zijn van de school die ik haatte, kon de drie weken niet goedmaken waarin ik wist dat ik weer in de macht van mijn vader zou zijn. Weken waarin ik wist dat hij weer in de nachtdienst zou gaan en ik weinig kans zou hebben om aan hem te ontsnappen.

# 17

De laatste dag voor de vakantie werd ik omgeven door het opgewonden gebabbel van mijn klasgenoten. Er werden plannen
gesmeed om elkaar te ontmoeten en er werd gediscussieerd
over de pret die ze zouden hebben in drie vrije weken. Voor
één keer was ik blij dat ik erbuiten viel, want wat had ik moeten zeggen?

Toen ze wegging had mijn oma me een paar bankbiljetten in
de hand gestopt met de opdracht iets voor mezelf te kopen. En
om zeker te weten dat ik het deed, zei ze dat ik haar moest
schrijven wat ik gekocht had. Ik had al besloten dat ik een fiets
wilde, en ik wist dat er een te koop was. Ik had een kaart gezien op het mededelingenbord in de dorpswinkel, waarop een
damesfiets stond aangeboden voor twee pond en tien shilling.
Nu ik het geld had, wilde ik hem kopen. In gedachten zag ik
me na de vakantie met de fiets naar school gaan en hem daar
naast de andere fietsen parkeren.

Een snel telefoontje zei me dat hij nog niet verkocht was,
dus op de eerste dag van mijn vakantie liep ik naar het opgegeven adres. De transactie nam maar een paar minuten in beslag en toen reed ik triomfantelijk weg. Het voorwiel wiebelde
gevaarlijk door mijn onervaren druk op de pedalen, maar binnen een uur had ik de problemen van de drie versnellingen en

mijn evenwicht overwonnen. Verrukt over het nieuwe gevoel van vrijheid dat het me gaf, besloot ik een fietstochtje te maken naar het volgende dorp, Guildford, en de geplaveide straten te verkennen die ik had gezien toen mijn moeder en ik er met de bus waren geweest.

Ik had nog geld over, dus zou ik niet alleen de tweedehandsboekwinkels met een bezoek kunnen vereren, maar ook mijn moeders favoriete bakkerij. Het water liep me al in de mond bij de gedachte aan de geur van versgebakken brood. Ik besloot een van de knapperige broden te kopen waar mijn moeder zo van hield en mee naar huis te nemen voor de thee.

In gedachten had ik mijn hele vakantie gepland. Ik zou lange wandelingen maken met Judy, naar de bibliotheek gaan, waar ik urenlang kon grasduinen, en op de fiets het landschap verkennen. Als het me lukte het werk in huis klaar te hebben voordat hij wakker werd, zou ik kunnen ontsnappen.

Elke avond tijdens het eten vertelde ik mijn moeder over mijn plannen voor de volgende dag en voelde ik de spanning van mijn vader. Maar als ik beloofde uit Guildford terug te komen met het brood dat ze zo lekker vond, kon hij me niet verbieden om te gaan. Dat dacht ik tenminste.

Aan het eind van de eerste week van mijn vakantie werd ik avontuurlijker. Ik bleef tot vroeg in de middag in Guildford. Ik kwam opgewekt terug met het voornemen om Judy uit te laten en daarna thee te zetten voor mijn moeder. Mijn blijdschap verdween echter als sneeuw voor de zon toen ik, zodra ik binnenkwam, de woedend bulderende stem van mijn vader hoorde.

'Antoinette, maak dat je bovenkomt.'

Rillend van angst deed ik wat hij zei.

'Waar ben je geweest?' schreeuwde hij. Zijn gezicht was rood en vertrokken van woede. 'Ik heb een uur zitten wachten op mijn thee. Je draagt je steentje bij hier in huis, hoor je me,

174

Antoinette? Je bent een lui varken. Ga nu naar beneden en zet thee voor me!'

Ik holde de trap af, zette met bevende handen het water op en keek op de klok. Het was over vieren, mijn moeder zou over een uur thuiskomen. Het was te laat voor hem om me die avond nog te kunnen molesteren, maar ik wist dat het slechts uitstel was.

Zodra het water kookte, zette ik haastig thee, legde een biscuitje op het schoteltje en bracht het blad naar boven. Toen ik de kamer uitliep, hoorde ik zijn dreigende stem.

'Waar denk je naartoe te gaan? Ik ben nog niet klaar met je.'

Mijn benen werden slap terwijl de gedachten rondtolden in mijn hoofd. Hij zou toch niet doen wat ik dacht, nu mijn moeder zo gauw thuis zou komen?

'Geef me mijn sigaretten, ga dan die trap af en zet thee voor je moeder. En denk maar niet dat je de hele avond op je gat kunt blijven zitten.'

Hij keek me woedend aan en ik werd doodsbang; ik wist dat hij zijn drift nauwelijks kon beheersen.

Die avond nam hij mijn fiets. Hij zei dat hij op die manier sneller op zijn werk kon zijn, keek ons met een stralende glimlach aan en reed weg op mijn geliefde bezit. Mijn moeder zei niets.

De volgende ochtend stond mijn fiets weer in de achtertuin met een lekke voorband, en werd ik voor het eerst ongesteld.

Opgesloten in huis, zonder vervoer en met buikkrampen, kon ik niet ontsnappen, en hij liet zijn woede omdat zijn pleziertje hem ontzegd werd de vrije loop. Eerst liet hij me het huis schoonmaken en toen de trap op en af rennen met talloze koppen thee. Ik lag nog niet of hij riep me weer. Hij scheen heel weinig slaap nodig te hebben of, als hij dat wél had, dan was zijn verlangen om mij te kwellen groter. Dat was de tweede week van mijn vakantie.

De laatste week van de vakantie kwam mijn oma terug, en met haar veranderde mijn leven weer, want ze was met een bepaald doel gekomen.

Ik was niet gelukkig op school, vertelde ze mijn ouders. Ze dacht niet dat ik het daar nog zes jaar zou uithouden en was bang dat ik er de brui aan zou geven voor ik naar de universiteit kon. Ze wist dat mijn vader niet van Engeland hield, dus wilde ze hen helpen weer naar Ierland te verhuizen. De particuliere scholen daar waren goedkoper en ze wilde mijn schoolgeld betalen, zodat ik terug kon naar mijn oude school. Ze zou zelfs voor een nieuw uniform betalen. Ze had gemerkt dat ik geen vriendinnen had die ik zou achterlaten, en in ieder geval had ik in Ierland de uitgebreide familie van mijn vader.

Mijn vader wilde graag terug. Hij miste zijn familie, die hem bewonderde en door wier ogen hij zichzelf als succesvol zag, terwijl hij wist dat de familie van mijn moeder hem beschouwde als een ongeschoolde 'Paddy'.

Mijn moeder stemde toe, als altijd in de hoop dat het gras aan het eind van een reis groener zou zijn. Het kleine huis werd te koop gezet en was snel verkocht, de theekisten werden weer tevoorschijn gehaald en aan het begin van de zomervakantie maakten we onze laatste reis als gezin.

Ook ik hoopte dat dit een nieuw begin zou zijn. Ik miste Ierland, en mijn grootmoeder kwam zó zelden op bezoek dat haar liefde geen compensatie kon vormen voor mijn leven in Engeland. Dus verlieten we Engeland alle drie met verschillende verwachtingen, en reisden terug naar Coleraine.

Weer werden we door mijn Ierse familie enthousiast ontvangen. Mijn Ierse grootmoeder stond op straat te wachten terwijl tranen van vreugde over haar wangen rolden. Mijn moeder, die een hekel had aan elk openlijk vertoon van emotie, gaf haar een stugge omhelzing terwijl ik er verlegen bij stond. Ik wist nu dat hun huizen beschouwd werden als 'de achterbuurt' en hun levenswijze totaal anders was dan waaraan mijn moeder gewend was, maar voor mij maakten hun warmte en hartelijkheid het gebrek aan geld meer dan goed.

Gezien door oudere ogen was de zitkamer claustrofobisch klein en oververhit. En de kleine tafel, die bedekt was met schoon krantenpapier, schreeuwde het woord 'armoede' uit. Toen ik naar de buiten-wc ging, zag ik met ontroering dat er een rol toiletpapier hing, want ik wist dat hij daar was opgehangen voor mijn moeder en mij. Krantenpagina's die in vierkantjes waren geknipt hingen aan een spijker voor de minder gevoelige zielen.

Mijn Ierse familie moet me hebben gezien als een jongere versie van mijn moeder. Ik sprak zoals zij, ik had dezelfde houding als zij, en de manieren van de Engelse middenklasse waren me van jongs af aan bijgebracht. Nu ik niet langer een klein kind was, moeten ze hebben uitgezien naar overeenkomsten tussen mijn vader en mij, maar die niet hebben gevonden. Ze zagen de dochter van een vrouw die ze tolereerden ter wille van mijn vader, maar nooit als familie beschouwden. Net als zij was ik een bezoekster in hun huis; ze hielden van me om mijn vader, maar niet om mijzelf. Ik denk dat het hun uiteindelijke beslissing ten opzichte van mij twee jaar later zo gemakkelijk maakte.

Dit was Noord-Ierland tegen het eind van de jaren vijftig. Dit was Ulster, waar de kleine, grauwe dorpen hun trottoirranden rood, wit en blauw verfden en waar trotse vaandels voor de ramen hingen.

In het dorp van mijn familie droeg de mannelijke bevolking zwarte pakken en hoeden om te marcheren op 'Orange Day'. Als brave protestanten stonden de inwoners van Coleraine op bij het horen van het Ierse volkslied, maar ze hadden een hekel aan de Engelsen – 'hun verwijfde heersers aan de overkant van het water'. Noord-Ierland werd beheerst door vooroordelen, en het volk was slecht op de hoogte van zijn eigen geschiedenis. Ook al stamde hun afkeer van de Engelsen uit horrorverhalen over de aardappelhongersnood in de negentiende eeuw, toch zouden hun geschiedenisleraren hun hebben behoren te vertellen dat velen onder hen katholieke voorouders hadden die 'de soep hadden gedronken' om te overleven. Het was de beloning van magere bouillon voor het verwisselen van religie, die zo velen van hen had gemaakt tot wat zij nu waren. Maar als één man haatten ze de katholieken nog meer dan de Engelsen. De katholieken, die zoveel hadden verloren onder de Britse overheersing en nog steeds werden beschouwd als tweederangsburgers, konden nog steeds trots zijn op hun geschiedenis. Terwijl families die, zoals wij, hun geschiedenis konden terugvoeren tot de leiders die vroeger Ierland regeerden en het verdedigden tegen invasies, dat niet langer waren omdat ze hun voorvaderen hadden afgezworen. In de jaren waarin ik daar opgroeide van kind tot jonge volwassene, leerde ik dat godsdienst heel weinig met christendom te maken heeft.

Het was echter ook een land waarin de mensen in kleine gemeenschappen voor elkaar zorgden. In de jeugdjaren van mijn vader werd in moeilijke tijden voedsel gedeeld met degenen die niet te eten hadden. Maar het land dat jaren van ontberingen had gekend, was ook een land, zoals ik zou ontdekken, waar een hele gemeenschap eensgezind een standpunt kon innemen en naastenliefde kon worden vervangen door een onwrikbaar gebrek aan vergevensgezindheid. Op mijn twaalfde zag ik dat allemaal niet; ik zag alleen de plek waar ik me altijd het gelukkigst had gevoeld.

Al wist ik dat mijn familie me niet langer op precies dezelfde manier bekeek als drie jaar geleden, hield ik nog steeds van hen. Ik was verrukt toen me verteld werd dat Judy en ik bij mijn grootouders zouden intrekken tot mijn ouders een eigen huis hadden gevonden, terwijl mijn ouders zouden gaan inwonen bij mijn tante in het kustplaatsje Portstewart. Hun huizen waren te klein om ons allemaal te kunnen onderbrengen. Dus toen ik eenmaal was ingeschreven op mijn oude school, vertrokken mijn ouders, en probeerde ik in harmonie te leven met de povere straten van de achterbuurt van Coleraine.

De kinderen waren er vriendelijk; ze schenen eerder gefascineerd te zijn door de verschillen met mij dan agressief. Misschien kwam dat omdat ze ervan droomden hun thuis op een dag te verlaten en op zoek te gaan naar die onvindbare pot met goud in Engeland. Jong als ze waren, zagen ze dat als een land vol mogelijkheden, en ze vuurden de ene vraag na de andere op me af. Waren de lonen daar zo hoog als iedereen beweerde? Was er zoveel werk? Zodra ze van school kwamen, zouden ze met de veerboot naar Liverpool gaan, of avontuurlijker nog, doorreizen naar Londen.

Met aan de ene kant de kinderen die me met een ruwe hartelijkheid accepteerden, en aan de andere kant mijn talrijke familieleden die hun uiterste best deden me welkom te heten, bracht ik daar een aantal onbezorgde weken door. Ik kon van het ontbijt tot ik naar bed ging buiten spelen, met Judy in het park wandelen, of cricketen, waarin ik me ontwikkelde tot een goede bowler. Ik kneep mijn ogen samen, concentreerde me op die kleine witte bal en mikte op de wickets die op de muren van de huizen waren getekend. Ik behaalde twee successen: punten scoren en tegenstanders uitgooien, en, belangrijker voor de volwassenen, ik miste nooit een muur en raakte een raam. Ik krijste van enthousiasme bij elke hit, terwijl mijn team me op mijn rug bonkte en me vertelde dat ik goed speelde 'voor een meisje'.

Ja, dat was een gelukkige zomer, waarin Judy vergat dat ze een rashond was en een straathond werd, dravend en spelend met de talrijke bastaarden uit de omringende straten, en ik nooit een standje kreeg omdat ik 's avonds vuil aan tafel kwam. Tegelijkertijd verheugde ik me op mijn terugkeer naar school. Ik vroeg me af of ze zich mij nog zouden herinneren. Zouden dezelfde meisjes er nog zijn? Het antwoord op beide vragen was ja.

Ik was er onmiddellijk weer thuis, voelde dat ik op deze school hoorde. Ik was dan misschien niet het populairste meisje in de klas, maar ik werd geaccepteerd.

Vlak voor mijn dertiende verjaardag, een week nadat het herfstsemester was begonnen, kwamen mijn ouders me halen. Ze hadden een prefabhuis gehuurd in Portstewart als tijdelijk onderkomen, terwijl ze naar een koophuis zochten.

# 18

Hoewel de docenten weinig contact met me hadden – zonder te weten waarom, voelden ze dat ik anders was dan mijn leeftijdgenoten – respecteerden ze me omdat ik bij de tussenexamens voor bijna elk vak de beste cijfers haalde. Mijn ambitie was een universitaire studie. Kennis, dacht ik, zou me vrijheid geven, en zonder mijn redenen te kennen, waren ze zich bewust van mijn ambitie.

Sinds mijn ziekenhuisopname werd ik nog steeds beschouwd als te zwak om mee te doen met de gymnastieklessen, zodat ik die uren kon gebruiken voor extra studie. Dat deed ik in de vertrouwde schoolbibliotheek, waarin zich een uitgebreide reeks naslagwerken bevond. Het behalen van hoge cijfers was heel belangrijk voor me; het was het enige gebied in mijn leven dat ik beheerste, waarop ik trots was.

Dr. Johnston, onze directrice, kwam regelmatig op bezoek in onze leslokalen, en was altijd een bron van inspiratie. Ze hield ervan de geest van de leerlingen op diverse manieren open te stellen. Ze moedigde ons aan om te lezen over politiek en geschiedenis, te luisteren naar muziek, en boeken te kiezen uit de bibliotheek van auteurs die zij aanbeval. Ze hielp ons onze eigen mening te vormen en niet bang te zijn daaraan uiting te geven.

Aan het begin van het semester, dat, zonder dat ik het toen wist, mijn laatste op school zou zijn, kondigde ze een wedstrijd aan. Twee lijsten met onderwerpen waren op het mededelingenbord geprikt dat in de grote hal hing. Een ervan was bestemd voor de kinderen die jonger waren dan veertien, de andere voor de oudere leerlingen. We kregen opdracht de lijsten goed te bestuderen, een onderwerp te kiezen dat ons interesseerde en tijdens het semester research te doen en er een essay over te schrijven. Dat moesten we mondeling presenteren voor een panel docenten en de andere mededingers. De prijs was een boekenbon, die ik dolgraag wilde hebben.

Tijdens de pauze, toen ik naar het prikbord liep, las ik minachtend de lijst voor de junioren. Ik had al enkele jaren geen kinderboek meer gelezen en alle vermelde onderwerpen kwamen me belachelijk kinderachtig voor. Toen sprong een van de onderwerpen van de seniorenlijst eruit: 'Apartheid in Zuid-Afrika', een deel van een continent dat me gefascineerd had sinds ik de artikelen erover in encyclopedieën gelezen had.

Ik ging naar de meer toegankelijke plaatsvervangend directrice en vroeg of ik een onderwerp uit de seniorenlijst mocht kiezen. Geduldig legde ze uit dat als ik zo'n onderwerp koos, ik zou moeten concurreren met meisjes die soms wel vijf jaar ouder waren dan ik. Toen ze zag dat ik vastbesloten was, begon ze een beetje ongeduldig te worden en vertelde me dat er geen rekening zou worden gehouden met mijn leeftijd. Maar ik hield voet bij stuk, ik wist wat ik wilde.

Ze haalde dr. Johnston erbij en vertelde haar, met een ietwat neerbuigend lachje, over mijn verzoek. Verrassend genoeg bleek dr. Johnston het met haar eens te zijn en zei dat als ik bereid was in mijn vrije tijd research te doen over een onderwerp dat nog niet behandeld was op school, ik haar toestemming had.

Ik was blij met mijn overwinning, blij dat ik één keer mijn

zin had doorgedreven. Maar wat ik niet besefte, was dat ik de plaatsvervangend directrice tot vijand had gemaakt en het komende jaar daaronder te lijden zou hebben.

Toen ik met mijn research begon, nam mijn passie voor het onderwerp toe. Ik las hoe werkkrachten voor de mijnen werden gerekruteerd toen er goud en diamanten waren ontdekt, en baseerde daarop het begin van mijn essay. Ik schreef dat, toen de blanken goud ontdekten, ze ook tot de conclusie kwamen dat er tonnen aarde moesten worden uitgegraven voor enkele grammen van het edele metaal. En om met succes goud te kunnen winnen, waren er massa's goedkope arbeidskrachten nodig, en dat betekende zwarte arbeiders. Maar wat, vroegen ze zich af, zou de dorpelingen motiveren om lange, slopende uren onder de grond te werken, als ze nooit de waarde hadden gekend van het goud dat in de grond verborgen was? Ze hadden eeuwenlang een ruilsysteem gehanteerd, en geld was voor hen niet belangrijk. De regering vaardigde daarop een nieuwe wet uit, die inhield dat de dorpen belasting moesten betalen. Nu het land niet langer eigendom was van de oorspronkelijke bewoners, was dat ook het goud niet, met als gevolg dat ze niet in staat waren hun belasting te betalen. De enige keus die overbleef, was de jonge mannen in drommen naar de mijnen te sturen. Vrouwen werden huilend gescheiden van hun echtgenoten, kinderen van hun vaders. Eerst werden ze in vrachtwagens geladen, die hen naar de treinen brachten, om vaak honderden kilometers af te leggen naar een onzekere toekomst.

Hoe voelden ze zich, die jongemannen? Ze konden niet langer de vreugde beleven van het zien opgroeien van hun kinderen, de warmte voelen van de lach van hun vrouw, luisteren naar de verhalen die de ouderen vertelden, verhalen die door de jaren heen van de ene generatie op de andere werden doorgegeven en de cultuur in stand hielden door de jongeren op de hoogte te brengen van hun geschiedenis.

Ook konden ze aan het eind van de dag niet tevreden en bewonderend kijken naar de prachtige Afrikaanse lucht, wachtend terwijl de zon langzaam onderging en een lucht achterliet die doorweven was met lichtroze schakeringen, onderbroken door flitsen van felrood en oranje.

En evenmin konden ze de geuren ruiken van het voedsel dat door de vrouwen werd bereid in zwarte potten die boven open vuren hingen. De veiligheid en de kameraadschap van hun dorp waren voor hen verloren. In plaats daarvan brachten ze lange uren door in het donker met uitputtend en vaak gevaarlijk werk, hoorden ze het onbekende geluid van vele vreemde talen, tot ze terugkeerden naar hun sombere, geestdodende slaapzalen. De tijd van opstaan werd nu bepaald door de overheersers, niet door het langzaam tot leven komen van hun dorp als de zon opging.

Hier leerden ze al heel snel dat de trots die ze hadden gevoeld toen ze de dag vierden waarop ze de volwassenheid hadden bereikt, hen werd afgenomen. Ze werden voorgoed 'boy' voor de blanken.

Toen ik er meer over las, werd ik een fervent tegenstander van de apartheid, het onrechtvaardige systeem dat uitsluitend was gecreëerd ten bate van het blanke ras. Eerst hadden ze het land van de zwarten opgeëist, toen overheersten ze de oorspronkelijke bewoners, beperkten ze in alle opzichten hun vrijheid, van hun bewegingsvrijheid tot het recht op onderwijs. Die gedachten en opvattingen werden de basis van mijn essay toen ik dertien was.

Waarom was ik zo gefascineerd door een land waarover ik tot dusver maar heel weinig had geweten? Als ik erop terugkijk, besef ik dat ik me identificeerde met de slachtoffers, zoals ik hen beschouwde, en me verzette tegen de overheersing van de Europeanen. Ik herkende de arrogantie van mannen die geloofden dat ze alleen al door hun bestaan behoorden tot een superieur ras. Ik had al geleerd dat volwassenen ook vonden dat ze superieur waren ten opzichte van kinderen. Die overheersten ze ook, ze beperkten hun vrijheid en eisten gehoorzaamheid.

De zwarte Afrikanen waren net als ik voor hun voedsel en het dak boven hun hoofd afhankelijk van mensen die, omdat ze in een machtspositie verkeerden, daar misbruik van maakten. In mijn geval, en in veel van hun gevallen, werd wreedheid gebruikt om ons hulpeloos te doen voelen, en onze hulpeloosheid maakte dat zij zich weer superieur voelden.

Ik haalde me de mensen voor de geest die oorspronkelijk de bezitters van het land waren geweest, en nu een pasje moesten aanvragen om hun familie te kunnen bezoeken en altijd een onderdanige houding moesten aannemen tegenover hun blanke meesters. Meesters die ze in veel gevallen net zo verachtten als ik die van mij. Ik kon me de wanhoop en de vernedering voorstellen die ze moesten hebben gevoeld, en identificeerde me daarmee. Maar ik wist dat ík op een goede dag het huis uit zou gaan. Als volwassene zou er hoop zijn voor mij, maar voor hen, vermoedde ik, bestond er geen enkele hoop.

Aan het eind van het semester brak de dag aan waarop mijn essay zou worden beoordeeld. Ik liep de aula in, waar de juryleden in hun zwarte toga's aan de linkerkant zaten. De leerlingen van de vijfde zaten tegenover me, en die van de zesde, in hun keurige groene rokken en in nylons gestoken benen, rechts van me.

Me bewust van mijn gekreukte overgooier en kniekousen, beklom ik de twee treden naar het podium, het essay, waarvoor ik het hele semester research had gedaan, tegen me aangeklemd. Ik was de laatste kandidaat die dag, omdat ik de jongste was.

Zenuwachtig sloeg ik de pagina's open en voelde mijn stem beven toen ik begon te lezen. Toen de passie die ik voelde voor mijn onderwerp me kalmeerde, voelde ik de sfeer in de klas veranderen van ongeduld en geamuseerde onverschilligheid in belangstelling. Uit mijn ooghoek zag ik dat de juryleden zich naar voren bogen om beter te horen. Toen ik mijn laatste zin had uitgesproken, voelde ik het applaus losbarsten nog voor ik het daadwerkelijk hoorde. Ik wist dat ik gewonnen had voordat dr. Johnston het aankondigde.

Met een brede glimlach bleef ik triomfantelijk staan. De kille blik in de zwarte ogen van de plaatsvervangende directrice kon op dat moment niets afdoen aan mijn blijdschap en mijn trots.

De directrice feliciteerde me hartelijk toen ze me de boekenbon overhandigde, en er klonk weer een applaus toen ik van het podium stapte. Ik had nog nooit zoveel waardering gekend.

Die middag ging ik met de bus naar huis, en met een warm gevoel na mijn succes liep ik het lege huis in, dat meteen al koud aanvoelde. Ik aaide een paar minuten over Judy's trouwe kop terwijl ik haar vertelde over mijn dag, en deed toen de deur open, zodat ze in de kleine tuin kon spelen.

Mijn vader, die, dat wist ik, die dag niet werkte, was niet thuis. Hij zou, zoals hij altijd deed op zijn vrije dag, mijn moeder gaan afhalen en ze zouden samen thuiskomen. Ik volgde de gang van zaken, trok mijn uniform uit, hing mijn overgooier voorzichtig op en trok een oude rok en dikke trui aan. Daarna schepte ik de as van de vorige dag uit de kachel en legde een nieuw vuur aan. Toen dat brandde, ging ik naar de kleine, donkere keuken, waar ik de afwas deed van de vorige avond. Ten slotte zette ik een theeblad klaar, zodat de thee op mijn ouders zou wachten als ze thuiskwamen.

Toen die karweitjes gedaan waren, liet ik Judy weer binnen, zodat ze aan mijn voeten kon liggen terwijl ik aan mijn huiswerk begon. Die middag was ik bijna te opgewonden om te kunnen werken. Ik wilde mijn moeder vertellen over mijn prestatie, wilde dat ze me trots zou omhelzen, wat ze al heel lang niet meer gedaan had.

Ik hoorde de auto van mijn vader en schonk snel het water dat zachtjes stond te koken op de theeblaadjes in de pot. Toen ze binnenkwamen begon ik hun mijn nieuws te vertellen.

'Mama,' zei ik, 'ik heb de prijs gewonnen! Mijn essay was het beste van de hele school.'

'Dat is mooi, lieverd,' was haar enige antwoord, terwijl ze ging zitten om haar thee te drinken.

'Wat voor prijs was dat?' vroeg mijn vader.

'Voor mijn essay over de apartheid in Zuid-Afrika.' Ik begon bijna te stotteren en voelde mijn opgetogenheid verdwijnen toen ik zijn spottende blik zag.

'En waaruit bestond die prijs?' vroeg hij.

Nog terwijl ik antwoordde: 'Een boekenbon', wist ik met een wee gevoel wat er ging komen.

'Goed, geef maar aan je moeder,' beval hij. 'Die kan gebruikt worden voor je schoolboeken. Een grote meid als jij hoort haar steentje daartoe bij te dragen.'

Ik keek hem aan en probeerde de minachting te verbergen die ik voor hem voelde, want ik zag niet alleen mijn vader, maar ook wat hij vertegenwoordigde: het grove machtsmisbruik. Toen ik naar mijn moeder keek, die door haar zwijgen haar instemming betuigde, zag ik dat ze toegaf aan zijn tirannie. Ik keek naar zijn zelfingenomen, voldane gezicht en voelde zó'n golf van haat dat ik moeite had om rechtop te blijven staan. Ik bad in stilte tot een God in wie ik niet langer geloofde, om een eind te maken aan zijn leven.

Voor mijn ogen flitste een beeld van een overleden vader, en van mijn moeder en mij die samen gelukkig waren, want ik geloofde nog steeds dat het gedrag van mijn moeder door hem bepaald werd. Terwijl ik de moeder gadesloeg die ik adoreerde, dacht ik dat ze beter af zou zijn zonder hem. Ik zag hoe ze hem in de watten legde, en toen werd ik me bewust van die intieme, liefdevolle glimlach op haar gezicht, een glimlach die ze alleen voor hem bewaarde, een glimlach die mij nooit ten deel viel.

Dat was het moment waarop ik me eindelijk realiseerde dat de reden waarom mijn moeder bij hem bleef haar eigen wens was. Plotseling wist ik dat ze alles zou opofferen om bij de man te blijven met wie ze getrouwd was, hem te behagen en gelukkig te maken.

Na jarenlang mijn vader de schuld te hebben gegeven en zonder ooit kritiek uit te oefenen op mijn moeder, zag ik haar die avond als zwak. Ze kwam over als een vrouw die niet alleen de kans gemist had op een normaal gelukkig leven, maar als iemand die de weg was kwijtgeraakt door haar liefde voor mijn vader. Toen wist ik dat ik niet zo zwak was als mijn moeder. Dat had ik bewezen met mijn prestatie die dag. Alleen door de plaatsvervangende directrice het hoofd te bieden was ik in staat geweest om te winnen. Ik zwoer bij mezelf dat niemand ooit de baas zou zijn over mijn emoties. Ik zou mijn liefde bewaren voor de kinderen die ik verwachtte te zullen krijgen en voor mijn dieren. Ik zou mezelf nooit toestaan me daardoor te laten verzwakken, niemand ooit toestaan zo dicht bij me te komen. Het was een besluit dat jarenlang een schaduw over mijn leven zou werpen.

# 19

De slaapverwekkende routine van het verpleeghuis leek de dagen ineen te doen vloeien, en de eerste tien dagen gingen voorbij zonder dat het goed tot me doordrong.

De slaap liet me snel in de steek als de ongemakkelijke stoel me eraan herinnerde waar ik was. Als ik bij bewustzijn kwam voordat mijn ogen met tegenzin opengingen, luisterde ik naar de ademhaling van mijn moeder en vroeg me af of ze tijdens haar slaap eindelijk haar hardnekkige greep op het leven had losgelaten. Half hopend, half vrezend, dwong ik mezelf te kijken, om te constateren dat haar blik strak op me gericht was, en dat ze wachtte tot ik wakker zou worden.

Mijn hulp was nodig om haar naar de badkamer te helpen. Met een arm om haar schouder en een onder haar arm legden we schuifelend de twee meter lange afstand af. Daarna volgde de pijnlijk langzame terugkeer naar haar stoel, waar ze, als ze eenmaal zat, met een zucht achteroverleunde, uitgeput voordat de dag was begonnen.

Om me heen hoorde ik het gemompel van stemmen, de kalme tred van schoenen met rubberzolen, het kraken van een opengaande deur en een radio waaruit muziek klonk toen het verpleeghuis weer tot leven kwam.

We wachtten, mijn moeder in haar stoel, ik op de rand van

het bed, op het geluid van het wagentje. Het was het komen en gaan van die zielloze voorwerpen, voortgeduwd door glimlachende verpleegsters of vriendelijke vrijwilligsters, dat het wegtikken van de uren markeerde.

Vier paar ogen gingen open en richtten zich op de deuropening toen het gerammel van het eerste wagentje hoorbaar werd. Dat bracht de medicijnen rond, om de pijn te verdrijven die door het bewustzijn uit zijn sluimer was gewekt.

De tweede was het dankbaar ontvangen theewagentje. Met mijn handen om het kopje dronk ik het dampende vocht, terwijl ik wachtte op het derde wagentje, dat mij een kort respijt zou verlenen en de patiënten het ontbijt bracht.

Als dat wagentje kwam, kon ik ontsnappen. Eerst naar een doucheruimte, waar ik, staande onder de krachtige straal, mijn spanning voelde afnemen. Vervolgens naar de lounge, waar ik, gewapend met een mok sterke koffie, in alle rust en vrede de krant las. Hier hingen geen borden met 'Verboden te roken', omdat voor deze patiënten sigaretten geen probleem meer vormden.

Er werd geen commentaar geleverd als een geelgetinte patiënt zijn zuurstofmasker afnam en lucht verving door nicotine, terwijl hij met bevende vingers een sigaret tussen zijn bloedeloze lippen hield en diep inhaleerde. Ik haalde een pakje uit mijn zak en stak met een zucht van genot een sigaret op. De gedachte dat ik me misschien op de juiste plek bevond om van mijn verslaving af te komen verdween prompt als mijn verlangen werd gestild.

Het gerammel van het terugkomende wagentje verstoorde mijn eenzaamheid. Ik wist dat het beladen zou zijn met borden waarop nog de restanten lagen van de moedige pogingen om te eten als alle eetlust was verdwenen.

Hierna kwamen de gretig verwachte rondes van de artsen. Toen ik terugkwam in de zaal viel het me op dat vier oude da-

mes die weinig tijd meer voor de boeg hadden zichtbaar op-
vrolijkten in aanwezigheid van een knappe jonge man. Alle
hoop om naar huis te gaan was vervlogen: zowel hij als zij wisten dat elke kans op genezing was verkeken toen ze werden
opgenomen. Het enige wat hun nog restte, waren de dagelijkse vragen over pijnbeheersing en de eventueel noodzakelijke
aanpassingen van de medicijnen. Hier werd met vriendelijkheid en medeleven de laatste reis verlicht.

Kleine overwinningen gaven me vluchtige momenten van
triomf, zoals een fonkeling in de ogen van mijn moeder als ik
haar had overgehaald om zich naar de bezoekende kapper te
laten brengen, zich te laten masseren met aromatherapie-oliën
of haar nagels te laten manicuren. Het genot van een uur lang
te worden vertroeteld verdreef tijdelijk de herinnering aan pijn
en het vooruitzicht van wat onvermijdelijk zou volgen.

's Middags kwam het dagelijks bezoek van mijn vader. De
goede noch de slechte vader verscheen, maar een oude man
met een bos bloemen die hij in de haast bij een pompstation
had gekocht, want hij was bedrevener in het vullen van de ben-
zinetank dan in bloemschikken. Een oude man die met zowel
tederheid als hulpeloosheid staarde naar de enige mens van
wie hij naar zijn beste vermogen had gehouden, en die op haar
beurt zoveel had opgeofferd om bij hem te blijven. Zijn tred
vertraagde en zijn gezicht stond bedroefd, terwijl hij staarde
naar zijn vrouw die langzaamaan, dag na dag, afscheid moest
nemen van het leven.

Het medelijden dat ik met hem voelde vermengde zich met
mijn nachtelijke herinneringen, en mijn verleden en heden
botsten.

Op de elfde dag was mijn moeder te zwak om naar de badkamer te schuifelen.

Op de twaalfde kon ze niet meer zelfstandig eten.

Zoals ik al die jaren geleden inwendig had gesmeekt dat een

volwassene de wanhopige behoefte in mijn ogen zou zien, smeekte ik haar nu stilzwijgend mij om vergeving te vragen. Alleen dat, wist ik, zou haar helpen die ragfijne draad die haar nog met het leven verbond door te snijden.

De trage tred van mijn vader versnelde als hij haar bed naderde, een glimlach die zijn gevoelens moest verbergen, verscheen voor haar alleen. De bijna tastbare verbondenheid tussen hen had een kracht die de mijne uitputte. Ik zag de lounge als mijn toevluchtsoord, een boek als mijn gezelschap, terwijl koffie en sigaretten mijn pijnstillers waren.

Eindelijk kwam mijn vader naar me toe. 'Antoinette,' hoorde ik hem zeggen, met een smekende klank in zijn stem waartoe ik hem niet in staat had geacht, 'ze komt nooit meer thuis, hè?'

Ik keek in de door tranen beslagen ramen van een gekwelde ziel, waarin het kwaad slapende was, vervangen door verdriet over zijn eigen naderende verlies.

Vermoeid, want ik zocht noch wenste deze confrontatie, antwoordde ik: 'Nee.'

Ik zag het verdriet in zijn ogen, en medelijden kwam onwillekeurig in me op; mijn gedachten gingen tientallen jaren terug in het verleden, naar de herinnering aan de lachende, knappe, aardige vader die ons van de boot kwam halen. Triest realiseerde ik me hoeveel ik toen van hem hield, hoe hij me optilde en door de lucht zwaaide, en mijn moeder zoende. Alsof dat vluchtige moment verankerd was in de tijd, zag ik weer hoe mijn moeder straalde van optimisme en hoe haar hoop in de loop der jaren de bodem werd ingeslagen. Droefheid dreigde me te overmannen, terwijl ik me afvroeg hoe twee mensen, die zoveel liefde voor elkaar konden opbrengen, uiteindelijk zo weinig hadden gevoeld voor het kind dat ze samen op de wereld hadden gezet.

'Ik weet,' ging hij verder, 'dat ik verschrikkelijke dingen heb gedaan, maar kunnen we toch vrienden zijn?'

Vele jaren te laat, dacht ik. Eens heb ik naar liefde verlangd. Ernaar gehunkerd. Nu kan ik je die niet meer geven.

Een traan rolde uit zijn oog en gleed ongecontroleerd over zijn wang. Zijn met ouderdomsvlekken bedekte hand raakte de mijne even aan, en een secondelang liet ik me vertederen en zei slechts: 'Ik ben je dochter.'

# 20

Pasen bracht een vroege zomer die een gouden gloed wierp over het landschap en een gevoel van optimisme in ons huis. Een paar weken lang had mijn vader zijn drift in toom weten te houden en leek de joviale man die zijn vrienden en familie altijd in hem zagen een constante aanwezigheid. Mijn moeder, opgebeurd door zijn goede stemming, was vriendelijker en hartelijker tegen mij. Uiteindelijk scheen ik toch iets goed te doen, want het was altijd mijn gedrag dat zijn woede wekte, al legde ze nooit precies uit wát ik verkeerd deed.

Vlak voor de vakantie waren mijn ouders verhuisd naar een eigen huis. Ze hadden eindelijk een klein huis in hun prijsklasse gevonden in een buitenwijk van Coleraine. Mijn moeder had nu een baan die ze prettig vond en mijn vader had eindelijk zijn droomauto gekocht – een tweedehands Jaguar, die hij liefdevol oppoetste voor hij naar zijn familie reed om ermee te pronken. De opwinding die de auto veroorzaakte in de straat van mijn grootouders deed hem stralen van plezier, zoals de bewondering waar hij eeuwig naar hunkerde altijd deed.

De tevredenheid van mijn moeder kwam tot uiting in haar constant neuriën van de Glenn Miller-melodieën die in haar jeugd beroemd waren geworden. Omdat optimisme aanstekelijk werkt, ging ik op zoek naar een baan voor de drie vakantieweken. Ik vond er een in een plaatselijke bakkerij. Ik wilde onafhankelijk zijn en over mijn eigen geld kunnen beschikken.

Ik was apetrots op mezelf toen het loon voor mijn eerste werkweek me werd overhandigd in een bruine envelop, en op mijn vrije dag kocht ik een tweedehands set encyclopedieën en een spijkerbroek. Het was het begin van het tijdperk van de tienermode en ik wilde mijn uniform verwisselen voor kleding uit de jeugdcultuur. Instapschoenen volgden, en daarna een witte blouse.

Toen de paasvakantie voorbij was, wilde de winkel me in dienst houden voor de zaterdagen. Met die belofte wist ik dat ik genoeg zou kunnen sparen voor een fiets. Deze keer besloot ik hem niet aan mijn vader over te laten. Nu hij zijn auto had, waar hij zo trots op was, geloofde ik niet dat ik me daar veel zorgen over hoefde te maken. Mijn ouders leken blij met mijn activiteit, en al was ik voortdurend bang dat me gevraagd zou worden afstand te doen van mijn met hard werken verdiende geld, gebeurde dat nooit. Mijn moeder bewonderde zelfs de kleren die ik had gekocht.

Er hing een gelukkiger sfeer in huis dan in lange tijd het geval was geweest; ik had vriendinnen gekregen op school, en nu ik erover nadenk, lijkt het me dat mijn ouders het belangrijk vonden dat mijn leven op dat van een normale tiener leek. Oppervlakkig gezien was het dat ook. Maar in werkelijkheid was het nog steeds verre van normaal. Ik was van de Ierse whisky gaan houden; een drank die pijn en verdriet verzachtte en een opwekkende uitwerking had. Maar hij veroorzaakte ook een gebrek aan energie. Lethargie, vermomd als de 'stemmingen van een tiener' en 'die vervelende periode van de maand' werden de eufemismen van mijn moeder voor mijn steeds vaker voorkomende depressies. Ze verstoorden mijn blijdschap over het feit dat ik vriendinnen had en over mijn onafhankelijkheid omdat ik werk had, en zetten een domper op mijn dagen en nachten met de steeds terugkerende nachtmerries. Angstaanjagende dromen waarin ik werd achtervolgd, viel, of hulpeloos was, dwongen me wakker te worden, en nat van het zweet bleef ik liggen, verzette me tegen de slaap, bang dat ze terug zouden komen.

De veelvuldige eisen van mijn vader hadden een patroon gevormd in mijn leven: een weerzinwekkende daad, waarvoor ik me probeerde af te sluiten door het drinken van de whisky die daarna altijd kwam. Het amuseerde mijn vader dat ik niets van het eerste wilde weten, maar altijd meer wilde van het tweede. Het was een verzoek dat meestal geweigerd werd, want hij beheerde de fles en deelde de drank een paar keer per week uit en liet mijn verlangen ernaar toenemen. Ik was nog te jong om mijn eigen voorraad te kunnen kopen; daar zouden nog drie jaar overheen gaan.

De zondagen werden bestemd voor 'gezinsuitstapjes'. Mijn vader laadde ons dan in de auto; Judy, nu een hond van middelbare leeftijd, en ik achterin. De buren zagen ons gelukkige gezinnetje wegrijden en de richting inslaan naar het kustplaatsje Portstewart. Mijn verzoek om achter te mogen blijven, dat ik slechts één keer deed aan mijn moeder, had zó'n woede veroorzaakt, dat ik het nooit meer herhaalde.

'Je vader werkt zo hard,' had ze uitgeroepen, 'en op zijn enige vrije dag wil hij iets leuks voor ons doen. Je bent zo ondankbaar. Ik zal je nooit begrijpen, Antoinette.'

En dat was misschien wel de grootste waarheid die ze ooit tegen me zei.

Als we in Portstewart waren, picknickten we met thee, die warm gehouden werd in een thermosfles, en in vetvrij papier verpakte sandwiches. Als we het eten een paar minuten hadden laten verteren, werd er een verkwikkende wandeling ondernomen. Judy, die scheen te denken dat ze nog steeds een puppy was, rende rond, opgewonden blaffend tegen elke zeemeeuw die ze zag, terwijl ik erachteraan holde en mijn ouders langzaam volgden.

Na elk uitstapje kwam mijn moeder steevast met hetzelfde verzoek: 'Heb je papa al bedankt, lieverd?', en ik mompelde een bedankje tegen de glimlachende man die ik zo verafschuwde en vreesde.

In die tijd, voordat elk huis televisie had, was bioscoopbezoek gebruikelijk als familieamusement, en zeker voor ons. Ik hield van films. Telkens als mijn ouders besloten om naar de nieuwste film te gaan, hoopte ik dat ze me zouden uitnodigen, maar dat gebeurde slechts zelden.

Op mijn veertiende mocht ik 's avonds nog steeds niet uit, tenzij ik moest babysitten voor een van onze familieleden. Soms wist ik 's middags weg te glippen naar een matinee, onder het mom dat ik iets moest opzoeken in de bibliotheek. Dan zat ik geboeid te kijken, dolgelukkig met de gestolen tijd.

De paasvakantie liep al ten einde toen mijn moeder me verraste met een uitnodiging.

'Antoinette, papa wil vanavond met ons allebei uit,' waren haar eerste woorden toen ze terugkwam van haar werk, samen met hem. 'Dus schiet op en ga je verkleden.'

Hij was pas een uur geleden uit hun bed gestapt om haar te gaan afhalen, mij in hun kamer achterlatend. Zodra de voordeur achter hem was dichtgevallen, had ik me gewassen, poetsend en boenend over mijn tanden en tong om de whiskylucht te verdrijven, voordat ik het bed opmaakte en thee zette. Toen, weer gekleed in mijn schooluniform, wachtte ik op hun terugkeer. Mijn nieuwe kleren bewaarde ik voor speciale gelegenheden, en omdat ik weinig andere kleren had, droeg ik tijdens het schooljaar thuis mijn uniform. Ik verkleedde me alleen als we uitgingen.

Die middag was hij nonchalant geweest met de hoeveelheid drank die door mijn keel was gevloeid, omdat hij in een goede stemming verkeerde. Hij had gewonnen op de paardenrennen en, zoals ik later zou merken, zijn goede humeur had hem ook in ander opzicht onvoorzichtig gemaakt.

Loom en een beetje misselijk trok ik snel mijn overgooier uit en gooide die op het bed; een bed waar ik het liefst in was gekropen om te slapen. Zelfs het idee van een bezoek aan de bioscoop kon me niet erg lokken.

De film, een van mijn vaders favorieten, was een western, maar ik kon me nauwelijks concentreren op de actie. De hoofdpijn die begonnen was als pijn achter mijn ogen en omlaag was gezakt naar mijn nek, deed me ineenkrimpen zodra er geschoten werd. Ik wilde mijn oren bedekken als de muziek luider werd om een spannende scène te accentueren; elk geluid voelde alsof er messen in mijn hoofd werden gestoken. Ik voelde me opgelucht toen het licht aanging en het volkslied werd gespeeld. Ik wilde alleen maar vluchten in de slaap.

Maar toen we thuiskwamen kreeg ik niet de kans om te gaan slapen, want ik werd naar de keuken gestuurd om thee te zetten voor mijn ouders. Boven het gefluit van de ketel uit hoorde ik een geluid dat me deed verstijven van angst. Het was een gebrul van woede dat uit mijn slaapkamer kwam.

'Antoinette, kom ogenblikkelijk hier!' De woorden daverden, verstikt van woede, uit de mond van mijn vader de trap af. Ik wist niet wat ik nu weer voor verkeerds had gedaan en ging naar boven, nog steeds met bonzend hoofd en een misselijk gevoel onder in mijn maag.

Hij stond aan het voeteneind van mijn bed en wees naar het krenkende object, mijn schooluniform.

'Denk je dat het geld ons op de rug groeit, dat je goeie kleren zomaar op de grond kunt smijten?' schreeuwde hij, en ik zag zijn vuist op me afkomen,

Bijna struikelend in mijn haast bukte ik me, draaide me om

en holde de trap af. Mijn moeder zou me deze keer toch zeker beschermen, hoopte ik, want dit was geen normale uitbarsting. Haat blonk in zijn uitpuilende ogen. Ik wist dat hij zich niet langer in de hand had, hij wilde me pijn doen, zoveel mogelijk pijn. Hij kwam sneller op me af dan ik voor mogelijk hield, maar gleed uit op de onderste tree, wat zijn woede nog deed toenemen. Nog één stap en hij stak zijn arm uit en had me te pakken. Met zijn vuist greep hij mijn schouderlange haar vast. Mijn lichaam verstijfde van de pijn toen hij me in de lucht zwaaide, en ik voelde hoe hij plukken haar uit mijn hoofd rukte. Ik gilde en voelde dat de adem uit mijn lichaam geperst werd toen hij me op mijn rug op de grond smeet. Hij schreeuwde nog steeds, speeksel vormde zich in zijn mondhoeken en drupte op mijn gezicht. Ik zag rode ogen, glazig van woede – ik voelde zijn vingers rond mijn hals en wist dat hij het leven uit me wilde knijpen.

Het gewicht van zijn knie drukte op mijn maag, toen liet één hand mijn hals los en beukte er steeds weer mee op mijn lichaam, terwijl zijn andere hand bleef persen. De vuistslagen regenden neer op mijn borsten en maag terwijl de woorden 'Ik zal je eens een lesje leren' een mantra werden die hij voortdurend herhaalde.

Sterretjes schitterden voor mijn ogen en toen hoorde ik de stem van mijn moeder in een mengeling van angst en woede.

'Paddy, kom van haar af.'

De donkere wolk verdween uit zijn ogen en de druk rond mijn keel verminderde. Versuft en half verstikt nam ik de scène in me op; zag het witte gezicht van mijn moeder, haar ogen donker van woede, terwijl ze een broodmes stevig vasthield. Ze wees ermee naar hem en herhaalde haar bevel, tot zijn ogen focusten op het lemmet. Even hield hij zich doodstil, wat me een paar seconden de tijd gaf om weg te kruipen.

Een ogenblik kwam er hoop bij me op. Nu zou ze toch zeker

doen waarmee ze hem altijd gedreigd had bij hun vele ruzies – hem in de steek laten en mij meenemen? Of beter nog, hem zeggen dat hij moest vertrekken. Maar op hetzelfde moment verdween mijn hoop weer. In plaats van te horen wat ik gehoopt had, hoorde ik woorden waarvoor ik te versuft was om ze te begrijpen.

'Ga weg, Antoinette!' schreeuwde ze.

Ik bleef gehurkt zitten, en dacht dat, als ik me niet bewoog, ik onzichtbaar zou zijn voor hen. Toen ze zag dat ik me niet verroerde, trok ze uit alle macht aan mijn arm, deed de deur open en gooide me naar buiten, de straat op.

'Kom vanavond niet meer terug,' waren haar laatste woorden voordat de deur voor mijn gezicht dichtviel. Rillend van angst en kou stond ik buiten, mijn hele lichaam deed pijn van zijn gebeuk. Shock en angst verlamden me een paar seconden en toen voelde ik een hulpeloze paniek. Waar moest ik naartoe? Ik wist dat ik geen hulp hoefde te zoeken bij iemand van mijn familie. Als ik dat deed, zou ik bij mijn terugkomst nog erger gestraft worden. Hij was de zoon, de broer, de neef, die geen kwaad kon doen, en ik zou worden beschouwd als een leugenaarster, een lastpak, iemand die je niet kon geloven. Ze zouden me gewoon terugbrengen. Dat wist ik zeker in de paar seconden die ik bleef staan tot de angst mijn voeten vleugels verleende en ik wegholde, de duisternis in.

Ik ging naar de flat die Isabel, een van onze docenten, deelde met een vriendin. Tussen hikken en tranen door vertelde ik dat ik een vreselijke ruzie had gehad met mijn ouders omdat ik mijn slaapkamer niet had opgeruimd en dat ik bang was om naar huis te gaan. Ze waren vol medeleven; ze waren pas kortgeleden gediplomeerd en wisten hoe dictatoriaal Ierse vaders konden zijn. Hun pogingen om me gerust te stellen dat het allemaal zou overwaaien en dat mijn ouders zich ongerust zouden maken over me, had slechts een nieuwe stroom van tranen tot gevolg. Ze belden met mijn moeder en vertelden haar waar ik was. Ze was niet kwaad, zeiden ze, alleen maar opgelucht dat ik in veiligheid was, maar omdat het al zo laat was, kreeg ik toestemming daar te blijven. Mijn vader was naar zijn werk, vertelde ze, van streek door mijn gedrag en mijn verdwijning. Hij dacht dat ik naar het huis van mijn grootouders was gegaan en dat alles dus in orde was met me. Ik was op een moeilijke leeftijd en had geen respect voor hem. Ik moest de volgende ochtend meteen naar huis komen, dan zou ze me wel onder handen nemen, en natuurlijk zou ik dan gewoon naar school gaan. Ze verontschuldigde zich voor het ongemak, zei dat ik thuis alleen maar voor moeilijkheden zorgde, haar voortdurend ongerust maakte en slapeloze nachten bezorgde.

Als ze al verbaasd waren dat een kind dat bekendstond om haar goede gedrag op school, daarbuiten zo ongezeglijk kon zijn, dan lieten ze dat niet blijken. De bank werd voor me opgemaakt en ik viel algauw in een diepe slaap. De volgende ochtend leenden ze me geld voor de bus terug naar huis. Bedenkend dat ze verantwoordelijke volwassenen waren en ik niet veel meer dan een kind was, kreeg ik instructies mee om me goed te gedragen. Met een verlammend gevoel van angst verliet ik hun veilige flat en liep naar de bushalte.

Mijn vader was thuis uit de nachtdienst en lag al in bed toen ik thuiskwam en op de deur klopte. Mijn moeder liet me zwijgend, met een verwijtend gezicht, binnen en zette mijn ontbijt klaar. Ze vertelde me dat ze door mijn schuld slecht geslapen had en vroeg me beter mijn best te doen om een goede verstandhouding met mijn vader te krijgen.

'Ik kan er niet meer tegen,' zei ze. 'Ik heb genoeg van al die zorgen die ik heb over jou; ik heb genoeg van alles wat je doet dat hem zo ergert.'

Ik meende haar innerlijke angst te voelen; mijn vader was

die avond te ver gegaan. Het was alleen haar tussenkomst die een mogelijk schandaal had voorkomen, nog erger dan wat er zou volgen.

Hoewel hij in al die jaren waarin hij me had afgerammeld nooit een vinger naar haar had uitgestoken, moest het ten slotte toch tot haar zijn doorgedrongen waartoe hij in staat was. Dat was de enige keer dat ze het had over de gebeurtenissen van die avond, en toen ik 's middags thuiskwam, zat mijn vader op me te wachten.

'Ik zal het zeggen,' zei ik zwakjes, terwijl ik probeerde hem te trotseren, 'ik zal het zeggen als je me weer slaat.'

Hij lachte me uit, een lach waarin geen spoor van angst klonk, en antwoordde toen heel kalm: 'Antoinette, niemand zal je geloven. Als jij je mond opendoet, kind, dan zul jij degene zijn die er spijt van krijgt. Iedereen zal jou de schuld geven. Je hebt immers al die tijd je mond gehouden? Je hebt al jarenlang je mond gehouden.'

Mijn zwijgen was voldoende om hem met een triomfantelijke klank in zijn stem te laten doorgaan.

'Dus ben je net zo schuldig als ik. Je familie zal niet meer van je houden. Als je schande brengt over dit huis, zal je moeder je ook niet meer willen. Jij zult worden weggestuurd, jij zult naar een tehuis gaan en je zult je moeder nooit meer zien. Je zult naar vreemden gaan, vreemden die weten hoe slecht je bent. Is dat wat je wilt? Nou?'

In gedachten zag ik kwade mensen spottend naar me kijken, en ik voelde de troosteloosheid van een onbekende wereld zonder moeder.

'Nee,' fluisterde ik, bang voor de toekomst die hij me zojuist had voorgespiegeld. Ik had verhalen gehoord hoe mensen in die tehuizen werden behandeld. In de wetenschap dat hij weer had gewonnen, keek hij me grijnzend aan.

'Dus als je niet weer van hetzelfde laken een pak wilt als gisteravond, gedraag je dan. En verdwijn nu. Ga naar boven tot ik weg ben. Ik ben klaar met je.'

Ik deed wat hij zei.

'En laat je kamer niet slordig achter, hoor je, Antoinette?' Zijn stem onder aan de trap volgde me spottend, en ik ging op de rand van mijn bed zitten, tot zijn ademhaling me zei dat hij in slaap was gevallen.

# 21

Overmand door een gevoel van matheid, alsof mijn innerlijke kracht me sinds die afranseling in de steek had gelaten, probeerde ik mijn ouders zoveel mogelijk te vermijden. Ik had mijn zaterdagse baan en mijn bezoeken aan mijn grootouders, die hij me niet kon ontzeggen. Maar een verzoek om naar mijn vrienden in Portrush te gaan werd nu regelmatig geweigerd, en de fietstochtjes, die me altijd zo tot rust hadden gebracht, werden nu streng gecontroleerd. Een vreemde sfeer hing er in huis, en het onvoorspelbare humeur van mijn vader, dat vroeger zo vaak tot een woede-uitbarsting had geleid, scheen nu te zijn veranderd in iets dat nog onheilspellender was. Vaak voelde ik zijn blik op me gericht, gedeeltelijk een uitdrukking die ik kende, maar daarachter loerde iets vreemds, iets dat me met angst vervulde.

Op een dag, toen ik een week vakantie had van school, maakte mijn moeder zich gereed om naar haar werk te gaan. Ik wist dat mijn vader al eerder thuis was gekomen en in bed lag. Me schuilhoudend in mijn kamer, die recht tegenover die van mijn ouders lag, had ik hem eerst naar de wc horen gaan, waar hij urineerde zonder de deur dicht te doen, en hoorden hem toen luidruchtig terugkeren naar hun slaapkamer. Zodra ik de klik hoorde van de dichtvallende deur, die het vertrek van

mijn moeder aankondigde, sloop ik de trap af. Zo stil mogelijk maakte ik het fornuis aan om water te koken voor de thee
en om me te wassen, en stak toen de grill aan voor toast. Toen
hoorde ik zijn dreunende stem.

'Antoinette, maak dat je boven komt.'

Ik voelde paniek in me opkomen terwijl ik naar boven ging
en zwijgend bij zijn deur bleef staan.

'Zet thee voor me en breng die boven.'

Ik draaide me om. 'Ik ben nog niet klaar met je.'

Ik kreeg een brok in mijn keel, dat dreigde me te verstikken.
Het maakte woorden onmogelijk. Ik draaide me om en zag
zijn spottende grijns. Hij lachte humorloos naar me.

'En breng me ook wat toast.'

Als een robot zette ik thee en maakte zijn toast klaar. Ik
zette alles op een blad en bracht dat naar boven. Ik duwde de
overvolle asbak en het pakje sigaretten opzij, zette het blad op
het kleine tafeltje naast het bed en bad in stilte dat dat alles
was wat hij wilde, wetend dat het niet zo zou zijn.

Uit mijn ooghoek zag ik met een gevoel van walging zijn
bleke, met sproeten bedekte borst, het nu grijzende haar dat
boven zijn smoezelige vest uit piepte, en ook zijn zure lichaamsgeur, die zich vermengde met de verschraalde stank van tabak
die in de kamer was blijven hangen. Toen voelde ik zijn opwinding.

'Kleed je uit, Antoinette. Ik heb een cadeautje voor je. Trek
alles uit en doe het langzaam.'

Ik draaide me naar hem om. Dat had hij nooit eerder gevraagd. Zijn ogen bespotten en bezoedelden me.

'Antoinette, ik zég iets tegen je. Kleed je uit,' herhaalde hij,
slurpend van zijn thee.

Plotseling stond hij naast zijn bed, slechts gekleed in zijn
smoezelige vest, met zijn erectie onder de plooi van zijn dikke
buik. Toen hij zag dat ik met weerzin gehoorzaamde, glimlach-

te hij, kwam dichter bij me staan, en gaf me een harde klap op mijn billen.

'Schiet op nu,' fluisterde hij.

Stokstijf bleef ik staan als een konijn dat plotseling gevangen wordt in een fel licht, mijn kleren in een hoop op de grond, met een overweldigende aandrang om weg te hollen, maar zonder de wilskracht en zonder een plek waar ik heen kon. Hij pakte zijn jasje op, haalde een klein pakje uit zijn zak, net als alle andere die ik daarvoor had gezien. Hij maakte het open, haalde het kleine ballonvormige voorwerp eruit en bracht het naar zijn gezwollen lid. Een paar seconden hield hij mijn hand vast terwijl hij het condoom op zijn plaats bracht, en dwong toen mijn onwillige vingers op en neer tot het goed zat.

Plotseling liet hij me los, pakte mijn schouders stevig beet en gooide me met zoveel geweld op bed dat de matras op en neer veerde en de oude spiralen kraakten. Hij greep mijn benen beet, duwde ze uiteen en omhoog en kwam met zoveel kracht bij me binnen dat het leek of ik inwendig verscheurd werd. Ik voelde een brandende pijn. De spieren aan de binnenkant van mijn dijen rekten uit toen hij telkens weer in me drong. Zijn vereelte handen klauwden in mijn borsten, die de laatste tijd onaangenaam gevoelig waren geworden, en draaide kwaadaardig aan mijn tepels, waardoor zijn opwinding nog werd aangewakkerd; hij kwijlde op mijn gezicht en mijn hals. Ik voelde hoe de stoppels van zijn ongeschoren kin over mijn huid raspten. Ik beet op mijn lip om te beletten dat ik hem de voldoening gaf die hij wenste – mij hardop te horen schreeuwen. Mijn hele lichaam schokte onder de druk van zijn zware lijf, terwijl ik mijn gebalde vuisten stijf naast mijn lichaam hield en mijn ogen stijf dichtkneep om de tranen binnen te houden. Schokkend kwam hij klaar en grommend liet hij zich van me af rollen.

Haastig ging ik rechtop zitten. Toen ik me bukte om mijn

kleren te pakken, zag ik zijn verschrompelde penis. Aan het eind ervan hing de kleine grauwe dot rubber. De brok in mijn keel kwam omhoog en terwijl ik naar het toilet holde, proefde ik de bittere gal die in mijn keel brandde toen ik alles in één grote stroom eruit kotste. Toen ik voelde dat er niets meer over was in mijn lichaam, wilde ik niet wachten tot de pan met water zou koken, maar vulde de wasbak met koud water.

Ik keek in de spiegel en zag een bleek gezicht met tranen in de ogen en rode plekken op kin en hals, dat me wanhopig aanstaarde. Steeds opnieuw waste ik me, maar zijn stank bleef aan me hangen tot ik dacht dat die permanent aan me zou blijven kleven.

Het geluid van zijn tevreden gesnurk klonk uit de kamer van mijn ouders toen ik naar beneden ging, denkend dat hij op z'n minst een paar uur zou slapen, zodat ik het huis kon ontvluchten.

Ik deed de voordeur open voor de frisse lucht en liet Judy naar buiten. Ik ging op het gras zitten, sloeg mijn armen om haar hals, legde mijn wang tegen haar kop en liet mijn tranen de vrije loop. Judy, die mijn wanhoop aanvoelde, gaf me een paar warme likken om haar liefde te betuigen. Zo heel anders dan het gekwijl van mijn vader.

'Wanneer,' zei ik hopeloos tegen mezelf, 'zal hier ooit een eind aan komen?'

Ik kon het niet verdragen ook maar enigszins in zijn buurt te zijn, pakte mijn fiets die ik nog maar zo kortgeleden vol trots van mijn eigen geld had gekocht, en peddelde lusteloos weg.

Ik fietste doelloos rond, tot de straten met huizen vervangen werden door weilanden. Twee keer moest ik afstappen, liet mijn fiets aan de kant liggen terwijl de gal weer in mijn keel omhoogkwam en ik stond te kokhalzen terwijl de tranen over mijn gezicht stroomden, zelfs nadat het kleine stroompje gal was opgedroogd.

Een deel van die dag bleef ik in het gras zitten, met een leeg-te in mijn hoofd waar mijn verstand hoorde te zijn, tot ik ein-delijk vermoeid naar huis fietste om mijn karweitjes thuis af te maken voordat mijn moeder thuiskwam.

# 22

Ik wist zeker dat ik ziek was. Misselijkheid overkwam me op elk uur van de dag. Als ik 's morgens opstond, holde ik naar de wc en kotste alles eruit, tot er niets meer over was. 's Nachts werd mijn haar slap en sluik, nat van het zweet van mijn hoofd en hals. Zweetdruppels vormden zich op mijn voorhoofd en bovenlip, terwijl ik rilde van de kou. Ik was bang, had een gevoel van naderend onheil toen mijn lichaam elke dag zwakker en zwaarder werd. Mijn borsten deden pijn als ik ze aanraakte, mijn maag weigerde voedsel maar scheen op te zwellen bij gebrek eraan. De tailleband van mijn nieuwe broek klemde om mijn middel en veroorzaakte rode striemen op mijn blanke huid.

De woede van mijn moeder werd een constante, onontkoombare aanwezigheid als ik bij haar in de buurt was, terwijl de ogen van mijn vader al mijn bewegingen leken te volgen. 's Avonds, als hij aan het werk was, viel er een pijnlijke stilte, tot mijn moeder eindelijk toegaf dat ik ziek was.

'Antoinette,' zei ze, terwijl ik trachtte te lezen, 'ga morgen eens naar de dokter.'

Ik keek op, in de hoop enige bezorgdheid te zien, maar ik zag slechts een uitdrukkingsloos gezicht, en in haar ogen school een emotie die ik niet kon benoemen.

Tegen het eind van de jaren vijftig betekende een telefoontje naar een dokter een onmiddellijke afspraak. Ik had hem vroeg in de ochtend gebeld en zat om elf uur zenuwachtig in zijn wachtkamer. De verpleegster die me binnenliet keek naar me met een vriendelijke glimlach, die, toen ik een halfuur later vertrok, had plaatsgemaakt voor een blik van koele minachting.

De dienstdoende arts die dag was niet de oudere man die ik al een paar keer ontmoet had, maar een knappe jongeman met slaphangend blond haar en verrassend blauwe ogen. Hij stelde zich voor als een waarnemer die inviel voor de huisarts en wenkte me te gaan zitten op een stoel tegenover hem. We werden gescheiden door een donkerhouten bureau dat leeg was op mijn medisch dossier na, dat hij opensloeg en even doorkeek.

'Wat is de reden voor je bezoek vandaag, Antoinette?' vroeg hij met een minzaam, professioneel glimlachje. De glimlach verdween langzamerhand toen ik hem mijn symptomen vertelde. Hij informeerde wanneer ik het laatst ongesteld was geweest, en ik probeerde me te herinneren wanneer ik mijn moeder het laatst om maandverband had gevraagd. Ik had me te ziek gevoeld om me te realiseren dat er drie maanden voorbij waren gegaan, maar zou ook het belang er niet van hebben ingezien.

'Zou je zwanger kunnen zijn?' was zijn volgende vraag.

De jaren hadden me geleerd hoe ik de reacties van volwassenen moest interpreteren, en onder zijn professionele houding bespeurde ik iets antagonistisch, toen ik van een tienerpatiënte een potentieel probleem werd.

Hij zei dat ik achter het scherm moest gaan staan, me vanaf het middel moest uitkleden en me bedekken met het daarvoor bestemde laken. Toen ik deed wat hij vroeg, hoorde ik dat hij zijn verpleegster riep om binnen te komen.

Ik lag naar het plafond te staren met opgetrokken en gespreide knieën, terwijl hij in me voelde met zijn in een dunne rubberhandschoen gestoken hand. Een paar minuten later zei hij dat ik me moest aankleden. Hij trok zijn handschoen uit en ik hoorde dat hij hem in de afvalemmer gooide. Ik zag de blik die hij wisselde met de verpleegster toen hij haar de spreekkamer uitstuurde.

Voor de tweede keer wenkte hij dat ik moest gaan zitten, maar nu keek hij naar me met een streng gezicht.

'Ben je op de hoogte van de bloemetjes en de bijtjes?' vroeg hij op kille toon.

Somber, in de wetenschap wat hij zou gaan zeggen, maar nog weigerend het te aanvaarden, antwoordde ik: 'Ja.'

'Je bent drie maanden zwanger,' was alles wat ik in mijn wanhoop hoorde.

'Dat kan niet, ik ben nooit met een jongen naar bed geweest,' flapte ik eruit, ontkennend wat ik wist dat de waarheid was.

'Met één jongen moet dat toch het geval zijn geweest,' antwoordde hij, ongeduldig bij wat hij beschouwde als een pertinente leugen.

Ik staarde hem aan, zocht naar iets dat op hulp leek, maar zag slechts de veroordeling in zijn ogen.

'Alleen met mijn vader,' antwoordde ik ten slotte.

Een ijzige stilte viel toen de woorden van mijn geheim in de lucht hingen, woorden die voor de allereerste keer werden uitgesproken.

'Heeft hij je verkracht?' vroeg hij, met een plotseling sympathieke klank in zijn stem.

Bij het horen van zelfs maar een zweem van vriendelijkheid sprongen de tranen in mijn ogen. 'Ja,' mompelde ik.

'Weet je moeder het?'

De tranen stroomden nu over mijn wangen, maar ik slaagde erin mijn hoofd te schudden en 'Nee' te mompelen.

'Je moet haar vragen mij te bellen,' zei hij, terwijl hij me een paar tissues overhandigde. 'Ik moet met haar praten.'

Trillend en met knikkende knieën stond ik op en verliet de spreekkamer. Buiten werd ik verlamd door angst. Waar moest ik naartoe? Niet naar huis. Ik kón nu toch niet naar huis? Daar was hij – mijn vader. In mijn paniek verscheen een gezicht voor mijn ogen, dat van Isabel, mijn lerares die me had opgevangen na die ranselpartij. Ze had aan het begin van de zomervakantie ontslag genomen omdat ze ging trouwen, maar ik wist dat ze nu terug was van haar huwelijksreis. Ze had me één keer geholpen – ze zou me nu toch ook wel willen helpen?

Haastig fietste ik naar de dichtstbijzijnde telefooncel, waar ik naam en adres van haar man opzocht in de telefoongids. Zonder me de tijd te gunnen haar te bellen, slechts hopend en biddend dat ze thuis zou zijn, fietste ik naar het adres.

Toen ik in een van de nieuwe woonwijken kwam, die in de loop der jaren waren ontstaan, vond ik algauw het huis waar ze woonde. Het was een indrukwekkend huis in Georgian stijl. Ik stapte af en zette mijn fiets tegen de muur.

'Ze zal me helpen,' prentte ik me in. 'Ze zal me hier laten blijven. Ze zal me niet terugsturen.' De woorden tolden als een mantra door mijn hoofd terwijl ik het nieuw aangelegde pad opliep, dat geflankeerd werd door zwarte aarde waarop groene plukjes pas gezaaid gras te zien waren.

Isabel deed open met een verbaasde maar niet onverwelkomende blik, en ik voelde de tranen die elk vertoon van vriendelijkheid bij me opriepen ongehinderd over mijn wangen rollen. Snel nodigde ze me uit naar binnen en liet me op een oranje bank zitten in haar bruin met wit geschilderde kamer.

'Antoinette, wat is er?' vroeg ze vriendelijk, terwijl ze me een schone witte zakdoek gaf.

Ik vertrouwde haar, dus vertelde ik wat de dokter had gezegd. Ik legde uit waarom ik zo bang was en hoe ziek ik me voelde. Dezelfde stilte die had geheerst in de spreekkamer van de dokter, hing nu in haar zitkamer, en ik zag dat de bezorgde uitdrukking op haar gezicht vervangen was door angst.

'Antoinette,' zei ze, 'wacht hier. Mijn man is thuis voor de lunch – hij is in de keuken. Geef me een paar minuten, wil je?'

Met die woorden verliet ze de kamer, en slechts het tikken van een klok op de schoorsteenmantel van een open haard verbrak de stilte terwijl ik wachtte op haar terugkomst.

Maar ze kwam niet terug, en in plaats daarvan kwam haar man binnen. Ik zag aan zijn grimmige, strakke gezicht dat er voor mij geen opvang zou zijn in hun huis.

'Is het waar wat je mijn vrouw zojuist hebt verteld?' waren zijn eerste woorden.

Al mijn zelfvertrouwen liet me in de steek en ik kon slechts triest met mijn hoofd knikken en 'Ja' fluisteren.

Zonder te letten op mijn verwarring, ging hij verder: 'Ze is erg van streek. Ze is zwanger, en ik kan het niet hebben dat ze zich overstuur maakt. Ik weet niet wat je dacht te bereiken met hiernaartoe te komen, maar je moet naar huis en met je moeder praten.'

Hij liep naar de deur en wenkte me hem te volgen. Zwijgend deed ik wat hij verlangde en keek hem toen nog één keer aan, in de hoop op enig respijt. Dat niet kwam.

'Mijn vrouw wil je hier niet meer zien,' waren zijn laatste woorden, terwijl hij de deur dichtdeed met een afkeer die ik in de komende weken van iedereen zou gaan verwachten, ook al begreep ik niet waarom.

Ik hoorde de woorden van mijn vader weergalmen in mijn oren. 'Iedereen zal jou de schuld geven. Je moeder zal niet meer van je houden als je je mond opendoet.'

Ik pakte mijn fiets en reed naar huis. Mijn vader lag in bed toen ik terugkwam, maar sliep niet.

'Antoinette,' riep hij zodra ik binnen was. 'Kom boven.'

Met een angstig voorgevoel liep ik de trap op om hem onder ogen te komen.

'Wat heeft de dokter gezegd?' vroeg hij, en ik besefte, toen ik in zijn ogen keek, dat hij het antwoord al wist.

'Ik ben zwanger,' antwoordde ik.

Bij uitzondering verried zijn gezicht weinig van zijn gevoelens. Hij trok slechts de dekens op en wenkte me om in bed te komen.

'Ik zal er wel voor zorgen dat je het kwijtraakt, Antoinette. Kom hier.' Maar deze keer bleef ik staan en schudde slechts mijn hoofd. Mijn gebruikelijke angst viel weg en een nieuwe woede kwam in me op toen ik hem van repliek diende.

'Ik ben het niet kwijtgeraakt toen je dat ding in me stopte, hè? Ik ben drie maanden zwanger. Hoe vaak heb je het me laten doen in die tijd?'

Ik voelde een vluchtige voldoening toen ik zag dat de angst die mij tijdelijk in de steek had gelaten bij hem wortel had geschoten.

'Heb je tegen de dokter gezegd dat ik het was?' was zijn volgende vraag.

'Nee,' loog ik. De angst kwam weer terug.

'Goed, denk aan wat ik je gezegd heb. Jij krijgt de schuld als je iets zegt. Ze zullen je weghalen en opsluiten. Je moeder zal hen niet tegenhouden. Iedereen zal het jou verwijten.'

Ik had al bij drie mensen gezien dat zijn voorspelling juist was.

'Ik zal nu je moeder vertellen dat je naar Portrush bent geweest, daar een paar Engelse jongens hebt ontmoet en het met hen hebt gedaan. Hoor je me, Antoinette? Dus wat ga je tegen je moeder zeggen?'

Al mijn kracht liet me in de steek en ik gaf hem het gewenste antwoord. 'Ik zal haar vertellen dat ik het met een Engelse jongen heb gedaan en dat hij nu vertrokken is.'

Hij zei dat ik naar mijn kamer moest gaan en daar wachten tot hij met haar had gesproken. Gedwee gehoorzaamde ik.

Het leek me uren te duren voor het dichtslaan van de voordeur haar komst aankondigde. In mijn slaapkamer kon ik het gemompel van hun stemmen horen, hoewel de woorden onverstaanbaar waren. Daarop hoorde ik mijn vader vertrekken. Ik bleef zitten wachten, met mijn hand op de zwelling van mijn buik, verlangend naar een volwassene die mijn probleem zou oplossen, al wist ik niet hoe.

Ik wist dat ik niet uit mijn kamer moest komen voor ik geroepen werd. De honger knaagde aan me. Ik voelde me slap en misselijk, maar wachtte toch tot mijn moeder bereid zou zijn met me te praten.

Ik hoorde het fluiten van de ketel. Haar stem riep me om bij haar te komen, en angstig gehoorzaamde ik. Ze had voor ons allebei thee ingeschonken. Dankbaar pakte ik mijn kopje op, bracht het naar mijn mond en nam een slokje. Het hete kopje bood mijn handen een houvast en het zoete vocht kalmeerde me. Ik voelde haar indringende blik en wachtte tot ze iets zou zeggen, wat ze ten slotte deed.

'Wie is de vader?' vroeg ze op effen, kille toon. Ik keek haar aan en wist dat mijn leugens me niet zouden baten, maar toch probeerde ik het. Ze liet me mijn verhaal zelfs niet afmaken.

'Antoinette,' beval ze, 'vertel me de waarheid. Vertel, dan zal ik niet kwaad zijn.'

Ik keek haar in de ogen, waarin een uitdrukking lag die ik niet kon peilen.

'Papa,' was het enige wat ik uit kon brengen.

Waarop ze antwoordde: 'Ik weet het.'

Ze bleef me aanstaren met die grote groene ogen van haar, en ik wist dat haar wilskracht, die veel groter was dan die van mij, elk greintje waarheid uit me zou trekken. Ze vroeg me wanneer het begonnen was en ik antwoordde: In het huis met het rieten dak. Ik vertelde haar over de 'autoritjes', maar zag weinig reactie in haar gezicht.

'Al die jaren,' was haar enige commentaar.

Ze vroeg me niet waarom ik erover gezwegen had of waarom ik met mijn vader had samengespannen om tegen haar te liegen. Maanden later zou ik me dat herinneren en mijn eigen mening vormen over de reden waarom.

'Weet de dokter het?' vroeg ze.

'Ja,' antwoordde ik, en vertelde haar dat hij haar wilde spreken.

Ik kon niet vermoeden dat de leugen die ik vertelde toen ze haar laatste vraag stelde, me bijna het leven zou kosten. Ze vroeg me of ik het nog iemand anders verteld had, en ik verdrong de pijnlijke herinnering aan Isabel en antwoordde: 'Nee.'

Ik zag haar opluchting toen ze opstond van haar stoel en de telefoon opnam. Ze sprak er even in en draaide zich toen naar me om.

'Ik heb een afspraak gemaakt met de dokter na zijn spreekuur. Blijf maar hier.' Ze trok haar jas aan en ging weg.

Het leek of ik een eeuwigheid als in trance op een stoel zat en slechts in beweging kwam om meer kolen op het vuur te gooien of Judy over haar kop te aaien. Ze voelde mijn wanhoop, en liet me geen seconde alleen terwijl ik wachtte op de terugkomst van mijn moeder en op een antwoord op de vraag wat mijn lot zou zijn.

De klik van de voordeur die openging waarschuwde me dat mijn moeder terugkwam, en ik keek op. Ik zag niet een, maar twee mensen binnenkomen. De dokter was bij haar. In het komende uur waren ze mijn rechter en jury, en mijn vonnis was zwijgen. Mijn vader zou korte tijd in een ziekenhuis worden opgenomen om te herstellen van een 'inzinking', voor mij zou er een legale abortus worden geregeld, en dan zou ik – op aanbeveling van de dokter – in een tehuis voor moeilijke tieners worden geplaatst. Daar zou ik blijven tot ik de leeftijd had bereikt waarop ik van school zou gaan en zou er geschikt werk voor me worden gevonden. Mijn vader en ik konden onmogelijk onder hetzelfde dak blijven wonen. Intussen zou, tot de abortus geregeld werd, het leven normaal doorgang vinden. Dat werd me allemaal meegedeeld door mijn moeder, met zwijgende steun van de dokter, die, vertelde ze me, had gezegd dat ze geen andere keus had. Uitgeput en niet-begrijpend luisterde ik naar hun plannen om een eind te maken aan het leven zoals ik dat kende.

Toen richtte de dokter zich rechtstreeks tot mij.

'Ik help je alleen ter wille van je moeder – zij is het onschuldige slachtoffer bij dit alles. Je hebt vanmorgen tegen me gelogen. Je bracht me in de waan dat het maar één keer gebeurd is.' Hij zweeg even en keek me met kille verachting aan. 'Je hebt het aangemoedigd door het al die jaren geheim te houden, dus vertel me niet dat je onschuldig bent.'

Toen ging hij weg en liet mijn moeder en mij samen achter. Ik wachtte op een woord van begrip van haar kant, maar er kwam niets, en toen ik de kille stilte niet langer kon verdragen, ging ik naar bed, nog steeds zonder iets te hebben gegeten.

De volgende paar dagen gingen in een roes voorbij. Afspraken werden geregeld in twee tehuizen, waar ik zwijgend bij zat, nu omschreven als een moeilijke tiener van veertien, die zwanger was van een jongen wiens naam ik niet aan de openbaarheid prijs kon geven.

Daarop volgde mijn minihoorzitting, waar strenge mannen uit de medische wereld me interviewden om een oordeel te vellen over het lot van mijn ongeboren kind en van mijzelf. De uitspraak luidde dat, op grond van geestelijke instabiliteit, de abortus bij wijze van tegemoetkoming zou plaatsvinden in een ziekenhuis in het naburige dorp, teneinde de zaak stil te houden. Noord-Ierland was aan het eind van de jaren vijftig anti-abortus; en verpleegsters en artsen die zich gewijd hadden aan het redden van levens, verzetten zich fel tegen instructies van een medisch rechtscollege om een leven te beëindigen, zoals ik al spoedig zou ontdekken.

Mijn ouders, verbonden door hun samenzwering, negeerden me die week, terwijl ik wachtte op de dag waarop mijn 'operatie' zou plaatshebben, zoals mijn moeder het uitdrukte. Op de dag dat mijn lichaam zou worden gereinigd van het bewijs van mijn vaders schuld, ging mijn moeder naar haar werk, en ik, met een weekendkoffertje in de hand, ging met de bus naar het ziekenhuis.

Een stug kijkende zaalzuster bracht me naar een kleine kamer, waar mijn bed en een kastje stonden. Zonder het te vragen wist ik waarom ze me daar naartoe hadden gebracht. Ik bevond me op de kraamafdeling, en het ziekenhuis wilde mijn operatie geheimhouden. De volgende ochtend om acht uur kwam de zuster bij me.

'Ik moet je gereedmaken,' zei ze, terwijl ze een kom water bij mijn bed zette, met een scheermes ernaast. 'Kleed je vanaf je middel uit.'

Ik voelde me vernederd toen ze snel de tere huid tussen mijn benen schoor, waarbij ze het scheermes ruw hanteerde en kleine kerfjes in mijn huid achterliet. In al die tijd dat ze er was, waren dat de enige woorden die ze tegen me zei. Toen ze klaar was, pakte ze zwijgend de kom en het scheermes op en vertrok.

Haar volgende bezoek was om haastig de preoperatieve vloeistof in mijn bil te injecteren, waarna ze me weer achterliet om na te denken. Ik wilde mijn moeder; ik wilde dat iemand me zou vertellen dat alles in orde zou komen. Ik wilde weten wat er met me zou gebeuren, want niemand had me iets verteld. En het meest van alles wilde ik dat iemand mijn hand vasthield. Ik was doodsbang. Toen viel ik gelukkig in slaap.

In mijn halve verdoving voelde ik handen op me en hoorde een stem die zei: 'Kom op, Antoinette. Op de stretcher', en ik voelde dat ik zacht werd omgerold. Er werd een deken over me heen gelegd en ik voelde de beweging van de stretcher die werd voortgeduwd. Toen hield hij stil en een fel licht drong door mijn oogleden heen. Er werd iets op mijn neus gelegd en een stem zei dat ik tot tien moest tellen, maar ik weet dat ik, toen ik het bewustzijn verloor, om mijn moeder riep.

Een hevige misselijkheid, erger dan ik ooit had meegemaakt, verstoorde mijn slaap. Toen ik mijn ogen opende, zag ik dat er een metalen kom op mijn kastje was geplaatst. Ik greep ernaar om erin over te geven, terwijl de tranen over mijn gezicht rolden. Een paar seconden lang vroeg ik me af waar ik was. Toen herinnerde ik het me weer en ging met mijn hand omlaag. Ik voelde een maandverband tussen mijn benen. Al wist ik nog zo weinig van de harde werkelijkheid, ik wist dat de baby weg was.

Ik viel weer in slaap tot de zuster kwam met thee en sandwiches. Toen ze die naast me neerzette, zag ik dat er weer een schone kom stond, en ik vroeg me af hoelang ik had geslapen.

'Je thee, Antoinette,' zei ze me, volkomen overbodig, terwijl ze zich omdraaide om de kamer uit te gaan. Toen keek ze achterom met een blik van intense afkeer. 'O, dat zul je wel willen weten: de baby was een jongen.'

Toen liep ze weg en werd de baby werkelijkheid voor me. Ik bleef liggen. Mijn eetlust was verdwenen en ik treurde om mijn dode jongetje tot de slaap zich weer over me ontfermde. Ik viel in een onrustige sluimering en droomde weer dat ik viel.

Het werd ochtend, en met de eerste zonnestralen kwam er een verpleeghulp een blad met thee, toast en een gekookt ei brengen. Deze keer viel ik er hongerig op aan en liet geen kruimel liggen. Kort na het ontbijt kwam de zaalzuster. Ze keek naar mijn lege bord en snoof minachtend. 'Ik zie dat je eetlust er niet onder geleden heeft.' Toen vertelde ze me met tegenzin dat ik, als de artsen hun ronde hadden gedaan, vrij was om te gaan.

'Komt iemand je halen?' was haar enige vraag, en haar enige reactie op mijn 'Nee', was een grimmig lachje.

Ik voelde me kleverig en vies en vroeg waar ik in bad kon en mijn haar kon wassen.

'De zuster zal je water brengen om je te wassen. Je kunt een bad nemen als je thuis bent, en je haar kan wachten. Dat is toch alleen maar ijdelheid.'

Ze zweeg even en keek me aan met diezelfde uitdrukking van kille afkeer. 'Zonder die ijdelheid zou je hier misschien niet zijn geweest.' Met die woorden liep ze weg.

Ik had buikpijn, maar wilde niets meer vragen. In plaats daarvan waste ik me zo goed mogelijk in de kleine kom water die me werd gebracht, kleedde me aan en wachtte op de komst van de dokter die me geopereerd had.

Toen hij kwam, in gezelschap van de zaalzuster, keek hij me nauwelijks aan en vroeg niet hoe ik me voelde. Hij deelde me domweg mee dat ik kon gaan. Dus pakte ik mijn koffertje op en liep het ziekenhuis uit naar de bushalte.

# 23

Iets had me wakker gemaakt, maar buiten het kleine raam van mijn slaapkamer heerste alleen maar duisternis, en binnen was het doodstil. Een paar seconden lang vroeg ik me af wat me gestoord had. Mijn geest worstelde om wakker te worden en gaf mijn lichaam opdracht daartoe. Toen voelde ik het, iets warms en kleverigs tussen mijn benen. Mijn hand ging omlaag naar mijn pyjamabroek en kwam warm en nat weer omhoog. Ik raakte in paniek, zwaaide mijn benen over de rand van het metalen bed op het linoleum van de vloer en wankelde naar het lichtknopje.

De gele gloed van de zwakke lamp, die zonder lampenkap aan het plafond bungelde, scheen dof op mijn bed. Een plas donkerrood bloed bevlekte het laken. Niet-begrijpend keek ik omlaag naar mijn pyjama en zag dat die ermee doorweekt was. Bloed kleefde aan mijn vingers waar ik mezelf had aangeraakt, en ik voelde het tussen mijn benen omlaag vloeien, terwijl ik gilde om mijn moeder.

Enkele seconden later stond ze naast me, zag met één blik wat er gebeurd was en beval me om terug te gaan naar bed. Toen verscheen mijn vader, in zijn gekreukte pyjama, met slaperige ogen.

'Wat is er? Waarom al die herrie?' mompelde hij.

Met een blik vol walging wees mijn moeder naar mij.

'Je moet een ambulance bellen,' zei hij, en ik hoorde iets van angst in zijn stem.

'Ik zal de dokter bellen,' antwoordde ze. 'Hij zal wel weten wat we moeten doen.'

Vaag, alsof het heel in de verte was, hoorde ik mijn moeder de trap aflopen. Ik hoorde haar stem terwijl ze aan de telefoon sprak. Toen, een paar minuten later, hoorde ik, als door een dichte mist, de stem van de dokter. Ik opende mijn ogen en zag een vage gestalte.

Als in een droom drong hun gefluisterde gesprek tot me door.

'Het is ernstig,' hoorde ik hem zeggen. 'Ze moet naar een ziekenhuis. Jij moet maar zeggen welk ziekenhuis, Ruth. Het ziekenhuis hier, of waar ze de operatie heeft gehad?'

Door de wazige nevel heen voelde ik de stilte, en hoorde toen mijn moeder zeggen: 'Waar ze geopereerd is.'

Toen ebden de stemmen weg en voelde ik me zweven in een niemandsland, niet wakend en niet slapend, maar me bewust van de bewegingen om me heen. Ik hoorde mijn moeder tegen mijn vader zeggen dat hij in hun kamer moest blijven, hoorde de stem van de dokter die voor de deur van mijn kamer met haar stond te praten, en besefte ik zonder bang te zijn dat ik bezig was dood te gaan.

Een doordringend geluid, dat ik herkende als de sirene van een ambulance, drong door de mist heen waarin ik me bevond, en door het raam zag ik een flitsend blauw licht. Handen tilden me voorzichtig op. Ik voelde de schok van elke traptree toen de stretcher naar beneden werd gedragen, voelde dat hij in de ambulance werd geschoven en hoorde weer de sirene toen we wegreden.

Het beeld van mijn moeder en de dokter, zoals ze naast elkaar stonden, starend naar de deur die werd dichtgedaan, staat voor altijd in mijn geest gegrift.

Het ziekenhuis dat mijn moeder had gekozen, lag op twintig kilometer afstand. De enige wegen erheen waren smal en bochtig, want tegen het eind van de jaren vijftig waren er geen snelwegen rond Coleraine.

Ik had het koud, ijskoud, al droop het zweet langs mijn lichaam en spijpelde het bloed tussen mijn benen. Zwarte vlekken dansten voor mijn ogen terwijl in mijn oren een bel begon te rinkelen die het geluid van de sirene bijna overstemde.

Een hand streek over mijn hoofd en pakte mijn hand vast toen een krampachtige siddering door mijn lichaam ging. Gal droop uit mijn mond.

'Ze zakt weg! Je moet harder rijden, man,' hoorde ik een stem schreeuwen. De ambulance trilde onder de inspanning van de chauffeur en ik hoorde de walkietalkie krakend tot leven komen terwijl er luide instructies in werden geroepen.

'Hou vol, Antoinette, niet in slaap vallen,' smeekte dezelfde stem boven het gerinkel in mijn oren uit. Toen voelde ik een schok en kwamen we knarsend tot stilstand. Ik voelde dat de stretcher werd opgetild, hoorde hollende voetstappen van onzichtbare mannen die hem naar binnen droegen, en toen werd ik verblind door felle lichten. Ik voelde een stekend gevoel in mijn arm en probeerde niet langer mijn ogen te focussen op de in wit geklede gestalten om me heen.

Een in blauw geklede figuur stond naast mijn bed toen ik weer wakker werd, en mijn ogen keken in die van de zaalzuster. Haar vijandigheid was verdwenen en vervangen door medeleven nu ik een patiënte was die haar zorg nodig had. Zacht streek ze over mijn hoofd, hield de kom vast toen ik erin kotste, en sponste vervolgens met een koele, vochtige doek mijn gezicht af.

Naast mijn bed zag ik een plastic zak die bevestigd was aan een metalen stang en waarin zich een rode vloeistof bevond; ik wist dat het bloed was. Een dunne slang liep van de zak tot aan mijn arm, waarin een naald was aangebracht die met een pleister was vastgeplakt.

'Antoinette, waarom hebben ze je hierheen gestuurd?' vroeg ze ongelovig. 'Waarom niet naar het dichtstbijzijnde ziekenhuis?' Ik had het gevoel dat zij de reden net zo goed kende als ik.

Zonder antwoord te geven sloot ik mijn ogen, maar voor mijn geestesoog bleef ik het beeld zien van mijn moeder, die toekeek hoe ik in de ambulance werd getild terwijl ik – zoals zij ongetwijfeld had geloofd – aan mijn laatste reis begon. Omdat ik niet wilde accepteren wat ik wist dat de waarheid was, dwong ik mijn herinnering in een kist, een kist die ik nooit openmaakte.

'Stop!' schreeuwde ik zwijgend in het verpleeghuis en probeerde het gefluister van die kinderlijke stem buiten te sluiten. 'Stop. Ik wil dat het deksel van die geheugenkist gesloten blijft!'

'Nee, Toni, je moet je alles herinneren,' mompelde de zachte stem vastberaden, terwijl ik me heen en weer geslingerd voelde tussen twee werelden: de wereld waarin Antoinette leefde en de wereld die ik had gecreëerd. Tegen wil en dank kwam er een gedwongen einde aan mijn geërfde spel van 'lid van een gelukkig gezin'.

De kist bleef open, en ik zag weer het beeld van mijn moeder naast de dokter bij de ambulance toen mijn stretcher erin werd geschoven.

De volgende keer dat ik wakker werd, zat de zuster weer naast me.

'Ga ik dood?' hoorde ik mezelf vragen.

Ze boog zich over me heen, pakte mijn hand en drukte die zachtjes. Ik zag een vochtig waas in haar ogen. 'Nee, Antoinet-

te, je hebt ons laten schrikken, maar nu gaat het weer goed.'
Ze stopte me goed in en ik viel in een diepe slaap.

Er gingen nog twee dagen voorbij in het ziekenhuis. Artsen
kwamen langs, zeiden een paar sussende woorden en gingen
weer weg. Als ik wakker was, staarde ik hoopvol naar de deur
terwijl ik wachtte op de moeder naar wier komst ik nog steeds
verlangde, tot het bittere besef tot me doordrong dat ze nooit
zou komen.

Verleidelijke hapjes werden vergeefs voor me neergezet. Ik
voelde me depressief en ongewenst, prikte wat rond op mijn
bord en liet het meeste liggen. Op de derde dag kwam de zuster weer naast mijn bed zitten, pakte mijn hand vast en streelde
die zacht.

'Antoinette, je mag vandaag naar huis.' Ze zweeg even, en ik
wist dat er nog meer zou volgen. 'Je had die operatie nooit mogen hebben – je was al veel te lang zwanger.' Voor het eerst
hoorde ik een woede in haar stem die niet tegen mij gericht
was. 'Antoinette, je was bijna gestorven. De dokters hebben
erg hun best gedaan om je te redden, maar ik moet je iets vertellen.' Ik bleef wachten terwijl ze zocht naar de juiste woorden
om me iets te vertellen waarvan ze wist dat ik het verschrikkelijk zou vinden. 'O, kind, wát je ook gedaan hebt, dit verdien je niet. Antoinette, je zult nooit kinderen kunnen krijgen.'

Ik keek haar eerst niet-begrijpend aan, en toen drongen haar
woorden tot me door. Al mijn hoop om op een dag iemand te
hebben die van me hield, een eigen gezin te hebben om voor
te zorgen, verdween, en ik draaide mijn gezicht af om het gevoel van totale leegte te verbergen dat zich van me meester
maakte.

Later die ochtend kwam ze terug.

'Kom, Antoinette, laten we je in bad doen voor je naar huis
gaat,' zei ze met een opgewektheid die ze, wist ik, niet voelde.
Intuïtief besefte ik dat er nóg iets was dat ze me niet verteld

had, maar lusteloosheid temperde mijn nieuwsgierigheid en ik volgde haar zonder een woord te zeggen.

In het bad waste ik mijn haar en probeerde de herinneringen weg te boenen die me bezoedelden. Toen kwam ik met tegenzin uit het water, wreef me droog met een handdoek en trok mijn kleren aan, die nu los om mijn vermagerde lijf hingen.

Een tas werd voor me afgegeven, die door mijn moeder moest zijn ingepakt, en waarin zich mijn broek, shirt, toiletartikelen en een klein beetje geld bevonden. De dokter had de tas gebracht, kreeg ik te horen toen ik ernaar informeerde.

Met het gevoel dat ik volkomen in de steek was gelaten, pakte ik mijn paar bezittingen en op nog steeds heel onzekere benen liep ik het ziekenhuis uit naar de bushalte, waar ik de eerste van de twee bussen nam die me naar huis moesten brengen. Voor het huis stond mijn vaders Jaguar, dus wist ik dat hij thuis was. Ernaast stond een auto geparkeerd die ik niet herkende.

Zenuwachtig maakte ik de deur open en ging naar binnen. Mijn ouders zaten op me te wachten met de dokter. De dokter was de eerste die iets zei.

'Je vriendin de lerares is naar de sociale dienst gegaan. Ze hebben de politie op de hoogte gebracht – ze komen over een paar minuten.'

Met die woorden ging hij weg en er viel een stilte. Ik voelde me ziek en zwak, mijn buik deed pijn en mijn hoofd begon te bonzen door de opgekropte spanningen. We hoorden buiten de auto stoppen en mijn moeder stond op uit haar stoel. Met een uitdrukkingsloos gezicht ging ze opendoen.

'Wilt u voortaan,' zei ze toen de politie binnenkwam, 'als u komt om mijn man of dochter te spreken, zo fatsoenlijk zijn om in een onopvallende auto te komen? Ik heb niets verkeerds gedaan en ik wens niet in verlegenheid te worden gebracht.'

De politieman die zich voorstelde als de brigadier die belast was met de zaak, keek haar met een ondoorgrondelijke blik aan, wees mijn vader slechts op zijn rechten en verzocht hem en mij om hem en de vrouwelijke agent naar het politiebureau te vergezellen. Hij vroeg mijn moeder, omdat ik minderjarig was, of ze aanwezig wilde zijn als ik werd ondervraagd. Ze sloeg het aanbod af. Daarop werd haar meegedeeld dat een sociaal werkster in haar plaats aanwezig zou zijn.

Mijn vader en ik werden naar de auto gebracht en reden weg. Ik wist dat, ook al was er één nachtmerrie voorbij, een andere zojuist begonnen was. Maar ik had geen idee hoe verschrikkelijk die zou zijn.

# 24

Dertien dagen waren voorbijgegaan sinds ik in het verpleeghuis was gearriveerd. Nu kondigde de komst van het wagentje niet langer mijn ontsnapping aan, want ik had ik er een nieuwe taak bij gekregen. Lepel voor lepel moest ik mijn moeder voeren. Eerst knoopte ik een servet om haar hals en dan bracht ik een kopje naar haar mond, zodat ze slokje voor slokje haar ochtendthee kon drinken. Ze zat met gevouwen handen. Haar nu doffe ogen keken in die van mij toen de cirkel van onze rolwisseling compleet was. Daarna lepelde ik kleine porties roereieren of vruchtenyoghurt naar binnen. Na elk hapje veegde ik voorzichtig met een vochtige doek haar mond af om de restjes voedsel te verwijderen die langs haar kin dropen.

Het vertrek van de wagentjes werd gevolgd door de ronde van de artsen. 'Hoelang?' vroeg ik zwijgend, maar hun gezicht verried niets.

Nu wachtte ik op het bezoek van mijn vader. Als ik zijn voetstappen hoorde, stond ik op en liep naar de lounge, waar mij koffie en sigaretten wachtten. De eenzaamheid van de lounge was me die dag niet beschoren, want er zat een andere vrouw in het rookgedeelte, met een gesloten boek op haar schoot.

Ze glimlachte aarzelend en stelde zich voor als Jane. In het volgende uur vernamen we dat we allebei in het verpleeghuis sliepen. Voor haar waren dit de laatste dagen van wat een gelukkig huwelijk was geweest en haar laatste liefdesgeschenk aan haar man. Zijn botkanker, vertelde ze, had zich nu verspreid en had zijn hersens aangetast, en hij herkende haar nauwelijks. Het verlies, dat onvermijdelijk was, had fijne rimpeltjes gegroefd in haar gezicht en donkere schaduwen onder haar ogen getekend.

Zwijgend juichte ik haar moed toe; zij zag het einde van haar leven zoals zij dat gekend had, terwijl ik mijn eigen leven had om naar terug te keren.

Ons gesprek kabbelde voort en we begonnen de vragen te stellen die leidden tot het vormen van een vriendschap, al wisten we beiden dat die maar tijdelijk zou zijn. Ze informeerde naar mijn achternaam en waar ik vandaan kwam uit Ierland. Zonder erbij na te denken vertelde ik die haar.

'Maar ik ben in Coleraine geboren!' riep ze uit, met een korte vreugde over het ontdekken van een band tussen ons. 'Je komt me zo bekend voor – heb je soms een nicht die Maddy heet?'

Herinneringen aan mijn Ierse familie en mijn talloze verwanten die ik jarenlang niet gezien had, kwamen bij me op toen ik een paar seconden lang terugkeerde naar Coleraine. Terwijl ik zocht naar de juiste woorden, zag ik vluchtige blikken van herkenning en verlegenheid. In de wetenschap dat in een verpleeghuis vriendschappen slechts van korte duur zijn, gesloten om steun te verlenen in moeilijke en droevige dagen en nachten, voelde ik geen enkele gêne. Ik antwoordde slechts: 'Ze is de nicht van mijn vader.'

Haar ogen richtten zich op een plek boven mijn schouder, en zonder hem te horen of te zien, voelde ik de aanwezigheid van mijn vader. Ik had geen andere keus dan hem haastig voor te stellen.

Op zijn 'Hallo' en vragende blik vulde ze de stilte met een geforceerde opgewektheid, die ze beslist niet voelde.

'Ja, uw dochter en ik hadden het net over Coleraine – daar kom ik ook vandaan.'

De stilte die volgde op haar onschuldige opmerking hing loodzwaar in de lucht, tot mijn vader een beleefd antwoord wist te vinden.

'Prettig u ontmoet te hebben. Neem me niet kwalijk, maar ik moet even mijn dochter spreken.'

Ik voelde zijn vingers om mijn elleboog. Hij duwde me naar de hoek die het verst van Jane vandaan was en liet me toen abrupt los. Ik keek naar zijn gezicht, in die glinsterende bloeddoorlopen ogen van hem, en zag dat elk spoor van de bedroefde oude man van een paar dagen geleden verdwenen was. Ik zag niet de man die bijna tachtig was, maar de woedende veertigjarige die naar de gevangenis ging. De jaren vielen weg, namen de volwassene mee en lieten het kleine angstige kind van vroeger achter.

Door mijn ingewortelde angst heen hoorde ik zijn dreigende stem: 'Praat niet over onze privézaken, kind. Het is niet nodig dat je zegt dat je in Coleraine hebt gewoond, en vertel ook niet naar welke school je ging. Hoor je me, Antoinette?'

Het zesjarige meisje dat in me leefde knikte en fluisterde: 'Ja.'

Mijn volwassen ik wist dat het moment voor voorwendsels voorbij was. De angst van mijn ouders om herkend te worden als ze zich buiten hun afgezonderde leven begaven, was nu verwezenlijkt. Hoe ironisch, dacht ik, dat het mijn moeders angst voor de dood was die dat tot stand had gebracht.

Ik deed mijn uiterste best zowel de angst als de haat uit mijn jeugd onder controle te krijgen, en dwong me het masker van Toni, de succesvolle zakenvrouw, weer op te zetten. Ik keek hem minachtend aan en liep weg.

Toen ik terugkwam in de zaal van mijn moeder zag ik een vaas met verse bloemen naast haar bed staan. Glimlachend met de bezieling die de bezoeken van mijn vader vaak bij haar opriepen, wees ze ernaar. 'Kijk eens wat papa heeft meegebracht!'

Het spel van het gelukkige gezin kan weer beginnen, dacht ik vermoeid, maar het gevoel van zijn vingers op mijn arm bleef in mijn geest gegrift terwijl ik de rol weer op me nam van de plichtsgetrouwe dochter.

De middagroutine omvatte niet langer het moeizame geschuifel naar de badkamer. Rubberslangen en een plastic zak hadden die noodzaak vervangen. In plaats daarvan hielp ik haar in bed, waste haar en schudde de kussens op. Uitgeput deed ze dan haar ogen dicht en viel ze in slaap. Dan sloeg ik een boek open en probeerde me te verdiepen in de inhoud ervan, terwijl ik wachtte op de wagentjes die thee, avondeten en pijnstillers brachten. Als de laatste waren toegediend, kon ik eindelijk ontkomen naar de lounge.

Tussen de komst van de diverse wagentjes door zaten grote families rond het bed van geliefde mensen, maar als het bezoek van mijn vader voorbij was, hield ik als enige de wacht bij haar bed. Een musicienne kwam geregeld op bezoek om de melodieën te spelen die de patiënten tot rust moesten brengen en amuseren, en mijn moeder vroeg altijd om haar lievelingslied. 'Vraag haar "Londonderry Air" te spelen,' was haar vaste verzoek. Dan werd er liefdevol getokkeld op de snaren van de lier en zweefden de hypnotiserende klanken door de lucht voor een publiek van vier oude dames en mij.

Toen ik de dertiende avond in de lounge zat, voelde ik tranen over mijn wangen druppen. Kwaad veegde ik ze weg. De controle over mijn herinneringen verdween toen de doos van het jaar 1959 opensprong en de inhoud naar buiten kwam. Dat jaar was de ene nachtmerrie geëindigd en de andere begonnen.

Twee kanten van me vochten die avond om de overhand te krijgen: het angstige kind dat in me leefde, en de succesvolle vrouw die ik met hard werken was geworden. Mijn visioen werd wazig en ik kreeg de bekende gewaarwording dat ik viel, alleen was ik deze keer wakker. Ik kreeg het benauwd en in de paniek veranderde mijn ademhaling in een pijnlijk gerochel. Het licht vervaagde, en toen voelde ik een hand op mijn schouder en hoorde ik een stem die vroeg: 'Toni, is alles goed met je?'

Ik keek op en zag Janes vriendelijke ogen, die bezorgd in die van mij keken. Nee, dacht ik, ik wil huilen, ik wil armen om me heen, ik wil getroost worden, en ik wil dat mijn herinneringen verdwijnen.

'Ja,' antwoordde ik, en veegde mijn tranen weg. Toen werd mijn nieuwsgierigheid me de baas. 'Je weet wie ik ben, hè?'

Haar vriendelijke ogen bleven naar me kijken terwijl ze knikte. Ze gaf een zacht kneepje in mijn schouder, liet me toen alleen en ging terug naar het bed van haar man.

Als golven die worden voortgedreven door een hevige storm sloegen mijn herinneringen toe, en ik vreesde dat ik zou verdrinken. Het masker waarachter ik het kind verborgen had, was afgegleden; niet langer was ik degene die ik met zoveel inspanning was geworden. In de twee weken die ik in het verpleeghuis had doorgebracht was Toni, de zelfverzekerde zakenvrouw, langzamerhand weggeglipt. Antoinette, het bange kind, de gehoorzame marionet van haar ouders, begon de macht weer over te nemen.

Ik was enorm afgevallen, en toen ik in de spiegel keek, staarden Antoinettes ogen, met de donkere kringen, me vol angst en paniek aan, gevoelens die nu dreigden me te overspoelen.

Niet in staat aan mijn herinneringen te ontkomen, voelde ik dat het verleden me terugtrok, dat ik dreigde mijn gezonde verstand te zullen verliezen, dat ik wankelde langs een afgrond, aan de rand waarvan ik al twee keer had gestaan. Ik voelde weer de aandrang die afgrond over te steken, want aan de andere kant lag de veiligheid, een veiligheid waarin alle verantwoordelijkheid voor ons leven wordt weggenomen en we die als een kind overdragen aan anderen. Dan kunnen we ons als een embryo ineenrollen en de dagen over ons heen laten gaan tot de geest een lege ruimte wordt en voor altijd bevrijd is van nachtmerries.

Mijn slaap, soms aan het bed van mijn moeder, soms op een veldbed in de kamer van de dokter, werd door voortdurende nachtmerries onderbroken. Daarin was ik hulpeloos, omdat alle controle aan me ontglipte. Waarschuwende belletjes klonken in mijn hoofd toen ik mijn volwassen persoonlijkheid voelde verzwakken. Ik had hulp nodig, en snel. Dit zou me niet gebeuren, niet weer. Ik wilde – kon – dat niet toestaan.

Ik ging naar de geestelijke. Denkend dat ik een beetje verlichting zocht van het zorgen voor de stervenden, van het vasthouden van skeletachtige handen en het overhandigen van zakdoekjes aan bedroefde nabestaanden van een onlangs overledene, liet hij me glimlachend binnen in zijn kamer. Hij wist niet dat dit niet bepaald zijn geluksdag zou worden.

'Ik moet praten,' wist ik eruit te brengen terwijl ik ging zitten, en hij zag dat de stoïcijnse, beheerste vrouw die hij kende volkomen verdwenen was. De bezorgde blik op zijn gezicht bewees dat hij besefte dat hij met iets meer te maken zou krijgen dan alleen met een vrouw wier moeder op sterven lag. Want mijn moeder was tachtig, wat over het algemeen toch als een lang leven zou worden beschouwd, en ik had een jaar de tijd gehad om me voor te bereiden op de onvermijdelijke afloop van haar kanker. Maar dat, zoals hij spoedig zou ontdekken, was niet de reden waarom ik hem wilde spreken.

Hij, een medelevende man met gevoel voor humor, was de geestelijke naar wie mijn moeder verschillende keren midden in de nacht had gevraagd, voordat ze ontdekte dat de moed haar uiteindelijk ontbrak om hem haar angst toe te vertrouwen. Want hoe kon ze berouw hebben over iets dat ze nog steeds weigerde toe te geven? Mijn moeder, besefte ik nu, zou sterven in de vaste overtuiging dat zij het slachtoffer was, een overtuiging die alles zou overheersen en alle twijfels zou onderdrukken.

Hij keek me verwachtingsvol aan terwijl ik mijn nicotinestaafje met bevende handen opstak. Hakkelend vertelde ik hem mijn verhaal, vertelde dat ik de emoties die ik als kind had ervaren opnieuw beleefde, maar vermengd met iets dat leek op schaamte, een schaamte die ik zoveel jaren had toegestaan me in haar greep te houden. Waar mijn moeder het spel van het gelukkige gezin had geregisseerd toen ik nog een kind was, had ik als volwassene dezelfde mythe laten voortbestaan.

Waarom, vroeg ik hem, had ik dat gedaan? Waarom had ik een verleden verzonnen waarin liefhebbende ouders voorkwamen? Waarom had ik mezelf voor de gek gehouden en nooit de moed gevonden me ervan los te maken?

'Waarom, denk je, dat je dat niet kon?' vroeg hij, terwijl hij de stilte liet voortduren, me tijd gaf om na te denken, terwijl hij geduldig wachtte op mijn antwoord.

'Ik wilde net als de anderen zijn als ze het hadden over hun jeugd. Ik wilde dat ze zouden denken dat ik naar Noord-Ierland ging om mijn familie te bezoeken, dat ik bij een familie hoorde.'

'En was dat zo? Heb je ooit weer het gevoel gehad dat je bij je familie hoorde?'

Toen dacht ik aan de waarheid, de dingen die ik getolereerd had, de dingen die ik geaccepteerd had en nooit in twijfel had getrokken.

'Nee, ik probeerde altijd op bezoek te gaan als mijn vader naar zijn familie ging. Na die dag waarop ze me verbannen hebben en ik niet meer bij hen thuis mocht komen, heb ik geen van hen ooit nog gezien, Mijn grootouders, tantes, ooms, en nichten en neven bleven zíjn familie, maar waren niet langer de mijne.'

Ik zweeg even en erkende toen wat ik zelfs tegenover mezelf niet had willen toegeven. 'Weet u, diep in mijn hart miste ik hen als tiener heel erg, maar ik stond mezelf nooit toe eraan te denken, te bekennen hoe eenzaam ik was. Ik heb mezelf nooit toegestaan enige verbittering te voelen, maar toen mijn grootmoeder me vertelde dat ik niet langer welkom was in hun woningen, was ik als verdoofd van wanhoop.'

Ik zweeg even, terwijl ik me de gevoelens herinnerde van zo scherp te worden afgewezen.

'Wat ik voelde, ging dieper dan eenzaamheid; het was het gevoel dat ik een vreemde was voor iedereen ter wereld. Later, als hij naar een trouwpartij in de familie ging, en dat gebeurde diverse malen, en ik nooit werd uitgenodigd, vroeg ik me niet af waarom niet. Ik accepteerde het feit dat ik niet gewenst was en heb nooit iets gezegd over de onredelijkheid ervan. Ik wist dat ze collectief een besluit hadden genomen, dat ze daar niet op terug konden komen, want ze hadden míj maar niet hém uit hun hart gebannen. Ik mocht zelfs niet op de begrafenis van mijn grootmoeder komen. Eens had ze van me gehouden en ik van haar. Dat alles werd me ontnomen door wat híj had gedaan, niet ik, en mijn moeder zei nooit een woord erover. Ze accepteerde het gewoon.'

'En je familie in Engeland? Je had vroeger toch een sterke band met ze?'

'De jaren die mijn vader in de gevangenis heeft gezeten, de jaren die ik in een psychiatrische inrichting heb doorgebracht, zorgden voor te veel hiaten om een goed gesprek met ze te kunnen voeren. Ik voelde me nooit op mijn gemak, want zij, de enkelen die ik sprak toen ik pas uit Noord-Ierland terugkwam, konden niet begrijpen waarom ik niet thuis woonde en banen aannam om te overleven. Ze zagen me, geloof ik, meer als de dochter van mijn vader, een man die ze altijd als hun mindere hadden beschouwd, en natuurlijk had ik zoveel te verbergen dat ik een heimelijke indruk op hen moet hebben gemaakt. Ik was onaangepast. Ik had ze waarschijnlijk wel kunnen opzoeken, maar ik verkoos het niet te doen.'

Zelfs de oma, met wie ik zo'n hechte band had gehad toen ik in Engeland woonde, was door de familiegeheimen van me verwijderd geraakt. Ze mocht niet weten waarom ik vervroegd van school was gegaan en de plannen voor een universitaire studie had opgegeven, die ik haar eens zo enthousiast had beschreven. Ik zag haar nog maar een paar keer voor ze stierf.

De geestelijke keek me vol medeleven aan. 'Dus als tiener had je niemand, geen broer of zus, geen uitgebreide familie, geen ooms en tantes bij wie je je heil kon zoeken, alleen je ouders.' Toen stelde hij me een onverwachte vraag. 'Hield je van ze?'

'Ik hield van mijn moeder. Dat is nooit veranderd. Ik heb nooit van mijn vader gehouden. Toen ik klein was, was hij zó vaak weg, dat hij iemand leek die op bezoek kwam en cadeautjes voor me meebracht. O, hij kon immens charmant zijn als hij wilde, maar ik was altijd bang voor hem. Zelfs nu heb ik nog gemengde gevoelens. Dat is juist zo verwarrend. Het ene moment zie ik een oude man die nog steeds van zijn vrouw houdt, zoals hij altijd heeft gedaan. Ik weet hoe goed hij voor haar zorgde toen ze ziek werd. En dan herinner ik me het monster uit mijn jeugd. Hij kan me nog steeds intimideren,' bekende ik ten slotte.

'Liefde is een gewoonte die moeilijk te verbreken is,' zei hij zacht. 'Vraag het aan iedere vrouw die een slechte relatie heeft gehad lang nadat die is opgehouden. Vrouwen die vaak naar een opvanghuis hebben moeten vluchten, nemen hun gewelddadige partner terug. Waarom? Omdat ze niet houdt van de man die haar heeft misbruikt, maar van de man met wie ze dacht dat ze getrouwd was. Ze zoekt die man steeds weer opnieuw. Je band van liefde werd geknoopt als baby: de band tussen moeder en dochter werd toen gesmeed. Als je vader haar gewelddadig had behandeld, had je misschien geleerd hem te haten, maar dat deed hij niet, en je moeder heeft jou en zichzelf gehersenspoeld om te geloven dat zij het slachtoffer was van jouw gedrag. Emotioneel draag je de schuld van je kindertijd; logisch gedacht weet je dat je ouders je niet verdiénen, en jij verdiende hén zeker niet, dat deed geen enkel kind. Ik ben een man Gods, ik preek vergiffenis, maar, Toni, je moet duidelijk weten welke rollen je ouders gespeeld hebben, je moet de rol accepteren die je moeder heeft gekozen, teneinde jezelf te bevrijden, want dat is het enige waarmee je nooit tot een vergelijk hebt kunnen komen.'

Zijn woorden leken de barrières af te breken die ik rond de waarheid had opgeworpen. De woorden, toen ze eenmaal werden losgelaten, stroomden naar buiten. Ik vertelde hem dat ze voortdurend zei dat ik 'mijn best moest doen om het mijn vader naar de zin te maken', dat ze 'genoeg had geleden', dat ze 'het ene medicijn na het andere slikte tegen de zenuwen', dat ik haar altijd 'zorgen had gegeven'.

'Ik zag ertegenop om naar huis te bellen, maar deed het bijna elke week, en ik wist dat ik haar gebruikelijke refrein te horen zou krijgen: "Wacht even, schat, papa wil wat zeggen", en al die jaren deed ik haar zin, bang dat ze niet meer van me zou houden als ik haar confronteerde met de werkelijkheid.'

En ten slotte vertelde ik hem wat ik nooit tegen iemand had gezegd, namelijk hoe ik me voelde ten opzichte van Antoinette, het kind dat ik eens geweest was.

'Ze zou zo heel anders zijn geweest als ze normaal had kunnen opgroeien, naar de universiteit was gegaan, vriendinnen had gehad. Ze heeft nooit een kans gekregen, en altijd als er iets misgaat in mijn leven, geef ik die kindertijd de schuld. Toen ik nog een stuk jonger was, nam zij het over en beleefde ik al haar emoties opnieuw. Dat was het moment waarop ik geestelijk schadelijke relaties aanging en zei: "Hallo, ik ben hier, dit voelt aan als mijn onderdak." Of mijn oude kindervriend, de fles, verscheen weer op het toneel. Ik heb mijn leven lang tegen die demonen gevochten en meestal heb ik gewonnen, maar nu win ik het niet.'

De asbak werd vol terwijl ik zat te praten, en mijn hoofd verhelderde toen ik de ultieme waarheid accepteerde.

'Ze heeft nooit van me gehouden. Ze heeft me nu nodig om rustig en vredig te kunnen sterven, met haar droom intact, de droom van een knappe man die haar adoreert, van een gelukkig huwelijk en één kind. Ik ben niet meer dan een medespeelster in haar laatste akte. Dat is mijn rol hier.'

'En ga je die droom vernietigen?'

Ik dacht aan de broze gestalte van mijn moeder, die nu zo afhankelijk van me was. 'Nee,' zuchtte ik. 'Hoe zou ik dat kunnen?'

# 25

Ik was naar een klein, bedompt vertrek in het politiebureau gebracht, waarin slechts een tafel met een bruin formicablad en een paar houten stoelen stonden. Onder mijn voeten zag ik gebarsten, bruin linoleum, en het enige kleine raam in de met nicotine besmeurde muur zat te hoog om naar buiten te kunnen kijken. Ik wist dat mijn vader in de buurt was. Ik wist dat er een eind moest zijn gekomen aan mijn nachtmerrie, maar in plaats van me opgelucht te voelen, was ik bang. Wat zou de toekomst nu voor me inhouden, vroeg ik me af.

De deur ging open en ik zag dezelfde vrouwelijke agent die ik eerder had gezien, maar deze keer werd ze vergezeld van een andere jonge vrouw in burgerkleding. Ze vroegen me of ik had gegeten. Toen ik mijn hoofd schudde, ging de agent weg, om een paar minuten later terug te komen met een blad met thee, sandwiches en een paar chocoladebiscuitjes, die ze met een vriendelijke glimlach voor me neerzette. Er kwamen notitieboekjes tevoorschijn, wat me duidelijk maakte dat, ook al probeerden ze een ontspannen sfeer te scheppen, het allemaal toch heel officieel was. De vrouw in burgerkleding werd aan me voorgesteld als een maatschappelijk werkster, die Jean heette. Ze vroegen me of ik wist waarom ik hier was, en vervolgens of ik me er goed van bewust was dat wat mijn vader en ik hadden gedaan een misdrijf was. Op beide vragen antwoordde ik fluisterend 'Ja.'

Vriendelijk legde de politievrouw uit dat mijn vader ook ondervraagd werd in een ander vertrek, en dat ik alleen maar de waarheid hoefde te vertellen. Ze legde verder uit dat hij, omdat ik minderjarig was, de schuld droeg van het misdrijf en dat hij ongetwijfeld naar de gevangenis zou gaan.

'Antoinette, jij hebt niets verkeerds gedaan, maar we moeten je een paar vragen stellen. Denk je dat je die kunt beantwoorden?' vroeg de politievrouw.

Ik staarde haar aan. Hoe zou ik kunnen praten over een geheim dat ik zoveel jaren verborgen had gehouden? Een geheim waarvan mijn vader me herhaaldelijk had verteld dat ze het mij zouden verwijten? Ik had al ondervonden dat als het ontdekt werd, het zou leiden tot de woede en verwijten die hij had voorspeld.

Toen mengde Jean zich voor het eerst in het gesprek.

'Antoinette, ik wil je helpen, maar dat kan ik alleen als ik jouw versie van het verhaal ken. Ik weet dat het pijnlijk voor je is, maar we staan aan jouw kant.'

Ze strekte haar hand over tafel uit en pakte mijn hand vast. 'Geef alsjeblieft antwoord op de vragen.'

De eerste vraag voor de bewijsvoering werd gesteld door de politievrouw.

'Hoe oud was je toen je vader je voor het eerst aanraakte?'

Ik voelde de warme druk van Jeans hand op de mijne.

'Zes,' fluisterde ik ten slotte, en toen kwamen de tranen los. Een stille stroom vloeide over mijn wangen. Zwijgend werden me zakdoekjes overhandigd. Geen van beide vrouwen zei iets tot ik me weer beheerst had.

'Waarom heb je al die jaren je mond gehouden? Waarom heb je het niet tenminste aan je moeder verteld?' waren de eerste vragen die Jean me stelde.

Er kwamen geen woorden, mijn doos met herinneringen bleef gesloten; de keer dat ik geprobeerd had het mijn moeder te vertellen bleef zorgvuldig opgeborgen. Ik schudde mijn hoofd. Zou mijn leven anders zijn geworden als ik het me toen had herinnerd en het hun had verteld? Ik zou beslist bij haar zijn weggehaald en de gebeurtenissen die me later beschadigden zouden niet zijn voorgevallen. Of zou die liefde voor haar me altijd hebben beïnvloed en een impact hebben gehad op mijn leven? Zelfs nu heb ik het antwoord op die vraag nog niet kunnen vinden.

Op een vriendelijke manier wisten ze uit me te krijgen hoe hij me in de weekends had meegenomen voor autoritjes, dat hij me had verteld dat ze me weg zouden halen als ik mijn mond opendeed, dat de mensen mij de schuld zouden geven en mijn moeder niet meer van me zou houden. Toen ze dat hoorden zag ik dat de twee vrouwen een blik wisselden die ik begreep. Ze wisten dat zijn dreigementen waar waren. Zij wisten beter dan ik dat alles waarmee hij had gedreigd, en erger, werkelijkheid zou worden – zoals ik ook zou ondervinden – en dat elk spoor van mijn kindertijd definitief was verdwenen.

Langzamerhand werd met meelevende vragen het verhaal uit me getrokken, waarop ik naar waarheid antwoordde. Maar het was me onmogelijk enige aanvullende informatie te verschaffen. Het zou heel wat jaren duren voor ik zonder schaamte en schuldbesef vrijuit over mijn kindertijd zou kunnen praten. Ze vroegen of ik niet bang was geweest om zwanger te worden. Ik antwoordde dat ik gedacht had dat het onmogelijk was om zwanger te worden van mijn vader.

Het tikken van de klok markeerde de tijd die verstreek. Vermoeidheid en hopeloosheid vervulden me terwijl ik me voortdurend afvroeg wat er met me zou gebeuren.

'Wat zijn je plannen voor de toekomst?' vroeg Jean. 'Zul je nu op school kunnen blijven?'

Ik keek haar niet-begrijpend aan, maar besefte plotseling wat ze bedoelde. Ik was een betalende leerling, mijn vader ging de gevangenis in, en ook al werkte mijn moeder, mijn vader had het hoogste inkomen. Plotseling drong de enormiteit van wat ik had gedaan tot me door, besefte ik wat voor schade ik had aangericht; het huis van mijn ouders was gekocht met een banklening, mijn moeder kon niet autorijden en mijn schoolgeld kon niet betaald worden. Alle gedachten aan het tehuis waarin mijn ouders me hadden willen opbergen verdwenen uit mijn hoofd en een schuldbewuste paniek kwam ervoor in de plaats. Ik had, besefte ik, het leven van mijn moeder verwoest.

Toen ze mijn wezenloze blik zag veranderen in begrip, toen iets van wat me te wachten stond tot me doordrong, probeerde ze me gerust te stellen.

'Antoinette, dit is niet jouw schuld. Je moeder moet toch wel wat vermoed hebben in al die jaren?'

Zoiets geloven zou te veel voor me zijn geweest, zou ik niet hebben kunnen verdragen. Hoe had ik opgewassen kunnen zijn tegen de gedachte aan dat verraad van de enige van wie ik onvoorwaardelijk hield? Wanhopig ontkende ik het, en weer zag ik de blik die ze wisselden, een blik die een mengeling was van medelijden en ongeloof.

'Antoinette,' zei de politievrouw, medelevend en tegelijk vastbesloten haar werk te doen, 'je zult getuige moeten zijn bij het proces van je vader – begrijp je wat dat betekent?'

Voor ik tijd had om me dat te realiseren, vergrootte ze mijn angst door me te vertellen dat hij op borgtocht zou worden vrijgelaten en hij en ik samen terug zouden gaan naar huis. Toen verliet ze het vertrek en liet me achter met Jean. Ik bleef zwijgend zitten terwijl de feiten langzaam tot me doordrongen, en toen kwam mijn angst boven.

'Ik kan niet naar huis,' stamelde ik. 'Alstublieft.'

Ik voelde Jeans medelijden toen ze antwoordde: 'Tenzij de politie verklaart dat je risico loopt, kan ik niets doen.'

Minuten gingen voorbij voordat de deur openging en de politievrouw weer binnenkwam, vergezeld van haar brigadier. Met een effen gezicht gingen ze tegenover me zitten.

'Je vader heeft schuld bekend,' viel de brigadier met de deur in huis. 'Dat maakt het proces gemakkelijker voor je. Het proces zal *in camera* worden gehouden omdat je minderjarig bent. Weet je wat dat betekent?'

Ik schudde mijn hoofd en probeerde 'nee' te fluisteren.

'Dat betekent dat geen pers of publiek dat niets met de zaak te maken heeft, zal worden toegelaten. De datum voor het proces is nog niet vastgesteld, maar dat zal niet langer duren dan een paar weken. Nu brengen we jou en je vader naar huis.'

Ik barstte in tranen uit. Verzwakt als ik was door bloedverlies en mijn spoedoperatie, liet mijn weerstand me in de steek. Ik voelde me verlamd van angst.

'Stuur me alstublieft niet terug,' hijgde ik tussen mijn snikken door, denkend aan de afranseling toen ik mijn schooluniform niet had opgeborgen. Als hij dat had gedaan voor zo'n licht vergrijp, wat voor straf zou ik hiervoor dan wel niet krijgen? Doodsbang klampte ik me vast aan de rand van de tafel, alsof ik op die manier het moment kon uitstellen dat ik naar huis moest.

De politievrouw was de eerste die sprak. 'We hebben geen opvang voor iemand van jouw leeftijd, Antoinette, maar je ouders zullen je geen kwaad meer doen. De brigadier, Jean en ik gaan met je mee om met je moeder te praten.'

De brigadier probeerde me verder gerust te stellen. 'Met je vader is al gesproken. Hij kent de gevolgen als hij je weer iets zou doen.'

Zijn woorden boden me weinig troost, want ik kon me de woede van mijn moeder herinneren, de minachting van de dokter en de wreedheid van mijn vader. Ik wist dat ik werd teruggebracht naar een huis waar ik niet gewenst was, naar een moeder die niet meer van me hield en een man die mij de schuld zou geven van alles wat er nu met het gezin ging gebeuren.

We werden in twee neutrale auto's teruggereden, zoals mijn moeder gevraagd had, en stopten voor het huis waar de lichten nog brandden. Met een stug gezicht liet mijn moeder ons binnen en liet mij toen goddank naar boven gaan naar mijn kamer, waar ik het gemompel van stemmen kon horen maar ze niet verstond. Ik rammelde van de honger en realiseerde me dat ik behalve de sandwiches die de politievrouw me had gegeven niets meer had gegeten sinds het ontbijt in het ziekenhuis. Ik vroeg me af of mijn moeder daaraan zou denken, maar toen ik eindelijk de deur achter de politie hoorde dichtvallen, hoorde ik geen voetstappen die naar mijn kamer kwamen. Eindelijk viel ik in een rusteloze slaap, waarin de dromen hun angst verspreidden. Ik werd wakker in een zwijgend huis.

# 26

De dag waarnaar ik vol angst had uitgekeken was aangebroken. De dag waarop mijn vader berecht zou worden voor de misdaad die hij jegens mij had gepleegd, de misdaad van veelvuldige verkrachtingen.

Mijn moeder, die nog steeds beweerde dat zij het slachtoffer was in deze driehoeksverhouding, had geweigerd met me mee te gaan naar de rechtbank. In plaats daarvan was ze normaal naar haar werk gegaan. De brigadier, die voelde dat ik behoefte had aan vrouwelijke steun, had me verteld dat hij zijn vrouw mee zou nemen om voor me te zorgen. Terwijl ik thuis voor het raam stond, te bang om te gaan zitten, wachtte ik tot ze zouden verschijnen.

Mijn vader was al weg; hij was op eigen houtje naar de rechtbank gegaan en had zijn auto achtergelaten, wat me duidelijk maakte dat wát zijn advocaat ook had gezegd, hij wist dat hij aan het eind van de dag niet naar huis terug zou keren. In ieder geval was zijn aanwezigheid me die ochtend bespaard gebleven.

Niet in staat me te ontspannen, was ik al kant en klaar; ik was al een paar uur eerder wakker geworden. Ik had een grijze rok en blouse aangetrokken met mijn schoolblazer eroverheen. Ik wist niet of ik nog wel het recht had die te dragen, maar omdat ik geen ander jasje bezat, had ik geen keus.

Judy had haar ochtendwandeling al gemaakt. Mijn grotendeels onaangeroerde ontbijt was allang afgeruimd toen het geluid van een auto de komst van de brigadier aankondigde. Gekleed in zijn dagelijkse uniform van een tweedjasje en een grijze broek, deed hij het portier voor me open en stelde zijn echtgenote voor, een kleine, mollige vrouw, die me met een vaag lachje begroette. Het gesprek in de auto was geforceerd. In gedachten zag ik alleen maar de kille, starende blik van mijn moeder, als ze niet kon vermijden me aan te kijken. Nu zou mijn wens om in een huis te wonen, waar alleen mijn moeder en ik zouden zijn, eindelijk vervuld worden, maar dat daar nu geen geluk uit zou voortkomen had ik me al lang geleden gerealiseerd.

Eindelijk kwam de grimmige façade van het gerechtsgebouw in zicht. Met loodzware benen liep ik door de dubbele deur het intimiderende interieur in. Advocaten, rechtsdienaren en onder verdenking staande criminelen zaten in groepjes bijeen op banken die ontworpen waren zonder enige zorg voor stijl of comfort. Ik zat geflankeerd door de brigadier en zijn vrouw, en vroeg me af waar mijn vader was, maar gelukkig zag ik hem niet. Ik wachtte op het moment dat ik zou worden geroepen om tegen hem te getuigen.

De spiegel had me die ochtend een betrokken, bleek gezicht getoond, omlijst door schouderlang steil haar, een gezicht dat ouder leek dan mijn vijftien jaar. Geen make-up camoufleerde mijn bleke huid of maskeerde de donkere schaduwen onder mijn ogen, die geen jeugdig optimisme uitstraalden of de vrolijke verwachtingen van een tiener die haar hele leven voor zich had. Het was het gezicht van een meisje in wie alle hoop en vertrouwen zo niet gestorven was, dan voor die dag toch wel was verdwenen.

Er werd thee gebracht terwijl we zaten te wachten en toen ging de deur van de rechtszaal open en de in zwart pak gestoken gerechtsbode, die ik al van gezicht kende, kwam tevoorschijn. Hij kwam haastig naar me toe en zei dat mijn vader al getuigenis had afgelegd en schuld had bekend, zodat ik niet verhoord hoefde te worden. Maar hij zei dat de rechter een paar vragen voor me had, en liet me toen binnen.

Er werd me een bijbel voorgelegd waarop ik moest zweren dat ik 'de waarheid en niets dan de waarheid' zou zeggen. Ze vertelden me waar ik moest staan en draaiden me toen om naar de van een pruik voorziene rechter, die me met een vriendelijke glimlach vroeg of ik wilde zitten, wat ik maar al te graag deed. Mijn mond was kurkdroog, en de rechter gaf opdracht me een glas water te brengen. Ik dronk met kleine slokjes en voelde het water dankbaar door mijn uitgedroogde keel glijden.

'Antoinette,' begon hij, 'ik wil graag dat je een paar vragen beantwoordt, dan ben je vrij om te gaan. Beantwoord ze zo goed mogelijk. En denk eraan dat je hier niet terechtstaat. Kun je dat?'

Diep onder de indruk van zijn witte pruik en rode toga fluisterde ik: 'Ja.'

'Heb je het ooit aan je moeder verteld?'

Ik ontkende.

Zijn volgende vraag verraste me, en ik voelde een gespannen aandacht in de zaal die me niet eerder was opgevallen. 'Weet je het van de bloemetjes en de bijtjes? Weet je hoe vrouwen zwanger kunnen worden?'

Weer fluisterde ik: 'Ja.'

'Dan moet je toch bang zijn geweest om zwanger te worden?'

Ik keek hem aan en wist, zonder te begrijpen waarom, dat het antwoord op die vraag belangrijk was.

'Hij gebruikte altijd iets,' was mijn antwoord, en ik hoorde de zucht van de advocaat van mijn vader.

'Wat gebruikte hij?' was zijn laatste vraag.

'Het zag eruit als een ballon.' Met mijn gebrek aan belangstelling voor jongens hoefde ik het woord condoom niet te gebruiken.

Ik besefte toen niet dat mijn antwoord de voorbedachte raad had bevestigd. Die paar woorden zorgden ervoor dat mijn vader gevangenisstraf kreeg en niet naar de psychiatrische inrichting werd gestuurd, zoals zijn advocaat had gehoopt. Ik mocht gaan van de rechter, en de blik van mijn vader vermijdend, verliet ik de rechtszaal en ging terug naar mijn plaats in de wachtkamer. Daar zou ik moeten blijven tot de rechter het vonnis had uitgesproken en ik van de afloop op de hoogte was gebracht.

Ik staarde naar mijn gevoel urenlang naar de deur van de rechtszaal, maar in werkelijkheid kon het niet veel langer dan een kwartier hebben geduurd. Ik zag de deur opengaan en de advocaat van mijn vader naar buiten komen. Hij liep naar me toe.

'Je vader is tot vier jaar veroordeeld,' zei hij. 'Met goed gedrag zal hij over tweeënhalf jaar vrijkomen.' Er klonk geen emotie in zijn stem over het lot van zijn cliënt. 'Je vader wil je spreken. Hij is in de arrestantencel – jij moet zeggen of je het wilt of niet. Je hoeft niet.'

Gedrild als ik was om te gehoorzamen, stemde ik toe, en hij bracht me naar de cel van mijn vader. Alle angst verdween toen ik naar de man keek die me jarenlang had gekweld, en wachtte tot hij iets zou zeggen.

'Jij zorgt nu voor je moeder, Antoinette, begrepen?'

'Ja, papa,' antwoordde ik voor de laatste keer. Toen draaide ik me om en liep weg om op zoek te gaan naar de brigadier en zijn vrouw.

'De rechter wil je even spreken,' zei de brigadier toen de gerechtsbode naar ons toe kwam en me wenkte hem te volgen.

Een paar ogenbikken later stond ik voor de tweede keer tegenover de rechter, deze keer in zijn kamer. Pruik en toga had hij al afgelegd. Hij gebaarde dat ik moest gaan zitten, keek me ernstig aan en vertelde me de reden waarom hij me onder vier ogen wilde spreken.

'Antoinette, je zult ondervinden, zoals ik weet dat je al gedaan hebt, dat het leven niet rechtvaardig is. De mensen zullen je verwijten maken, zoals ze al gedaan hebben. Maar ik wil dat je heel aandachtig naar me luistert. Ik heb de politierapporten gelezen, en ook je medische rapporten. Ik weet precies wat er met je gebeurd is, en ik wil je zeggen dat het in geen enkel opzicht jouw schuld is. Je hebt niets gedaan waarvoor je je hoeft te schamen.'

Die woorden borg ik veilig op, klaar om ze tevoorschijn te halen als dat nodig was.

Een zaak die *in camera* wordt behandeld mag dan het aantal mensen beperken dat in de rechtszaal wordt toegelaten, maar nooit de stemmen daarbuiten. Ambulancechauffeurs, verpleegsters, de politie zelf en twee docenten stonden allemaal op de verdachtenlijst van mijn moeder toen ze zich ervan bewust werd dat er in het hele dorp over gepraat werd.

Niet alleen spraken ze erover, maar ze hadden ook partij gekozen. Coleraine, zijn door en door protestantse geboorteplaats, gaf het kind de schuld.

Ik had een goed ontwikkeld lichaam, mijn verlegenheid maakte dat ik hooghartig overkwam, en ik sprak met het accent van de Engelse middenklasse, dat in die tijd allesbehalve populair was in Ulster. Mijn vader daarentegen kwam uit Coleraine, had gevochten in de oorlog, was met medailles overladen teruggekomen en werd door de familie als een held beschouwd. Omdat er in Noord-Ierland geen dienstplicht bestond, was elke man die in de Tweede Wereldoorlog had gevochten een dappere vrijwilliger. Ze vonden dat zijn fout was geweest een vrouw te kiezen die niet alleen vijf jaar ouder was dan hij, maar die bovendien neerkeek op zijn vrienden en familie. Hij was de goeie kameraad in de pubs, een amateurkampioen golf en een briljant snookerspeler, een man die door mannen zowel als vrouwen werd gerespecteerd en in de armen gesloten.

'Pedofiel' was niet een woord dat in zwang was, en bovendien zouden ze mijn vader nooit zo betiteld hebben. Ik was een gewillige partner geweest, zeiden ze, en om mezelf te redden toen ik zwanger werd, krijste ik dat ik verkracht was. Ik had mijn eigen vader voor het gerecht gesleept, tegen hem getuigd en de vuile was van een grote familie buiten gehangen. Omdat de zaak *in camera* werd behandeld, waren er maar weinig feiten naar buiten gekomen, maar zelfs al waren die allemaal in de kranten afgedrukt, dan nog betwijfelde ik of iemand in het dorp ze zou hebben geloofd. Ik leerde al vroeg dat mensen geloven wat ze wíllen geloven, inclusief de man of vrouw die leugens vertelt.

Ik werd me voor het eerst bewust van de reactie van het dorp toen ik op bezoek ging bij een van de nichten van mijn vader, Nora, een vrouw met een vijfjarig dochtertje, op wie ik erg dol was. Ik was haar babysitter geweest en had talrijke keren met haar gespeeld. Nora's deur zwaaide open en ze stond voor me met haar handen op haar heupen en een woedend gezicht, terwijl haar dochtertje zich achter haar rok verschool en voorzichtig om haar heen gluurde.

'Je hebt wel léf om hier te komen! Dacht je dat we onze dochter laten spelen met iemand als jij? We weten wat je gedaan hebt – we weten het allemaal van je vader en jou.' Woede, gemengd met afkeer, verstikte haar toen ze de laatste woorden eruit bracht. 'Verdwijn, en kom nooit meer terug.'

Ik wankelde achteruit alsof ik een klap in mijn gezicht had gekregen, en het laatste wat ik zag van het kleine meisje met wie ik gespeeld had, waren haar verbijsterde blauwe ogen die naar me opkeken voordat de deur voor mijn neus werd dichtgesmeten. Als verdoofd ging ik naar huis, naar de kilte van mijn moeder. Ze had haar baan opgegeven, zei ze, en zou geen moment haar huis verlaten. Ze kon de schande niet verdragen – het stond in de krant. En dat was waar. Mijn naam werd niet genoemd, en heel naïef had ik gedacht dat dit me op een of andere manier zou beschermen, maar iedereen wist het, en nu was het officieel bevestigd.

Mijn moeder vertelde me dat ze het huis te koop zou aanbieden en dat we zouden verhuizen, niet naar Engeland, zoals ik hoopte, maar naar Belfast. Zodra het huis verkocht was, zouden we vertrekken. In die tussentijd moest ík alle boodschappen doen; ze was niet van plan het dorp en de roddels te trotseren – dat mocht ik doen. Ik kon op school blijven tot we weggingen, want dan was ik tenminste het huis uit. Maar daarin vergiste ze zich, want de volgende dag werd ik van school gestuurd.

Er viel een stilte toen ik in de aula van de school kwam: meisjes van wie ik dacht dat ze mijn vriendinnen waren, wendden zich af, op één na. Lorna, mijn vriendin uit Portstewart, bij wie ik vaak op bezoek was geweest, keek me aan en glimlachte. Denkend dat ze nog steeds mijn vriendin was, liep ik naar haar toe. Ze keek me verward aan, want zij was benoemd tot woordvoerster van de groep. Al leek ze allesbehalve ingenomen met die taak, toch kon ik merken dat ze vastbesloten was haar voorbereide toespraak te houden.

'Mijn moeder zegt dat ik niet meer met jou mag omgaan.' Toen zweeg ze, en vervolgde toen: 'Het spijt me, maar we hebben allemaal hetzelfde te horen gekregen.'

Ik stond in de school met mijn tas tegen me aan geklemd, te verbijsterd om enige emotie te voelen, en zag de plaatsvervangend directrice naar me toe komen.

'Antoinette, we hadden je vandaag niet verwacht. We hebben je moeder geschreven. Heeft ze onze brief niet ontvangen?'

Ik vertelde haar dat de post altijd pas kwam als ik al naar school was, en haar enige reactie was dat ze haar lippen samenkneep, terwijl haar kleine, donkere ogen van mijn gezicht naar een punt boven mijn schouder gingen. Ik bleef zwijgend staan, in de hoop te kunnen uitstellen wat ik wist dat ging komen. Eindelijk ging ze verder. 'Je kunt niet op deze school blijven. Je moeder zal de brief vandaag wel ontvangen.' Ze moet hebben gezien hoe ontdaan ik was toen ze me vol afkeer aankeek, maar haar enige antwoord op mijn zwijgende smeekbede was een vraag.

'Wat had je verwacht na alles wat je hebt uitgehaald? We weten het van jou en je vader. We hebben telefoontjes gehad van ouders, het bestuur is gisteravond geraadpleegd en we hebben erover vergaderd. Het is een unaniem besluit: je bent niet langer welkom op deze school. Je lessenaar en klerenkast zijn leeggeruimd. Volg me nu naar mijn kantoor, dan kun je je eigendommen ophalen.'

De schande werd me te veel. Ik rebelleerde en keek haar aan. 'Het was niet míjn schuld,' protesteerde ik. 'Hij dwong me.'

'Wát, elke keer? Maak het niet nóg erger.'

Toen, nu haar onaangename plicht achter de rug was, liep ze met me naar buiten naar het hek.

'Probeer niet om contact op te nemen met een van de meisjes – hun ouders willen niet dat ze iets met jou te maken hebben,' waren haar afscheidswoorden, en ik liep weg van het gebouw waar ik acht jaar lang het grootste deel van mijn opleiding had gevolgd. Hier had ik aarzelend geprobeerd die prille vriendschappen te sluiten, het soort vriendschappen waarvan we hopen dat ze ons leven lang zullen duren. Ik beet op de binnenkant van mijn wang om te verhinderen dat ik zou gaan huilen, terwijl ik trachtte te bedenken wat ik kon doen om mijn thuiskomst uit te stellen.

Ik wist dat mijn moeder inmiddels de brief zou hebben ontvangen. Hoe zou ze reageren? vroeg ik me met angst en beven af. Ik zag ertegenop om terug te gaan naar haar en de koude muur die ze tussen ons had opgericht. Een muur waarvan ik nooit had willen accepteren dat hij langzaamaan steen voor steen werd opgebouwd in de acht jaar nadat ik mijn zesde verjaardag had gevierd. Nu was het onmogelijk eroverheen te klimmen. Sinds ik haar verteld had over mijn zwangerschap was de laatste steen gelegd, en de kilte bewees dat daarmee ook het laatste restje liefde dat ze misschien ooit voor me gevoeld had, verdwenen was. Ik liep door, met mijn schooltas vol extra boeken uit mijn lessenaar. Wanhopig dacht ik dat mijn grootmoeder me toch zeker welkom zou heten omdat ze van me hield, en met die hoop sloeg ik de richting in naar haar huis.

Ze liet me binnen en ging naar de keuken om thee te zetten. Ze vroeg niet waarom ik daar was op een schooldag, en dat waarschuwde me voor wat er zou volgen. Ze zette een kopje thee voor me neer op de tafel en ging tegenover me zitten. Ze zag er afgetobd uit, gedemoraliseerd door het schuldige gedrag van haar zoon en het besluit dat ze naar haar gevoel moest nemen. Ze vertelde me de beslissing van de familie zo goed en zachtzinnig mogelijk.

'Ik wist dat je vandaag hierheen zou komen. Ik weet wat Nora van plan is tegen je te zeggen.' Ze moest aan mijn gezicht hebben gezien dat ik al een bezoek had gebracht aan het huis van mijn vaders nicht. Ze zuchtte en legde over de tafel heen haar hand op de mijne.

'Antoinette, luister naar me. Je vader is mijn oudste zoon, en wat hij heeft gedaan, is verkeerd – ik weet het, maar toch kun je ons niet meer bezoeken.'

Ik staarde haar wezenloos aan. Ze sprak de woorden uit die ik diep in mijn hart gevreesd had te zullen horen. Ik zette mijn kopje neer en stelde haar een vraag waarop ik het antwoord al wist. 'Denkt u er allemaal hetzelfde over?'

'Ja, ga terug naar je moeder. Het zou beter zijn als ze met je naar Engeland zou gaan. Dat is waar jullie thuishoren.'

En dat was haar afscheid van mij, want ik heb haar nooit meer gezien.

Ik trok mijn schouders naar achteren en voor het eerst gaf ik haar geen afscheidszoen. Ik verliet haar huis en liep de straat uit, waar niet één mens me groette. Ik dacht aan de warmte van het huis van mijn grootouders, de liefde die me daar ten deel was gevallen. Ik herinnerde me haar verwelkomende lach toen we terugkwamen uit Engeland, en zag hoe ze haar schouders liet zakken toen het besef van wat haar zoon had gedaan tot haar doordrong. Ik voelde nu al het verlies van mijn familie, want ik wist dat ik die voorgoed kwijt was. Ik besefte dat het hém in de loop der jaren zou worden vergeven, maar niet mij, van wie ze vroeger veel gehouden hadden, zij het niet zoveel als van hem. Omdat ik nergens anders heen kon, dwong ik me dat laatste verlies te negeren en ging naar huis om de confrontatie met mijn moeder aan te gaan.

De weken voordat het huis en de auto van mijn vader verkocht waren, gingen in een ijzige kilte voorbij, tot zelfs het spitsroeden lopen in het dorp, waar de mensen mompelend naar me staarden als ik boodschappen deed, te prefereren was boven thuisblijven. Ik had op z'n minst enig begrip, zelfs sympathie, verwacht van de volwassen wereld, maar uiteindelijk kwamen kleine vriendschappelijke betuigingen slechts uit de meest onverwachte hoek. Onze buren, die iets gehoord moesten hebben van de driftbuien van mijn vader, nodigden ons uit om te komen eten. De man bood aan te helpen als er karweitjes in en rond het huis gedaan moesten worden, zodat we de hoogste prijs ervoor zouden krijgen, en zijn vrouw bood aan te helpen met inpakken. De volgende was de eigenaar van de dorpswinkel, de enige die normaal tegen me sprak.

'Je bent hier altijd welkom,' zei hij. 'Ik heb de verhalen gehoord, en ik moet zeggen dat ik een ander standpunt inneem dan de meeste mensen die je bent tegengekomen. Als iemand hier in de winkel onhebbelijk is tegen je, dan kunnen ze vertrekken, en dat weten ze.'

Niemand was het – ze deden gewoon of ik onzichtbaar was als ik met opgeheven hoofd, zonder naar links of naar rechts te kijken, mijn boodschappen uitzocht.

Mijn moeder hield woord, en afgezien van een enkel bezoek aan onze buren, op wie ze tot dusver altijd had neergekeken, verliet ze het huis nooit om zich in Coleraine te wagen. Pas toen het huis verkocht was en we naar Belfast gingen verhuizen, vertelde ze me wat haar plannen waren. Ze had een klein huis gehuurd in de beruchte Shankhillwijk, want dat was het enige wat we ons nu konden permitteren. Ze kon niet terug naar Engeland: ze wilde niet dat haar familie zou ontdekken waar haar man was, en om dezelfde reden kon ik niet weg. Ik zou werk moeten vinden in Belfast, een feit waarbij ik me al had neergelegd. Ik zou, had ik besloten, op zoek gaan naar een baan met kost en inwoning en weggaan bij mijn moeder. Ik besefte dat Judy niet met me mee kon en wist hoezeer ik haar zou missen, maar mijn moeder hield ook van haar en ik wist dat ze voor het dier zou zorgen als ik er niet was. Mijn behoefte om te ontsnappen aan mijn constante schuldgevoelens woog zwaarder dan elke andere emotie. Mijn lang gekoesterde droom om samen met mijn moeder te leven zonder mijn vader was veranderd in een nachtmerrie. Ik hield nog steeds van haar, wilde niets liever dan dat ze me enig begrip en affectie zou betonen, maar, gevangen in haar eigen depressie, kon ze me die niet geven. Twee maanden na de rechtszaak verhuisden we en kwamen aan in Belfast.

Ik vond de straten met de kleine huizen van rode baksteen en deuren aan het trottoir veel lijken op die in de buurt van mijn grootouders, maar groter en interessanter. Hier waren veel winkels, een pub op elke hoek en een constante stroom mensen. Zoals ik had kunnen voorspellen, haatte mijn moeder die buurt op het eerste gezicht. Dit betekende voor haar het einde van haar gedroomde leven in Ierland; dit was het dieptepunt waarin ze buiten haar schuld beland was. Een langzaam groeiende woede, gevoed door haar wrok tegen het leven, scheen zich van haar meester te maken. Een wrok niet alleen jegens de situatie waarin ze zich bevond, maar ook jegens mij. Ik liet twee dagen voorbijgaan en vertelde haar toen dat ik, nu we alles hadden uitgepakt, de volgende dag op zoek zou gaan naar werk.

# 27

De volgende ochtend keek ik in de krant gretig de rubriek aangeboden werk door, en omcirkelde alle advertenties voor banen met kost en inwoning. Ik wilde zo gauw mogelijk het huis uit. Toen ging ik, voorzien van een zak munten, naar de dichtstbijzijnde telefooncel.

Bij het eerste nummer dat ik belde werd ik te woord gestaan door een vriendelijke dame die zei dat ze een hulp zocht voor haar twee kleine kinderen. Daar zij en haar man een druk sociaal leven hadden, zou er gemiddeld vier avonden per week moeten worden opgepast, wat de reden was waarom er inwoning werd aangeboden. Ze vroeg of dat een probleem zou zijn. Ik verzekerde haar dat ik er absoluut niet naar verlangde om 's avonds uit te gaan, behalve om mijn moeder te bezoeken. We maakten een afspraak voor een onderhoud later op de dag.

Met een voldaan gevoel dat ik niet alleen een gesprek had weten te regelen, maar binnenkort ook mijn eigen onderdak zou hebben, ging ik naar huis om geschikte kleren uit te zoeken. Ik besloot tot een marineblauwe rok met een bijpassende twinset. Na alles gecontroleerd te hebben op mogelijke kreuken, legde ik het op bed. Ik poetste mijn zwarte schoenen met de lage hakken tot ik me erin kon spiegelen, pakte toen schoon ondergoed en keek of er geen ladder zat in mijn kousen.

Toen ik me ervan overtuigd had dat mijn kleren in orde waren, ging ik naar beneden naar de keuken, waar ik pannen water kookte om mijn keurig geknipte haar en mijzelf te wassen. Kijkend in de verweerde spiegel die tegen de muur naast de gootsteen stond, maakte ik me daarna zorgvuldig op. Een goed aangebrachte matte foundation, wat mascara en lichtroze lippenstift.

In de wetenschap dat mijn oude school me zo goed als zeker geen referentie zou geven, stopte ik, toen ik me had aangekleed, mijn laatste schoolrapport, waarin zowel mijn cijfers als mijn voorbeeldige gedrag werden vermeld, in mijn tas. Ik hoopte dat het mijn toekomstige werkgeefster tevreden zou stellen en ze niet om nog een schriftelijk getuigschrift zou vragen. Ik had in gedachten steeds weer mijn verhaal gerepeteerd waarom zo'n uitstekende leerling een baan zocht als au pair, tot ik vond dat het geloofwaardig klonk.

Na een laatste blik in de spiegel om mijn uiterlijk te controleren, pakte ik mijn tas en verliet het huis, voorzien van mijn kostschoolaccent, mijn rapporten en mijn goed ingestudeerde leugens.

De eerste bus die ik moest nemen bracht me naar het centrum van Belfast, daarna volgde een korte wandeling naar een volgende halte, waar de bus stopte naar de chiquere buurt van Malone Road. Dichtbij, wist ik, was de universiteit, waar ik, zoals ik nu had geaccepteerd, nooit zou studeren.

Toen ik mijn bestemming had bereikt, liep ik het korte eindje naar het huis dat ze me had opgegeven. Voor ik de tijd had om aan te kloppen, werd de deur al geopend door een aantrekkelijke, glimlachende jonge vrouw van begin twintig. Ze hield een mollige peuter in haar armen, van onbepaald geslacht; alleen het blauwe kruippakje gaf me een aanwijzing. Het tweede kind, een klein meisje dat op de duim van haar ene hand zoog, en zich met de andere hand vastklampte aan een plooi van haar moeders rok, nam me nieuwsgierig op.

'Ik kan geen hand geven,' zei de jonge vrouw lachend, terwijl ze opzij ging zodat ik binnen kon komen. 'Jij moet Toni zijn. Ik ben Rosa. Kom binnen.'

Ik volgde haar naar een mooie, pastelkleurige kamer die gedomineerd werd door een grote box. Ze bukte zich en zette voorzichtig de kleine peuter erin, wenkte mij om te gaan zitten en nam toen zelf plaats, terwijl ze me aandachtig opnam.

Rosa, zo vriendelijk als ze was, had kennelijk een hele lijst vragen voor iemand aan wie ze een deel van de zorg voor haar kinderen zou overdragen. Ik hoop dat ik haar onderzoek kon doorstaan. De eerste vraag, waar ik op school was geweest, had ik verwacht en beantwoordde die zakelijk. Op de tweede, waarom ik zo jong van school was gegaan, had ik mijn uit het hoofd geleerde antwoord klaar. Ik liet de talrijke scholen die ik had bezocht achterwege en gaf haar de indruk dat ik maar op één school was geweest. Ik legde uit dat ik geen leerling met een beurs was geweest, wat me voorbereidde op mijn grootste leugen. Mijn vader was een paar maanden geleden op tragische wijze om het leven gekomen en had heel weinig geld nagelaten. Ik maakte dat verzinsel nog een beetje mooier door haar te vertellen dat de enige reden waarom mijn moeder en ik van Coleraine naar Belfast waren verhuisd, was om werk te zoeken. Ik zag de blik van medeleven in haar ogen en kwam vol zelfvertrouwen met mijn laatste zinnen.

Mijn moeder had niet alleen haar man verloren, maar was door geldgebrek gedwongen geweest van haar mooie woning te verhuizen naar de minder heilzame buurt van Shankhill Road. Ik legde uit dat ik haar wilde helpen met de huur, en voelde dat ik dat alleen kon als ik ergens inwoonde en op die manier alle verantwoordelijkheid voor mijn onderhoud van haar schouders kon nemen.

Het werkte veel beter dan ik gehoopt had. Ik wist, voordat

ik als sluitstuk mijn schoolrapporten voorlegde, dat ik de baan zou krijgen en niet bang hoefde te zijn dat er schriftelijke referenties verlangd zouden worden. Na nog een uurtje gebabbeld te hebben en ik haar twee kinderen had leren kennen, baby David en Rachael, werd afgesproken dat ik de volgende dag mijn intrek bij haar zou nemen. Rosa zou dan de tijd nemen om me mijn taken uit te leggen en me wegwijs te maken.

's Avonds gingen zij en haar man, een arts met een drukke praktijk, vaak buitenshuis eten. Als zij niet thuis waren, was het mijn taak om de kinderen naar bed te brengen, en dan zou ik televisie mogen kijken in hun zitkamer.

Die middag kwam ik thuis met een gevoel van vrijheid. Ik wist dat ik bij Rosa en de kinderen in de smaak was gevallen. Voor het eerst in vele maanden leek ik mensen ontmoet te hebben die me beoordeeld hadden op grond van wie ik was, en niet wat ze over me gehoord hadden. Wat ik niet begreep was dat de kinderen me sympathiek hadden gevonden om mijzelf, maar dat Rosa gesteld was op degene die ik voor haar had verzonnen: Toni, de goed opgevoede tiener, die, zoals ik haar had verteld, zelfs geen vriendje had. Ze had het meisje aardig gevonden dat van boeken en dieren hield, dat wilde leren een goed kindermeisje te zijn en haar moeder, die weduwe was, wilde helpen. Ik had mijn grote Ierse familie beschreven, waar ik voor kinderen had leren zorgen, maar had verzuimd erbij te vermelden dat ik door hen uit hun huizen verbannen was.

Mijn zelfvertrouwen hield twee busreizen stand en wankelde ook niet toen ik binnenkwam in ons kleine huis. Mijn moeder was al thuis en mijn hart zonk in mijn schoenen toen ik besefte dat haar moedeloze gezicht betekende dat haar sollicitatiegesprek op niets was uitgelopen.

'Mama,' flapte ik eruit. 'Ik heb een baan. Ik begin morgen en verdien drie pond per week, plus kost en inwoning, zodat ik je kan helpen met geld.'

Ze keek me niet-begrijpend aan. 'Wat ga je doen dan?' vroeg ze na een paar minuten.

'Voor kinderen zorgen en helpen in het huishouden,' antwoordde ik, wetend wat erop zou volgen.

'O, Toni, en ik had zulke hoge verwachtingen van je,' riep ze uit, en gaf me het schuldige gevoel dat ik haar weer teleurgesteld had.

Juist dat schuldbesef maakte dat ik meer dan ooit het huis uit wilde. Dus negeerde ik haar opmerking en praatte met een enthousiasme, dat begon te tanen, over Rosa, de kinderen en het mooie huis waarin ik zou komen te wonen.

'Ik eet samen met het gezin als ze thuis zijn,' ging ik verder.

'Niet als ze alles over je wisten,' zei ze koel. 'Maar je zult ongetwijfeld genieten van de televisie. Dat zou ik ook, als ik me er een kon permitteren.'

Uiterlijk weigerde ik me door de depressie van mijn moeder te laten beïnvloeden, maar in mijn hart verlangde ik nog steeds naar wat genegenheid, een beetje warmte, maar vergeefs. In Rosa's ogen was ik de plichtsgetrouwe tiener, in de ogen van mijn moeder was ik de egoïstische dochter.

Zwijgend zaten we in de kleine zitkamer, luisterden naar de radio en lazen. Na een lichte maaltijd ging ik naar boven om mijn paar bezittingen in te pakken.

Rosa had me een paar munten in de hand gedrukt voor mijn reiskosten, dus hoefde ik mijn moeder de volgende ochtend in ieder geval niet om geld te vragen. Bij de deur bleef ik staan om naar haar te kijken, worstelend met gevoelens die ik nog niet had geleerd te onderdrukken, maar evenmin kon tonen.

'Tot volgende week, als ik mijn vrije dag heb,' zei ik ten slotte, terwijl ik mijn koffertje oppakte, de deur opendeed en vertrok. Zoals gewoonlijk zei ze niets.

Toen ik in mijn nieuwe huis was gearriveerd, liet Rosa me mijn kamer zien, waar ik snel uitpakte voor ik enthousiast de trap afliep naar de keuken en de aan mij toevertrouwde kinderen. Ik kreeg mijn eerste les in het voeren van kinderen onder de vier jaar, wat herinneringen wekte aan het helpen van mijn kleine nichtje toen ze net zo oud was.

Ik merkte algauw dat mijn taak gemakkelijk was. De eerste avond werd ik, voordat ik de kinderen in bad deed, voorgesteld aan Rosa's man, David senior, die me ernstig de hand schudde en zei dat hij hoopte dat ik het bij hen naar mijn zin zou hebben.

Het baden van de kinderen draaide uit op verrukte lachsalvo's toen ik onderzeeërs maakte van drijvende speelgoedjes en ze onder de ingezeepte kinderen liet duiken. Toen ze het lawaai hoorden, kwamen David en Rosa in avondkleding boven om welterusten te wensen. De zeepvlokken vermijdend, gaven ze hun kinderen een zoen en lieten hen toen onder mijn hoede achter.

Die eerste avond, en ook de daaropvolgende, tilde ik de mollige, wriemelende lijfjes uit het bad, wikkelde hen in een zachte handdoek en wreef hen stevig droog. Ik was benieuwd of ze, met de belofte van nog een laatste verhaaltje, zoet naar hun slaapkamer zouden gaan. Eerst werd baby David in zijn ledikantje gelegd en daarna stopte ik de kleine meid in bed, waarna ik hun een verhaaltje voorlas dat Rachael mocht uitkiezen. Toen haar ogen begonnen dicht te vallen, gaf ik hun een zoen en ging naar beneden om televisie te kijken.

In de loop van de volgende paar weken begon ik een diepe genegenheid te voelen voor de kinderen. Als ik met hen speelde, pakte baby David een van mijn vingers in zijn mollige handje en keek naar me met een tandeloze grijns die zijn gezichtje bijna in tweeën spleet. Rachael zat op mijn schoot met een blik van serieuze concentratie als ik haar voorlas. Als ik met David in de kinderwagen naar het park ging, hielp ze me duwen, maar altijd met één handje in mijn hand.

Zes dagen per week maakte ik hun lunch klaar en dan aten

we gezamenlijk. Vaak, als de kinderen hun middagslaapje deden, zaten Rosa en ik te praten. Soms zaten we in haar slaapkamer, waar ze de nieuwe kleren showde die ze had gekocht en mijn mening vroeg.

Me koesterend in de warmte van het gezin, begon ik te fantaseren dat ik erbij hoorde. Ik vergat dat Rosa, al was ze nog zo vriendelijk tegen me, geen vriendin was en dat zij en haar man mijn werkgevers waren. Ik probeerde Rosa's genegenheid te winnen door extra taken te verrichten, zoals thee voor haar te zetten of te helpen met het strijken. Ze leek vaag geamuseerd door mijn attenties; ze deed in ieder geval niets om ze te ontmoedigen.

Er hing altijd een blijmoedige sfeer in huis. Het was duidelijk dat David en Rosa niet alleen liefdevolle ouders waren, maar ook veel van elkaar hielden. Ze deden me denken aan tante Catherines gezin. Elke dag opnieuw voelde ik me daar gelukkig. Ik zorgde ervoor altijd boven te zijn of in de keuken als David thuiskwam, omdat ik voelde dat hij en zijn vrouw dan graag even alleen waren. Ik had gemerkt dat Rosa, als ze het geluid van zijn auto hoorde op de oprit, naar de deur holde om open te doen.

Omdat ik dat wist, was ik verbaasd toen ze op een avond, waarop ze geen plannen hadden om uit te gaan, allebei naar de badkamer kwamen. Ik knielde op de grond om de kinderen te baden. Ik voelde hun aanwezigheid al voor ik Davids stem hoorde.

'Antoinette,' hoorde ik vaag. 'Zo heet je toch?'

Ik keek naar hem op en hij zag de waarheid in mijn ogen.

'Mijn vrouw zal het van je overnemen. Ik wil je beneden spreken.'

Alles leek zich te voltrekken in slow motion. Mijn benen trilden toen ik probeerde Rosa's blik op te vangen om haar hulp te zoeken, maar ze wendde haar blozende gezicht af. De twee kinderen, die de spanning van de volwassenen voelden, keken verward naar me op, niet-begrijpend waarom ik plotseling was opgehouden met hen te spelen.

Langzaam legde ik de zeperige spons neer die op de grond drupte, en volgde hem zwijgend de trap af naar de zitkamer. Hij wenkte me niet om te gaan zitten, dus bleef ik tegenover hem staan. Ik zag dezelfde harde blik die ik al zo vaak had gezien in de ogen van mensen.

'Je vader is niet dood, hè?' vroeg hij me op een toon waaruit duidelijk bleek dat hij het antwoord al wist. 'Hij zit in de gevangenis, en jij boft dat ze je niet in een tehuis hebben gestopt. In ieder geval blijf je geen nacht langer in dit huis. Ga naar je kamer, pak je spullen en blijf daar tot ik je kom halen. Ik zal je naar je moeder brengen.'

Ik probeerde me te verdedigen. 'Het was niet mijn schuld, dat heeft de rechter zelf gezegd,' flapte ik eruit. Ik wilde zo wanhopig graag dat hij me zou geloven en me zou laten blijven.

Hij keek me met zóveel afkeer en minachting aan, dat ik inwendig ineenkromp.

'Ja, maar je hoeft niet voor zíjn kinderen te zorgen, wel? Je hebt zeven jaar lang je mond gehouden; alleen de noodzaak van een abortus bracht je aan het praten. Je hebt zelfs gelogen tegen je dokter, die ik vanmiddag heb gesproken. Je bent van school gestuurd omdat andere ouders je terecht ongeschikt achtten om met hun kinderen om te gaan.' Ik voelde de woede in hem omhoogkomen. 'Ik wil dat je vanavond hier verdwenen bent!' Het klonk zo afdoend, dat ik wist dat mijn gelukkige leven hier ten einde was.

Toen ik de kamer uitging, volgde zijn stem me. 'Rosa is het met me eens, voor het geval je daar anders over mocht denken. Ze wil je niet zien, dus ga maar rechtstreeks naar je kamer.'

Ik ging, en dwong mezelf niet te huilen. Dat kwam later wel, als ik alleen was, dacht ik.

De deur van Rosa's slaapkamer was dicht, maar daarachter kon ik het gemompel van haar stem horen, onderbroken door het hoge stemmetje van Rachael. Ik wist dat ze de kinderen mee naar haar kamer had genomen om mij te vermijden.

Het volgende halfuur voelde ik me als verdoofd terwijl ik mijn koffer pakte en daarna op de rand van het bed ging zitten, wachtend tot David zou kloppen.

'Heb je alles?' waren de enige woorden die hij tegen me zei toen hij me kwam halen. Beneden duwde hij me op de achterbank van de auto, samen met mijn koffer, en reed weg uit de groene buitenwijk van Malone Road naar de smalle, slechtverlichte straten van Shankhill Road. Toen we bij het huis van mijn moeder kwamen, hield hij me stevig bij de arm terwijl hij op de deur klopte, en wachtte tot die openging voor hij me losliet. In het licht van de kale gloeilamp die aan het plafond hing, zag ik een berustende blik verschijnen op het gezicht van mijn moeder.

'Ik kom uw dochter terugbrengen, mevrouw Maguire,' was alles wat hij zei voor hij terugging naar zijn auto en wegreed.

Het spookuur kwam, en daarmee een golf van ellende die me overspoelde. Ik hoorde de stem van mijn vader: 'Je moeder zal niet van je houden als je je mond opendoet. Iedereen zal jou de schuld geven.' Ik wist nu met absolute zekerheid dat het waar was wat hij voorspeld had. Ik haalde me één vriendelijk gezicht voor ogen, dat van de rechter, hoorde zijn stem: 'Het is niet jouw schuld, vergeet dat niet, want de mensen zullen het jou verwijten.'

Vermoeid stapte ik uit bed, plensde koud water op mijn gezicht en kleedde me haastig aan. Voor de tweede keer in een paar maanden liep ik naar de krantenkiosk om de plaatselijke krant te kopen. Ik ging ermee naar een naburig café, omcirkelde de banen waarvoor geen diploma's werden verlangd en waar kost en inwoning werd aangeboden, bang dat ik iemand zou bellen die David en Rosa kende.

Eén advertentie sprong eruit: 'Groot buitenhuis zoekt au pair om te helpen met twee niet-schoolgaande kinderen. Kost en inwoning, goed salaris bij gebleken geschiktheid.'

Na gebeld te hebben om een afspraak te maken voor de late namiddag, trok ik dezelfde kleren aan die ik al die weken geleden had gedragen voor mijn eerste gesprek. Deze keer voelde ik geen opwinding, had ik niet het gevoel dat ik een nieuw leven begon, slechts een doffe berusting in wat ik nu wist dat de toekomst voor me behelsde. Weer nam ik de bus naar het centrum van Belfast en stapte toen over op de bus die me naar mijn bestemming buiten de stad zou brengen. Toen ik daar aankwam, zag ik niet de overwoekerde heggen en hoge bomen van Cooldaragh, maar keurig gesnoeide heggen aan weerszijden van een oprijlaan die naar een rechthoekig grijs Georgian-huis leidde met hoge smalle ramen die uitkeken op gemaaide groene gazons. Geen verwilderde rododendrons waar kinderen in konden spelen, geen vijver met kikkers. In plaats daarvan werd het uniforme groen slechts onderbroken door cirkelvormige met rozenstruiken beplante perken, die voor de enige kleur zorgden.

Evenmin werd ik opengedaan door een glimlachende Rosa met glinsterende ogen. In plaats daarvan deed een cool uitziende blonde vrouw open, die net zo keurig verzorgd was als haar gazons. Toen ze me door de gang naar de in bijpassende kleuren ingerichte zitkamer bracht, met rozen in kristallen vazen op kleine mahoniehouten tafeltjes, vroeg ik me af waar de kinderen waren. Mijn onuitgesproken vraag werd beantwoord toen ze me vertelde dat ze in de kinderkamer waren met haar tijdelijke hulp.

Opnieuw had mijn verzonnen verhaal een magische uitwerking, opnieuw werd overeengekomen dat ik een kamer zou krijgen die was ingericht als zit-slaapkamer, en dat ik drie pond per week zou verdienen. Deze keer zou ik een televisietoestel in mijn kamer hebben en geen deel uitmaken van het gezin, maar 's avonds zou ik wel samen met hen eten. Toen die formaliteiten achter de rug waren, nam ze me mee om de twee kinderen te ontmoeten, weer een jongen en een meisje, die allebei het knappe, blonde uiterlijk van hun moeder hadden. Ik dacht dat in zo'n goed georganiseerd gezin eerst een jongen en dan een meisje precies was wat ze zouden hebben besteld.

Terwijl we wachtten op haar man serveerde een dienstmeisje korstloze sandwiches in de zitkamer. Thee werd in dunne porseleinen kopjes geschonken uit een grote zilveren pot, en suiker werd toegevoegd met zilveren tangetjes, terwijl ik op de rand zat van een fluwelen oorfauteuil. Ze vertelde me dat haar man bankier was, dat haar laatste au pair naar Engeland was vertrokken en dat ze iemand wilde hebben die zou blijven tot de kinderen naar school gingen, respectievelijk over één en twee jaar.

Ik stemde toe – wat kon ik anders? Maar ik wist al dat zij en ik nooit vriendinnen zouden worden. Ik was voor haar niet meer dan een betaalde employee. Toen vroeg ik me af of dat eigenlijk niet beter was. In ieder geval zou ik niet de illusie hebben dat ik een deel was van een gezin dat niet het mijne was.

Vóór mijn vertrek werd ik kort voorgesteld aan haar man, een lange, slanke man van begin dertig, wiens beleefde glimlach zich niet weerspiegelde in zijn ogen.

Weer ging ik met twee bussen terug naar mijn moeder, pakte mijn koffer in en vertelde haar over mijn nieuwe baan. Bij uitzondering leek ze blij; ze had eindelijk werk gevonden, vertelde ze, als manager van een café. Ze vertelde me hoe aardig de eigenaar was, een enthousiaste jongeman van achtentwintig, die net zijn eigen zaak was begonnen.

In het fraaie huis leek de kille eenzaamheid van mijn isolement in mijn huid te dringen. Naarmate de dagen verstreken, voelde ik me steeds meer verkleumen. De meeste avonden at ik met het gezin en ging daarna naar mijn kamer om te lezen of televisie te kijken. Ik voelde geen band met dit gezin. Ik miste nog steeds Rosa en haar kinderen en de warmte die in hun huis heerste.

Op mijn vierde vrije dag, in de wetenschap dat mijn moeder op haar werk was, ging ik haar opzoeken in het café. Ze was totaal veranderd: een nieuw kort kapsel, zorgvuldig aangebrachte make-up, bijpassende lippenstift en nagellak gaven haar een jeugdig, modern uiterlijk. Ze keek me glimlachend aan, maar de liefde die ik zocht was niet te vinden in haar ogen.

'Wat doe jij hier?' vroeg ze.

'Kunnen we samen koffiedrinken?' vroeg ik, maar ik dacht: 'Ik ben hier omdat ik je mis.'

'O, lieverd, natuurlijk kunnen we snel even een kopje koffie drinken, maar straks is het lunchtijd en dan krijgen we het erg druk.'

We gingen op de bank zitten, waar we bediend werden door een jonge serveerster in een donkerroze en crèmekleurig uniform, anders dan de meeste serveersters in Belfast, die nog zwart en wit droegen. Mijn moeder vroeg hoe mijn werk en het gezin me bevielen. Ik beschreef alles in details, het huis, de tuin en de kinderen, maar zei er niet bij dat, al was het huis veel groter en deftiger dan dat van Rosa en David, de warmte en het plezier er ontbraken.

Voor mijn moeder had ik het huis van haar dromen beschreven, dat wist ik, maar voor mij was het meer een huis dan een thuis. Nog geen uur later, na een snelle omhelzing en een stralende glimlach van mijn moeder, stond ik weer op straat, en de rest van mijn vrije dag strekte zich voor me uit.

Een caleidoscoop van minachtende en woedende gezichten zweefde voor mijn ogen en hun stemmen weergalmden in mijn oren. Eerst die van mijn vader, als hij steeds weer tegen me zei: 'Je moeder zal niet meer van je houden als je het vertelt. Iedereen zal jou de schuld geven.' En de starende blik vol wrok van mijn moeder op de avond dat ik bezig was dood te bloeden, haar gefluister tegen de dokter om me naar het verst gelegen ziekenhuis te sturen. Het strenge gezicht van mijn grootmoeder, waaruit elk spoor van liefde was verdwenen, de afkeer in het gezicht van mijn nicht Nora toen ze opendeed en haar kind bij me vandaan hield. Het koor van hun stemmen galmde door mijn hoofd.

'Antoinette, je bent niet welkom. We weten het van jou en je vader. Ga weg, kom nooit meer terug. Kom nooit meer terug.'

Ik voelde weer de pijn van elke afwijzing. Tranen omfloersten mijn ogen toen ik dacht aan die laatste keer toen David me wegstuurde uit zijn huis. De wanhoop waartegen ik had gevochten toen ik daar met mijn schamele bezittingen die ik haastig in mijn koffer had gepakt op straat stond, keerde terug en hechtte zich in me vast. Mijn trots, het enige wapen dat me nog overbleef, liet me in de steek en verdriet en zelfbeklag deden hun intrede. Niet langer kon ik die ongrijpbare zilveren rand zien rond de donkere wolk van mijn leven. Die was er domweg niet.

Niemand, dacht ik, zou ooit van me kunnen houden. Niemand hád ooit van me gehouden, niet van mijn ware ik. O, ja, ze hadden gehouden van het lieve meisje in haar gesmockte jurkjes, het slimme kind met de goede rapporten van school, de behulpzame tiener, die altijd klaarstond om te babysitten. Maar wie had van mijn zwangere ik gehouden, van mijn seksueel bewuste ik, mijn bange ik? Zelfs mijn moeder niet.

Overal om me heen kon ik groepjes vriendinnen of echtparen zien die gelukkig met elkaar waren, mensen die in een gezin hoorden, mensen die geliefd waren. Ik zat daar als een geïsoleerde, onzichtbare vreemde in een wereld waarin ik niet welkom was, een wereld waarin ik alleen gelukkig was geweest in de eerste zes van mijn vijftien jaar. Kortstondig geluk was langsgekomen, maar nooit gebleven. Afwijzing, de moeilijkste emotie om te verwerken, had me in een geestelijke kooi gesloten. Ik had geen deur die de wereld van de mensheid weer voor me opende. Op de enige deur die ik zag, hing het bordje 'Uitgang'.

Kon ik eeuwig in die kooi blijven leven, waar geen liefde, gezelschap of zelfs maar acceptatie op bezoek kwam? Het enige antwoord daarop was nee, de enige keus was vertrekken.

In de wetenschap dat whisky het verdriet suste, liep ik naar de dichtstbijzijnde pub. De onzichtbare ik bestelde een dubbele whisky in dat door mannen gedomineerde toevluchtsoord en dronk het glas gretig leeg. De barman zag een potentiële beschonken vrouw en weigerde me een tweede.

'Wat is er, kind? Problemen met je vriendje? Je vindt wel een ander, zo'n knappe meid als jij.'

Zijn woorden drongen heel uit de verte tot me door. Achterdocht voegde zich bij wanhoop en in plaats van de vriendelijke toon in zijn stem te horen, hoorde ik spot en hoon.

Ik verliet de warmte van de pub en, bezeten door een kille vastberadenheid, liep ik naar de dichtstbijzijnde drugstore. Daar kocht ik een grote doos aspirine en een pakje scheermesjes. Daarna liep de onzichtbare ik naar een slijterij en deed mijn laatste aankoop, een fles Bush Mill's Whisky. Gewapend met mijn afscheidsinstrumentarium liep ik naar een openbaar toilet.

Een bleek gezicht dook op in de spiegel toen ik met de fles een toast uitbracht op mijzelf, van de whisky dronk en de aspirines inslikte. De combinatie kwam omhoog in mijn keel en mijn ogen traanden elke keer als ik kokhalsde. Maar meer whisky en meer aspirines gingen erin, tot de fles en de doos leeg waren. Ik gooide ze in de prullenmand en sloot me op in een hokje. Ik klapte de zitting van de wc omlaag, ging zitten en opende toen langzaam het pakje scheermesjes. Ik koos er een uit en sneed systematisch een paar keer in mijn pols, onderaan beginnend, tot vijf centimeter erboven. Vijftien kerven, één voor elk jaar van het leven dat ik niet langer wenste. Bloed sijpelde langzaam over mijn handen en drupte tussen mijn vingers door op de grond. Gehypnotiseerd keek ik naar het bloed, me afvragend hoelang het zou duren voordat mijn lichaam leeggelopen was. Mijn oogleden werden zwaar en vielen dicht terwijl de wereld verduisterde en mijn oren begonnen te suizen. Ik voelde dat ik opzij gleed, voelde de koele wand waar mijn hoofd tegen rustte. Toen voelde ik niets meer.

# 28

Onduidelijke woorden van twee stemmen drongen tot mijn bewustzijn door. De eerste was een diepe mannelijke stem; de tweede de hogere tonen van een vrouwelijke stem.

'We weten dat je wakker bent. Kom, doe je ogen open,' zei de mannelijke stem.

Een koele, zachte hand pakte de mijne vast, en ik hoorde de vrouwelijke stem. 'Kom, kindje, we willen je helpen. Doe je ogen nu open.'

Met tegenzin deed ik wat ze vroegen.

Ik lag in bed in een kleine witte kamer. Mijn lippen deden hun best om woorden te vormen en ik voelde een vreemde smaak in mijn mond; een voorwerp belette dat er een geluid aan ontsnapte. Mijn tong raakte iets hards aan. Toen besefte ik dat het harde voorwerp van heel diep in me omhoogkwam, tot in mijn keel en door mijn lippen naar buiten. Twee mensen kwamen in focus en ik herkende een van hen als een verpleegster, terwijl de ander, gekleed in een tweedjasje met een priesterboordje een geestelijke was. Vaag besefte ik dat ik in een ziekenhuis lag, toen kwam een stroom braaksel heet en brandend omhoog in mijn keel. Handen legden een kom onder mijn hoofd, en nu het buisachtige voorwerp, waarvan ik later hoorde dat het een maagpomp was, zijn werk had gedaan, schokte mijn lichaam van de inspanning om al het gif eruit te krijgen.

Toen de aanval eindelijk voorbij was, ging ik liggen. Ik hoorde een constant geruis in mijn oren. Een verlangen om weer te gaan slapen maakte dat ik mijn ogen dichtdeed, maar de stemmen lieten me niet zo gemakkelijk gaan.

Ik hoorde hen vragen wie ik was en waar ik woonde, maar ik kende zelf nauwelijks de antwoorden. Mijn hand werd vastgehouden, en omdat ik het een troostend gevoel vond, greep ik die stevig vast.

'Kom, doe je ogen maar weer open,' zei de geestelijke. 'We laten je slapen als je een paar vragen hebt beantwoord.'

Ik dwong mijn oogleden weer vaneen en zag zijn vriendelijke blauwe ogen naar me kijken, met niets anders dan bezorgdheid. Het was die vriendelijkheid die me deed huilen, een verstikkend gesnik dat mijn lichaam net zo deed schokken als het braken had gedaan. De zuster hield nog steeds mijn hand vast terwijl ze mijn gezicht afveegde.

Ik kon troostende geluiden horen zoals moeders gewoonlijk maken tegen hun baby's. Langzamerhand voelde ik me gekalmeerd, het huilen stopte en toen hij me weer mijn naam vroeg, zei ik dat ik Antoinette heette, ook al was ik die naam gaan haten. Antoinette was de naam waarmee 'hij' me aansprak en de naam die de school had gebruikt toen ze me wegstuurden. Toni, degene die ik wilde zijn, had me weten te ontglippen.

Een volgende vraag kwam: hoe oud was ik?

'Vijftien,' antwoordde ik, en vermande me voor de volgende vraag, waarvan ik wist dat die zou komen.

'Antoinette, waarom heb je het gedaan?'

Mijn blik ging naar mijn handen en ik zag de verbonden pols. Het medelijden in zijn stem bracht me opnieuw aan het huilen, stilletjes deze keer. Ongeremd stroomden de tranen over mijn wangen tot ik erin slaagde iets van mijn verhaal eruit te krijgen. Ik vertelde dat mijn vader in de gevangenis zat omdat hij me zwanger had gemaakt, dat ik geen thuis had en niemand iets van me wilde weten. Ik wilde niet leven omdat ik niets had om voor te leven.

Ik kon me er niet toe brengen elke wond te open te leggen, hun te vertellen over alle afwijzingen die ik had ondervonden, hoe waardeloos en onbemind ik me daardoor had gevoeld. Of mijn schuldbesef omdat het leven van mijn moeder verwoest was en ik wist dat ze mij de schuld daarvan gaf. Ook zei ik niets over de droom die ik had gekoesterd, dat mijn vader ontdekt zou worden en volwassenen me zouden omringen met zorg en liefde. Evenmin vertelde ik dat ik had gedroomd dat mijn moeder me van hem weg zou halen en me ergens in veiligheid zou brengen. Ik zei niets over de harde werkelijkheid die gevolgd was op de ontdekking van 'ons geheim', die meer was dan ik had kunnen verdragen. Ik kon ze niet vertellen hoe ik de achterkant van mijn nek voelde prikken, of hoe misselijk en gespannen ik me telkens weer voelde als ik een winkel binnenkwam en er een doodse stilte viel. Ik wist dat het stemmengemompel dat ik hoorde op het moment dat ik de mensen mijn rug toekeerde, over mij ging.

Langzamerhand was ik mezelf gaan zien door de ogen van de anderen, iemand die genegeerd moest worden tot ze uiteindelijk zou verdwijnen. Ik was iemand die zo gecorrumpeerd was dat anderen al besmet zouden worden als ze zelfs mijn bestaan maar erkenden.

Niet alleen hád ik niets, maar ik wás niets. En toch bleef er nog een heel klein beetje trots over, dat me belette over die gevoelens te praten. Ik deed het nooit; het was bijna alsof ik hoopte dat ze zouden verdwijnen als ik ze niet onder woorden bracht.

Ik hoorde dat de zuster haar adem inhield en toen de volgende vraag stelde.

'Wat is er met de baby gebeurd?' Misschien dacht ze dat ik

het kind ter wereld had gebracht en ergens in een portiek had achtergelaten. Ik werd erg kwaad dat ze zoiets van me kon denken.

'Ze hebben voor een abortus gezorgd,' zei ik dapper; vijftienjarigen werden niet geacht dergelijke woorden te gebruiken.

'Antoinette, als je vrij was om te gaan, zou je het dan opnieuw doen?' vroeg de verpleegster, maar geen van beiden wachtten ze op mijn antwoord – ze wisten wat dat zou zijn.

De geestelijke noteerde het adres waar ik had gewerkt en beloofde mijn kleren te laten ophalen, terwijl de zuster me iets kouds te drinken gaf. Daarna viel ik weer in slaap, nog steeds met dat constante lawaai in mijn oren – het gevolg van het gif dat ik naar binnen had gekregen.

De volgende keer dat ik wakker werd, zat er een man naast mijn bed.

'Antoinette, wil je iets drinken?' vroeg hij vriendelijk toen hij zag mijn oogleden begonnen te trillen.

'Thee,' antwoordde ik schor. Mijn tong voelde te dik voor mijn mond en mijn keel deed pijn.

Het suizen was zwakker geworden, maar ik had een barstende hoofdpijn.

'Mag ik een pijnstiller?' vroeg ik zwakjes.

'Dat zal op natuurlijke wijze beter moeten worden,' antwoordde hij. Toen, alsof hij besloot dat ik recht had op een uitleg, ging hij verder. 'We hebben er een tijdje over gedaan om de aspirines uit je lichaam te pompen.' Hij zweeg even voor hij verderging. 'Antoinette, ik ben dokter, maar een dokter voor de geest, een psychiater. Weet je wat dat wil zeggen?'

Ik knikte. Het interesseerde me niet wie hij was. Ik wilde alleen maar mijn thee opdrinken en weer gaan slapen. Maar hij was nog niet uitgesproken.

'Ik heb een opname voor je geregeld in de plaatselijke psychiatrische inrichting. Daar weten ze hoe ze je moeten behandelen. Je bent ziek, je lijdt aan een zware depressie.'

Het was een uitspraak waarmee ik me kon verenigen. Hij klopte me op mijn schouder, verzekerde me dat ik me gauw weer beter zou voelen, en ging weg. Het was een verzekering waarin ik weinig vertrouwen had. Een paar minuten later, nog steeds in mijn ziekenhuiskleding, en met mijn koffertje, dat de geestelijke voor me had laten halen, werd ik naar een ambulance gebracht en legde ik de korte afstand af naar de psychiatrische inrichting in Purdysburn.

We reden langs het grote bakstenen gebouw dat in de victoriaanse tijd een armenhuis was geweest maar waar nu de langdurige patiënten werden ondergebracht, naar een gebouw van één verdieping. Dit was hun nieuwe eenheid, de psychiatrische kliniek, waarin ik zou worden opgenomen. Ik was verreweg de jongste patiënt.

Die eerste nacht nam ik mijn omgeving nauwelijks in me op. Nog versuft door de overdosis sliep ik tot ik de volgende ochtend wakker werd gemaakt. De gordijnen rond mijn bed waren dichtgetrokken en een opgewekte stem zei dat ik moest opstaan, me moest gaan wassen en dan komen ontbijten. Ik keek op om te zien waar de stem vandaan kwam en zag een jonge verpleegster staan met zo'n spontane en hartelijke glimlach dat ik onwillekeurig teruglachte. Naast haar stond een lang, blond meisje dat een paar jaar ouder was dan ik en door de zuster aan me werd voorgesteld.

'Dit is Gus. Zij zal je wegwijs maken.'

Met die woorden verdween ze, en we bleven alleen achter. Ik liet Gus' constante gebabbel, dat me niet onwelkom was, over me heen gaan. Ik kon mijn toevlucht nemen tot zwijgen, want ze pauzeerde alleen maar even om adem te halen of een nerveus, hoog lachje te laten horen. Dat, zou ik spoedig te weten komen, was de keerzijde van de depressie.

Ze liet me de badkamers zien, wachtte tot ik me had gewassen en aangekleed, en bracht me toen naar een kleine eetkamer. Toen mijn desoriëntatie geleidelijk afnam, werd ik me bewust van mijn omgeving. Zowel de afdeling als de eetkamer was geschilderd in zachte tinten en grote ramen lieten het licht naar binnen vallen waardoor er een luchtige, rustige ruimte was ontstaan. Alle andere patiënten zaten al, en Gus stelde me snel voor aan de ongeveer twintig aanwezige mensen. Ik had horrorverhalen gehoord over inrichtingen voor geesteszieken, verhalen hoe mensen, als ze eenmaal waren opgenomen, konden verdwijnen in het systeem en er nooit meer uit tevoorschijn komen. Maar ik had nog nooit gehoord over een psychiatrische kliniek, een betrekkelijk nieuwe instelling.

Iedereen zag er normaal uit. De patiënten van beiderlei geslacht varieerden van late tieners tot jonge vijftigers, en kwamen, zoals ik algauw zou ontdekken, uit alle rangen en standen. Depressie en alcoholverslaving, de twee voornaamste redenen waarom ze waren opgenomen, hielden geen rekening met leeftijd of stand.

In de weken die ik daar vertoefde hoorde ik het verhaal van de meeste patiënten, zoals het verhaal van de vrouw van de rijke vastgoedmakelaar, die een minderwaardigheidscomplex had gekregen door de aanhoudende constante ontrouw van haar man en in het geheim dronk. Net als ik had ze een overdosis genomen. Maar anders dan ik was het van haar een ongeluk geweest. Omdat haar geest verdoofd was door de drank, was ze vergeten hoeveel tranquillizers ze had genomen en bleef ze de dosis maar herhalen. En dan was er het jonge paar dat elkaar een jaar geleden in de kliniek had leren kennen. Ze werden allebei behandeld voor alcoholisme toen ze elkaar ontmoetten, waren verliefd geworden en hadden zichzelf ontslagen. Maar in plaats van hand in hand de zonsondergang tegemoet te lopen, begaven ze zich linea recta naar de dichtstbijzijnde pub.

Sommige patiënten zaten heel rustig, hun tranquillizers versuften hun brein terwijl de artsen wachtten tot hun depressie zou verdwijnen en de controle weer van de drugs zou overgaan op de persoon zelf. Eén vrouw in het bijzonder trok mijn aandacht. Met haar dikke bos helrood haar en haar blanke huid en groene ogen was ze het mooiste en rustigste lid van de groep.

Ik voelde mijn blik tijdens de hele maaltijd voortdurend naar haar toegetrokken, maar zij keek nooit naar mij en at met neergeslagen ogen. Ze leek zich volkomen onbewust van haar omgeving en medepatiënten, en haar volmaakte onverschilligheid wekte mijn belangstelling.

Aan het eind van de maaltijd liep een zuster naar haar tafel, nam haar behoedzaam bij de arm en bracht haar terug naar de zaal. Daar werd ze in een stoel gezet met een deken over haar knieën, en zo bleef ze urenlang zwijgend voor zich uit staren.

Mijn nieuwsgierigheid was gewekt, en bij de eerste de beste gelegenheid vroeg ik Gus wie zij was.

'Ze is de vrouw van een dokter,' antwoordde ze. 'Als ze dat niet was, zou ze niet meer in deze afdeling zijn.'

'Wat mankeert haar?' vroeg ik.

'Dat weet ik niet, maar sommige vrouwen worden erg depressief als ze een baby krijgen, en ze is hier al langer dan een jaar. Toen ze hier kwam, zei ze nog weleens iets, maar zelfs dat doet ze nu niet meer.'

'Denk je dat ze beter wordt?' Maar nog terwijl ik het vroeg, wist ik al dat dat niet het geval zou zijn.

Om de een of andere reden vond ik dat belangrijk. Deze vrouw, die ik nog nooit had ontmoet, had mijn nieuwsgierigheid en mijn medelijden gewekt. Ik wist iets over die ruimte waarin we terecht kunnen komen, waar de wereld ons niet langer raakt en de werkelijkheid geleidelijk verdwijnt, maar instinctief voelde ik dat haar ruimte veel bodemlozer was dan die van mij ooit geweest was.

'Als ze niet beter wordt, wordt ze overgeplaatst, dat gebeurt als je niet reageert op de behandeling.' Het lot van die vrouw leek Gus onverschillig te laten, en omdat ik niet wilde weten waar ze naartoe zou gaan, vroeg ik niet verder.

Na het ontbijt werd ik door de stafzuster ondervraagd over mijn medisch verleden. Ze zei dat ik de zaal niet mocht verlaten omdat de dokter zou komen om mijn behandeling te controleren en me, indien nodig, medicijnen voor te schrijven. Een uur later kreeg ik het eerste gesprek met een psychiater. Hij maakte uitvoerig aantekeningen terwijl ik zat te praten, maar toen, juist toen ik me begon te ontspannen, stelde hij me de vraag die elk verder contact tussen ons onmogelijk maakte.

'Antoinette, heb je de avances van je vader ooit prettig gevonden?'

Zelfs toen ik antwoordde: 'Nooit', hield hij vol.

'Je bent een tiener,' zei hij, 'dus moet je toch wel bepaalde verlangens hebben gekend.'

Op dat moment haakte ik af, liet zijn stem in de lucht zweven en maakte mijn geest zo ondoordringbaar dat zijn woorden me niet konden bereiken. Ik vertelde hem niet over het dorp dat een outcast van me had gemaakt, dat ik me waardeloos en vernederd had gevoeld, nog steeds verlangde naar de liefde van mijn moeder of dat ik geloofde dat mijn leven geen hoop meer bood. En ook vertrouwde ik hem niet toe dat ik inwendig had gehuild van verdriet over de afwijzingen en de talloze vernederingen. Dat ik de woorden van de rechter tijdelijk was vergeten en mezelf had gezien door de ogen van mijn beschuldigers, namelijk als een verachtelijk schepsel. Ik zette een ander masker op – niet dat van het keurige schoolmeisje en lid van een gelukkig gezin, maar van iemand die gezag wantrouwde en niet geholpen wilde worden.

Ze lieten me tests doen om mijn IQ vast te stellen, en vroegen of ik stemmen in mijn hoofd hoorde die me bevalen bepaalde dingen te doen. De laatste vraag was: dacht ik dat de mensen over me spraken?

'Dat dénk ik niet, dat wéét ik.'

Maar dat lokte slechts een laatdunkend lachje uit en snelle bewegingen van zijn hand terwijl hij bezig was iets op te schrijven. Later ontdekte ik dat in het rapport stond dat ik kribbig was, niet wilde meewerken en paranoïde was.

In verband met mijn leeftijd besloten ze me te behandelen zonder medicijnen en, belangrijker nog, zonder elektrische shocks. In plaats daarvan werd dagelijkse therapie voorgeschreven.

Tijdens iedere sessie van een uur stelde een van de drie psychiaters die mijn geval behandelden, me vragen over mijn gevoelens en gedachten, die ik zo kort mogelijk beantwoordde. Mijn depressie verborg ik achter een masker van onverschilligheid. De enige vraag waarop ik weigerde het antwoord te geven dat ze verlangden, was: had ik seks ook prettig gevonden?

Ze bleven maar hetzelfde vragen. Ik denk dat ze van mening waren dat ik het wél prettig had gevonden en dat ik alleen door dat toe te geven beter zou kunnen worden. Het was niet om onaangenaam te zijn, dat wist ik. Ze hadden gewoon hun vooropgestelde ideeën en weigerden de waarheid te accepteren. Dachten ze nu werkelijk dat ik geslagen worden, whisky door mijn keelgat gegoten krijgen en geestelijke martelingen doorstaan, plezierig vond?

Hoelang was ik al depressief, luidde een andere vaak herhaalde vraag. Hoelang, denken jullie, had ik hen toe willen schreeuwen. Toen mijn leven op mijn zesde jaar veranderde, dat zou het correcte antwoord zijn geweest, maar ik wist dat het niet was wat ze wilden horen. Een paar weken, zei ik. Ik wist inmiddels precies wat er zou gebeuren met patiënten die ze beschouwden als een gevaar voor zichzelf of ongeneeslijk waren verklaard: overplaatsing naar een lokale afdeling en een definitief afscheid van het leven zoals wij dat kennen.

Buiten onze geïsoleerd gelegen kliniek stond het bakstenen gebouw van het voormalig armenhuis, met de griezelig kleine, getraliede ramen en de lange donkere gangen, die roken naar ontsmettingsmiddelen en schimmel. Rond die steenmassa stonden lage gebouwen waar, afhankelijk van de ernst van de geesteszieke, langdurige patiënten leefden, gekleed in hospitaaluniformen. We zagen vaak hoe ze door verpleegsters, uitgerust met gummistokken, in groepen bijeengedreven werden voor de dagelijkse lichaamsbeweging.

Een psychiatrische inrichting was in die tijd een gemeenschap die geïsoleerd was van de buitenwereld, waar de opvatting heerste dat aan alle behoeften van de inwonenden werd voldaan. Er was een winkel en er was een kantine, die wij mochten bezoeken. Maar elke keer dat ik ernaartoe ging, kwam ik ontmoedigd terug. Het leek een dorp met verloren zielen, mensen die door niemand gewenst en reeds lang vergeten waren.

Het enorme gebouwencomplex lag een eindje van de hoofdweg af. Alle recent ontstane gebouwen rond het uitgestrekte terrein verzonken erbij in het niet. Soms, als de deuren opengingen en een stoet wezenloos starende patiënten naar buiten kwam om hun wandeling te maken of naar de eetzaal te gaan, kon ik een blik naar binnen werpen. Er stonden veldbedden en houten stoelen. Op sommige daarvan zaten de patiënten die zelfs niet fit genoeg waren om buiten te lopen. Ze wiegden heen en weer op hun stoel, zachtjes kreunend.

Na mijn eerste glimp van het leven dat de patiënten leidden die niet goed genoeg werden geacht voor de psychiatrische kliniek, besefte ik hoe gelukkig we waren dat we hier waren ondergebracht. Niet alleen was de inrichting licht en modern, maar we hadden televisie, een sport- en speelzaal, en de keuken was vierentwintig uur per dag open, zodat we warme dranken konden maken wanneer we maar wilden en die mochten meenemen naar een van de comfortabele stoelen. We konden gaan zitten en door de ongetraliede ramen naar buiten kijken, boeken lezen of een wandeling maken wanneer we daar zin in hadden. De enige beperkingen waren dat we veiligheidshalve in groepjes naar buiten mochten en in de kliniek moesten zijn als het tijd was voor onze therapie. Het was ons verboden het terrein te verlaten tenzij we daarvoor toestemming hadden, die alleen gegeven werd als we vergezeld werden van een bezoeker. We kwamen nooit in de verleiding ongehoorzaam te zijn aan dat gebod en op bezoek te gaan in de buitenwereld, want we hadden geen enkel verlangen om de veiligheid en de kameraadschap van de kliniek in de steek te laten.

Ook de bezoekuren in de kliniek waren ongedwongen. Zolang de bezoekers maar vertrokken voordat de laatste dranken van de avond werden geserveerd, was er geen streng vastgestelde tijd van komen en gaan. De eerste zes dagen die ik daar doorbracht, keek ik elke dag uit naar mijn moeder. Was ik vergeten door de enige die ik nog overhad, vroeg ik me wanhopig af als er weer een dag voorbijgegaan was zonder haar. Als ik besefte dat het te laat was en ze niet meer zou komen, trok ik me terug in bed, waar ik, met de gordijnen gedeeltelijk dichtgetrokken, mijn medepatiënten observeerde die met hun bezoek rond hun bed zaten. Ik trok een onverschillig gezicht en hield een boek voor mijn neus bij wijze van troost.

Elke avond zag ik de man van de roodharige vrouw en hun twee zoontjes, van wie een nog in de luiers. De kinderen hadden haar ogen en haar. Tijdens elk bezoek hield hij haar hand vast en praatte tegen haar, terwijl de kinderen erbij zaten met hun kleurboeken en speelgoed. Ik voelde zijn wanhoop en de verwarring van hen alle drie. Zij bleef roerloos zitten, met een zwak, nietszeggend glimlachje. Ze zei helemaal niets, geen woord. Ze had geen andere keus meer dan in die ruimte te blijven waar de realiteit zinloos was, maar ik begon te beseffen dat ik die wél had. Als ik naar hen keek, voelde ik een vonk van optimisme in me, en al wist ik hoe gemakkelijk het zou zijn om me te laten gaan, in mijzelf te verdwijnen tot ik net zo was als die roodharige vrouw, ik wilde dat niet meer. De kracht die de jeugd eigen is, begon terug te komen.

Mijn moeder kwam die zondag met fruit, paperbacks, tijdschriften en bloemen. Ik voelde zo'n golf van intense liefde voor haar dat het pijn deed. Later ontdekte ik dat de kliniek had gebeld en gevraagd had waarom ze niet op bezoek kwam. Ik was nog minderjarig en zou bij haar moeten wonen als ik uit de kliniek werd ontslagen. Heel charmant had ze uiting gegeven aan haar bezorgdheid; het enige wat haar ervan weerhouden had me te bezoeken, vertelde ze, was het feit dat ze werkte. Als manager moest ze 's avonds toezicht houden op het personeel, maar natuurlijk was ze van plan zondag op bezoek te komen, haar enige vrije dag. Met slechts één inkomen kon ze het zich niet veroorloven extra tijd vrij te nemen, en ze wist dat ik het zou begrijpen.

De stafzuster, die net zo begrijpend probeerde te kijken als mijn moeder verwachtte dat ik zou zijn, bracht me op de hoogte van de situatie en ik, blindelings trouw aan mijn moeder, gaf toe dat het moeilijk zou zijn.

Toen ik haar zag binnenkomen, holde ik naar haar toe en kreeg een knuffel terug, de eerste in een heel lange tijd. Ze vertelde me hoe ongerust ze zich over me had gemaakt en dat dit voorlopig de beste oplossing voor me was. Toen vertelde ze me hoeveel ze van haar werk hield. Ze had voor ons allebei plannen gemaakt, zei ze. Ik moest niet in het huis van anderen wonen. Het was de manier waarop ze me behandeld hadden, daarvan was ze overtuigd, die de oorzaak was van mijn inzinking. Toen zei ze wat ik het liefst wilde horen: als ik beter was, kon ik in het café werken als serveerster en bij haar wonen tot ik ouder was. Ze had een huis gezien, vervolgde ze – een leuke, kleine portierswoning die we ons, samen met mijn salaris, konden veroorloven. De serveersters verdienden meer dan zij als manager, omdat het café veel bezocht werd door zakenlieden die royaal waren met fooien, vooral voor knappe, goed opgevoede meisjes als ik, voegde ze eraan toe met een van haar lieve glimlachjes die ik zo lang had moeten ontberen.

Het was de eerste keer sinds ik heel klein was dat mijn moeder me een complimentje maakte, en ik straalde van genoegen. Ik babbelde tegen haar zoals ik in lange tijd niet gedaan had en vertelde haar over sommige andere patiënten met wie ik bevriend was. Toen het bezoekuur was afgelopen, zwaaide ik haar blij te moede uit, wensend dat ik niet een hele week hoefde te wachten voor ik haar weer zou zien.

De weken die ik in de kliniek doorbracht gingen snel voorbij, want al waren onze dagen niet volledig georganiseerd, toch leken we altijd druk bezig. Het was in die kliniek dat ik een vriendschap sloot die verschillende jaren zou duren. Mijn vriend heette Clifford. Hij had gehoord over mijn verleden, en door mijn verbonden polsen wist hij, net als alle anderen, wat ik geprobeerd had te doen. Het was een platonische relatie, wat ons beiden goed uitkwam. Hij had weinig of geen seksuele belangstelling voor vrouwen en onderdrukte alle andere verlangens die hij had, wat de oorzaak was van het vertrek van zijn vrouw en zijn daaropvolgende inzinking. Dat had hij me tijdens een van onze gezamenlijke wandelingen toevertrouwd, omdat hij voelde dat ik, in tegenstelling tot zijn vrouw, die bekentenis geruststellend zou vinden.

Mijn depressie begon te verdwijnen, geholpen door het constante gezelschap, Cliffords vriendschap en de nu meer frequente bezoeken van mijn moeder. Ik voelde dat ik een doel had: ik had een onderkomen waar ik naartoe kon, een baan die op me wachtte en een nieuwe start in het leven.

Drie maanden nadat ik in Purdysburn was opgenomen kwam mijn moeder me ophalen.

# 29

Een paar dagen later had ik een onderhoud met de eigenaar van het café. Ik merkte dat hij zich gelukkig achtte mijn moeder als manager te hebben en hij bood me meteen een baan aan.

Ik kreeg mijn perzikkleurige uniform en een crèmekleurig schort, en tot mijn opluchting vond ik het werk gemakkelijk. Zoals mijn moeder me verteld had, waren de fooien goed. Ik kon naar de kapper, nieuwe kleren kopen en mijn moeder geld geven. Toen ze zag dat er voldoende geld binnenkwam, ging ze door met haar plan om de portierswoning te kopen. De rente van de lage hypotheek kon gemakkelijk betaald worden van mijn extra bijdrage.

Er volgden bijna twee jaar van een vredig bestaan; er werd nooit gesproken over mijn vader en evenmin over mijn inzinking, en ik had weer een hechte relatie met mijn moeder. Sommige avonden hadden we allebei vrij. Als vurige filmliefhebbers gingen we vaak samen naar de bioscoop en discussieerden dan urenlang over het voor en tegen van de film die we hadden gezien. Zonder de aanwezigheid van mijn vader hoefden we niet langer naar westerns te kijken, maar konden we de films uitkiezen waar wij van hielden.

Soms ontmoetten we elkaar na haar dienst en gingen dan

koffiedrinken in een naburig café. Daar zaten we met elkaar te praten zoals normaal is voor twee vrouwen. Want ik was op een leeftijd waarop ik me thuis voelde in de wereld van de volwassenen en vond dat ik mijn bijdrage leverde. Ik was ervan overtuigd dat zonder mijn vaders gezelschap mijn moeder mijn aanwezigheid eindelijk op prijs was gaan stellen, wat me, naarmate de weken verstreken, een steeds voldaner gevoel gaf. Zonder zijn dreigende aanwezigheid en zijn jaloezie op elke aandacht die ik kreeg, kon ik haar de liefde tonen die ik altijd voor haar had gevoeld. Als een bloem die de zon zoekt om sterker te kunnen worden, had ik de vrijheid nodig om mijn liefde te tonen om te kunnen opbloeien. Dat ik op talloze manieren daartoe in staat was, vervulde me met zoveel vreugde dat ik er volkomen tevreden mee was het grootste deel van mijn vrije tijd met haar door te brengen.

In die tijd had ik heel weinig behoefte aan ander gezelschap. Soms maakte ik ons eten klaar, dekte de tafel en genoot ervan naar haar te kijken als ze een maaltijd at die ik volgens een recept uit mijn nieuwste kookboek had bereid. Hoewel we allebei hielden van lezen en muziek, keken we 's avonds ook vaak naar onze pas aangeschafte televisie – voor ons nog steeds iets bijzonders. Het toestel had maar twee kanalen, dus waren we het zelden oneens over de uitzending die we wilden zien. We zaten bij een knetterend haardvuur, zij in haar favoriete oorfauteuil en ik opgerold op de bank met Judy naast me. Als ons programma was afgelopen, sprong ik op om iets warms te drinken te maken voordat we naar bed gingen.

Andere keren struinde ik de kleine antiekwinkeltjes af die in Smithfield Market waren verschenen, om een apart ornament of sieraad voor haar te zoeken.

Vrienden die ik had gekregen, zoals Clifford, accepteerden dat niet alleen mijn moeder een belangrijke rol speelde in mijn leven, maar dat ik haar ook wilde betrekken bij alle sociale activiteiten. Ik stelde nieuwe vrienden aan haar voor in de hoop dat zij hen aardig zou vinden en zich met hen zou amuseren, omdat ik haar eenzaamheid voelde en haar wilde beschermen.

Het enige wat me niet helemaal bevredigde, was dat ik niet altijd serveerster wilde blijven. Ik wilde iets beters bereiken, niet alleen voor mezelf, maar ook voor mijn moeder. Ik wilde dat ze trots op me zou zijn, wilde een goede baan, een die me in staat zou stellen voor haar te zorgen.

Vlak voor mijn zestiende verjaardag besloot ik iets eraan te doen. Mijn ambitie om aan de universiteit te studeren had ik opgegeven, want ik wist dat drie jaar zonder mijn werk een te grote aderlating zou betekenen voor onze financiën. Zonder het broodnodige geld dat ik binnenbracht, zou mijn moeder de hypotheek niet kunnen betalen.

Een andere optie was een secretaresseopleiding te volgen die me een schooldiploma zou opleveren waarin verklaard werd dat ik op achttienjarige leeftijd de school had verlaten, voor mijn potentiële toekomstige werkgevers een acceptabeler leeftijd dan mijn huidige veertien jaar. Ik had al geïnformeerd naar de kosten van een particulier instituut en uitgerekend dat, als ik in de zomermaanden tijd vrij kon krijgen van het café om in het seizoen in vakantieoorden te werken, ik in een paar maanden genoeg zou kunnen verdienen om het lesgeld te betalen. Ik voorzag geen problemen in dat opzicht, omdat Belfast als universiteitsstad geen tekort aan studenten had die bereid waren mijn taak in hun vakantie over te nemen terwijl ik elders werkte. Ik wist dat ik voldoende moest sparen voor twee semesters, en het jaar daarop zou ik dat plan kunnen herhalen.

Toen ik dat eenmaal besloten had, ging ik met de eigenaar van het café praten.

Het zou geen probleem zijn, verzekerde hij me, en hij zou me zelfs al eerder kunnen helpen. Hij had een verre nicht die een pension had, met de grootse benaming 'hotel', op het eiland Man. Ze zou met de paasdagen personeel nodig hebben, en met zijn aanbeveling zou ik daar gemakkelijk terecht kunnen. Het werk zou zwaarder zijn dan hier, waarschuwde hij me, want in een kleine zaak zoals die van haar moesten de twee serveersters die ze in dienst had niet alleen het ontbijt en het avondeten opdienen, maar ook de slaapkamers schoonmaken en vroeg in de ochtend voor de thee zorgen.

Het salaris was niet hoog, maar de fooien waren erg royaal, en ik zou meer dan twee keer zoveel kunnen verdienen als bij hem. Als alles goed ging, zou ik er in de zomer weer kunnen werken.

Twee weken later, met de belofte om geregeld te bellen, ging ik met de veerboot naar het eiland Man.

Het was hard werken in het hotel, met slechts twee serveersters als manusjes-van-alles. We stonden om half acht op, zetten thee en klommen dan drie trappen op om de thee rond te brengen. Vervolgens werd het ontbijt geserveerd, en pas als het laatste bord was afgeruimd, konden wij gaan ontbijten. Lunch was niet inbegrepen in de hotelprijs, en we veronderstelden dat we dan vrij zouden zijn. De eigenaresse, een kleine, dikke vrouw met geblondeerd haar dat met spray stijf was gespoten tot een strakke helm van achterovergekamd haar, dacht er anders over.

Het bestek moest eens per week worden gepoetst, verklaarde ze. Haar stem, schor van het kettingroken, volgde ons op haar korte, mollige beentjes overal waar we kwamen, happend en bijtend naar onze enkels. Blijkbaar was ze bang dat er zonder haar toezicht dingen zouden verdwijnen of werk zou blijven liggen.

Als vakantiegangers zich kwamen inschrijven, werden ze verwelkomd met een charmante glimlach, die werd vervangen door een ongeduldige blik naar ons zodra de gasten even hun hoofd omdraaiden. We waren er nooit snel genoeg bij om hun koffers op te pakken, en ze snauwde haar instructies naar ons om de zojuist gearriveerde gasten naar hun kamer te brengen. We stommelden de steile trap op met bagage die net zoveel leek te wegen als wij, en we waren nog niet beneden of er moest thee worden gezet.

Nieuw aangekomenen hadden na hun reis meer behoefte aan een verfrissing dan wij aan rust, verklaarde ze geprikkeld toen we een keer het lef hadden te vragen of we een rustpauze konden krijgen. Wij waren jong, ging ze verder, en zij had een slecht hart. Wilden we soms geen fooien verdienen, vroeg ze ons, en geïntimideerd kwamen we niet meer op het onderwerp terug.

Haar slechte hart, merkte ik, weerhield haar er niet van om te roken of grote porties pudding te eten. Elke keer dat ik haar hoorde klagen dat ze niets zwaars kon dragen, dacht ik cynisch 'behalve jezelf'.

Elke dag keek ik met toenemende afkeer naar haar rood aangelopen gezicht en vroeg me af hoe zo'n charmante man als de eigenaar van het café zo'n draak van een nicht kon hebben.

Sommige mannen protesteerden dat een meisje werd gevraagd hun koffer te dragen, maar ze kregen slechts een ijzige blik en de bitse opmerking dat we daarvoor betaald werden. Als we eenmaal om de bocht van de trap waren, nog steeds binnen gehoorafstand maar buiten het zicht van haar scherpe blik, gaven ze ons soms een schouderklopje om zwijgend te tonen dat ze ons van hun bagage wilden bevrijden. Dankbaar overhandigden we de koffers, brachten hen naar hun kamer en gingen dan naar de keuken om thee te zetten. Daarna gingen we weer met pijnlijke benen naar boven met de thee, haar stem galmend in onze oren, zich beklagend dat we het niet snel genoeg deden. Geen rust voor de jongeren, was kennelijk het motto van dat hotel. Hoeveel salaris ze ons ook met tegenzin moest uitbetalen, ze zorgde ervoor dat het uurloon laag was.

Elke avond viel ik uitgeput in bed, me afvragend of ik ooit het nachtleven zou meemaken waarover ik zoveel gehoord had. Ik zag er in dat eerste seizoen dan ook niets van. Toen het aantal gasten afnam en er nog slechts een paar volhouders overbleven, gaf ze ons allebei een middag vrij om te gaan winkelen, maar ik denk dat het alleen was omdat ik haar vertelde dat ik een cadeautje wilde kopen voor mijn moeder.

Met de ochtendthee die vanaf acht uur in de kamers werd geserveerd en het afruimen van de tafels om half tien 's avonds was het niet moeilijk geweest om al ons loon en onze fooien op te sparen. Uiteindelijk had ik meer geld verdiend voor mijn lessen dan ik verwacht had, en omdat ik wist hoe graag de eigenaresse van het hotel geld wilde sparen, vroeg ik of ik een paar dagen eerder kon vertrekken dan was overeengekomen.

Als ik weer denk aan die Pasen terwijl ik in het verpleeghuis zat, kon ik de stem van de zeventienjarige Antoinette horen. 'Denk eraan, Toni, denk aan wat ze deed, denk aan de keus die ze maakte.'

Te laat probeerde ik de herinnering van me af te zetten aan de dag waarop mijn onwankelbare vertrouwen in mijn moeder eindelijk werd verwoest.

Ik wilde haar verrassen met mijn vervroegde thuiskomst, dus vertelde ik haar niet wanneer ik precies zou komen. Me verheugend op haar verbazing en blijdschap me te zien, en met mijn koffer vol cadeaus voor haar stapte ik aan boord van de veerboot naar Belfast. In de haven, te ongeduldig om op een bus te wachten, nam ik een taxi. Ik dacht aan ons huis, zag in gedachten Judy en het gezicht van mijn moeder als ik haar alles vertelde over mijn avonturen op het eiland Man, gezellig bij een beker warme chocola. Ik had leuke anekdotes in mijn geheugen opgeslagen over de mensen die ik daar had ontmoet, inclusief de slavendrijfster van een eigenaresse. Ik wist dat ik haar daarmee aan het lachen zou maken en stelde me voor hoe haar ogen zouden gaan stralen als ze mijn geschenken uitpakte. Ik dacht in het bijzonder aan een lichtmauve, met zij afgezette petticoat van gaas, die in stroken vanaf de heupen omlaagviel, een stijl die toen, in de tijd van de wijde rokken, mode was. Toen ik hem in de etalage zag liggen, vond ik het de mooiste rok die ik ooit had gezien. Ik verzette me tegen de impuls hem voor mezelf te kopen en liet hem inpakken voor mijn moeder. In mijn fantasie zag ik haar blijdschap als ze het pakje openmaakte, want mijn moeder hield van verrassingen en was dol op mooie kleren.

De achttien kilometer lange rit van de haven van Belfast naar Lisburn, waar ons huis was, leek eeuwig te duren terwijl ik achter in de auto zat en ongeduldig wenste dat de rit ten einde was.

Toen ik uitstapte betaalde ik haastig de chauffeur, pakte mijn koffer en liep het korte pad af. Ik stak mijn sleutel in het slot, deed de deur open, liep naar binnen en riep: 'Ik ben thuis!' De kleine Judy kwam naar buiten gestormd om me te begroeten, maar ik hoorde niet de stem van mijn moeder. Verbaasd, omdat ik wist dat ze niet werkte, gooide ik de deur van de zitkamer open en bleef stokstijf staan bij het zien van het tafereel in de kamer.

Mijn vader zat in de oorfauteuil van mijn moeder met een triomfantelijke blik van voldoening, zodat ik me niet kon verroeren. Ik kon mijn ogen niet geloven. Mijn moeder zat aan zijn voeten en staarde vol adoratie naar hem op. Het was een blik die ik vergeten was, een blik die ik in ons vorige leven van haar had gezien, een blik waarmee ze nooit naar mij had gekeken. In een onderdeel van een seconde wist ik dat ik had verloren. Hij was wat ze wilde, hij was de spil van haar universum en ik was slechts gezelschap geweest om haar tijd te vullen tot hij terugkwam.

Ik voelde een walging door me heen gaan, vermengd met een gevoel van verraad. Ik had in mijn moeder geloofd, had haar vertrouwd, en nu werd ik geconfronteerd met de werkelijkheid. Terwijl ik in een semicomateuze toestand bleef staan, beukte haar stem tegen mijn oren en zei woorden die ik uit mijn bewustzijn wilde bannen.

'Papa heeft een weekend vrij uit de gevangenis,' vertelde ze. 'Morgen gaat hij weer terug. Ik verwachtte je niet, anders had ik het je laten weten.'

De verklaringen rolden uit haar mond op de blijde toon van iemand die een fantastische verrassing aankondigt, een verrassing die ze met mij wilde delen. Haar wilskracht beval me zwijgend om mee te doen aan het spel, het vertrouwde oude spel van het gelukkige gezin. Haar glimlach bleef en haar stem aarzelde geen moment toen ze verder sprak, alsof hij alleen maar buitenshuis gewerkt had, wat, ik denk, in zekere zin ook het geval was. Dat was tenminste wat ze de buren verteld had. Daarom, besefte ik nu, had ze hem verboden te schrijven; ze wilde niet dat er brieven met het stempel van de gevangenis in onze post terecht zouden komen. Ik had gehoopt dat het was omdat ze eindelijk besloten had het huwelijk te beëindigen. Nu begreep ik het. Dat was waarom we naar Belfast waren verhuisd en niet naar Engeland: ze had op hem gewacht.

Ik wilde aan hen beiden ontsnappen; de kamer leek te krimpen door zijn kwaadaardige aanwezigheid, en het geluid van haar stem werd een lawaai dat pijn deed aan mijn oren. Ik kon hun gezelschap geen seconde langer verdragen en ging met mijn koffer naar mijn slaapkamer. Langzaam pakte ik uit en haalde het pakje met de mauve petticoat tevoorschijn die ik met zoveel zorg had uitgekozen, en verborg die achter in mijn kast. Daar bleef hij hangen, nooit gedragen, omdat ik hem nooit aan haar heb gegeven, maar ook niet voor mijzelf wilde houden.

De volgende dag kon ik mijn moeder de oude melodieën horen neuriën waarop mijn vader en zij vroeger gedanst hadden. Ik pakte Judy's riem en verliet stilletje het huis. Toen ik terugkwam, was hij al weg naar de gevangenis. Daar zou hij de rest van zijn straf uitzitten, tevreden in de zekerheid dat hij zijn gezin had om naar terug te keren.

Dat was het begin van een ander spel dat mijn moeder speelde voor een eenkoppig publiek: 'Als papa thuiskomt.'

# 30

Ik wist dat het einde van mijn verblijf in het verpleeghuis naderde: mijn moeder zat nu hulpeloos in haar stoel en was van mij afhankelijk om haar te voeren. Ze kon geen vast voedsel naar binnen krijgen, hoe voorzichtig ik het ook in haar mond lepelde. Ik wist dat het haar laatste dagen waren, waarin ze uitsluitend vloeibaar voedsel kreeg, en dan alleen nog met behulp van een theelepeltje.

Gebukt over een stoel zitten om een vloeistof toe te dienen aan een vrouw die zo ziek is dat het vermogen om te slikken bijna verdwenen is, is slopend werk, en ik deed het drie keer per dag. Liefde, ontdekte ik, zoals de geestelijke me had verteld, was een gewoonte die je moeilijk kon verbreken. Ik voelde reeds het verdriet van het komende afscheid, had kunnen huilen om al die verspilde jaren, wilde haar in deze wereld vasthouden, maar wilde tegelijk haar pijn en leed ook loslaten. Ze kon niet meer praten. Hoe ze ook haar best deed, er kwamen geen woorden uit haar mond en haar gezicht vertrok slechts door haar vruchteloze pogingen. Dan hield ik haar hand vast en zei dat het niet belangrijk was; er hoefde niets gezegd te worden tussen ons.

Ik vertelde haar dat ik van haar hield, en nu haar stem verdwenen was, kon ik dat veilig doen, want ze was nu niet meer in staat me om vergiffenis te vragen. In de wetenschap dat ze dat nooit van plan was geweest, was een gedachte die ik terugdrong, en haar gedwongen zwijgen bespaarde me de emotie van een onvervulde hoop.

Dit was de laatste nacht in een zaal met andere patiënten. Ik wist dat ze de volgende dag naar een zijkamer zou worden overgebracht. De aanblik van iemand die zo vervallen en uitgemergeld was door kanker, maar zich nog zo vastbesloten vastklampte aan het leven, was pijnlijk voor iedereen die het zag. Haar botten, nauwelijks nog door vlees beschermd, staken door de huid; elk gewricht moest met verband en pleister worden bedekt om het te beschermen. Een stalen kooi was over haar benen geplaatst om te zorgen dat het dunne laken ze niet raakte. Zelfs de lichte aanraking van die stof kon haar huid schaven en bloedende wonden veroorzaken.

Ik rekte me uit om de pijn in mijn rug tegen te gaan, en terwijl ik dat deed, hoorde ik een geluid, een geluid dat ik al eerder had gehoord in het verpleeghuis. Het rochelende geluid dat voorafgaat aan de dood kwam uit het bed aan de overkant. Ik zag dat mijn moeder me angstig aankeek, want geen enkele patiënt in een verpleeghuis wordt graag herinnerd aan zijn of haar eigen sterfelijkheid. Hoewel er momenten genoeg zijn waarop ze bidden om verlossing, vragen ze om verlossing van de pijn en niet om het eind van het leven.

Ik gaf een zacht klopje op de hand van mijn moeder en ging op zoek naar een zuster, die haastig aan kwam lopen en de gordijnen dichttrok, een handeling die, samen met de nu tot stilte gekomen doodssnik, Mary's dood bevestigde.

Ik dacht aan de forse plattelandsvrouw terwijl ik verderging met het voeren van mijn moeder. Ze had sinds mijn komst hier in het bed tegenover dat van mijn moeder gelegen. Een opgewekte en, te oordelen naar het aantal bezoekers, geliefde vrouw, die genoot van klassieke muziek en hield van het leven.

Ik had haar gezicht zien stralen toen ze me de foto's liet zien van haar familie, had haar horen grinniken bij de liefdevolle herinneringen aan haar man, die al een paar jaar dood was, en ik was blij voor haar, blij dat ze zo snel was weggegliipt voordat de behoefte aan morfine haar dagen had beheerst.

De patiënte in het bed naast Mary, die vandaag was gearriveerd, liep haastig naar de badkamer, duidelijk van streek. Toch bleef ik mijn moeder vloeistof voeren die niet langer gewenst was. De nieuwe patiënte kwam terug, maar zei niets, terwijl ze haastig langs ons heen liep en weer in bed stapte. Ik hoorde dat ze een diepe zucht slaakte, en toen werd het stil. In die paar seconden was haar greep op het leven verdwenen en ik, die erbij aanwezig was, wist zelfs haar naam niet. Later ontdekte ik dat ze ook Mary heette.

Ik drukte op de bel om de zuster terug te roepen. Ze kwam binnen en keek me vragend aan. Zonder op te houden met mijn moeder te voeren, knikte ik naar bed nummer drie. En weer klonk het zachte geluid van een gordijn dat werd dichtgetrokken. Een griezelige stilte hing in de zaal, want nu, afgezien van mijn moeder, was er nog maar één oude dame over, en uit mijn ooghoek kon ik zien dat ze zich allesbehalve gelukkig voelde. Ze riep me en ik legde het lepeltje van mijn moeder neer en ging naar haar toe.

Met haar bevende, oude stem vertelde ze me dat ze niet op de zaal wilde blijven. Ik pakte een magere elleboog en hielp haar het bed uit. Voorzichtig hielp ik haar in haar ochtendjas, sloeg mijn arm om haar middel, bracht haar naar de lounge voor de patiënten en zette de televisie voor haar aan. Toen ging ik terug naar de zaal met de twee lijken en één oude vrouw die nog maar enkele uren te leven had.

Uitgeput deed ik een paar stappen bij mijn moeder vandaan, en besefte toen dat ik op Mary's voeten steunde. Het was een bizar toeval waarover ze misschien zou hebben gelachen als we allebei geleefd hadden, maar nu leefde alleen ik, en ik wilde dit niet graag herhalen. Meer verpleegsters kwamen binnen. Mijn moeder werd in bed geholpen en ik maakte haar kast open en haalde er de halve fles sherry uit die ik erin had opgeborgen. Met de fles in mijn hand geklemd ging ik naar de lounge, waar ik, zonder de moeite te nemen een glas te zoeken, de fles aan mijn mond zette en dronk.

Ik stak een sigaret op en belde Engeland. Ik moest een stem horen van iemand die niet op sterven lag en niet verwant was met iemand die zich aan de rand van de dood bevond.

'We geven een dineetje,' zei mijn vriendin uit de wereld die ik een paar weken geleden had achtergelaten, een wereld die nu zo ver weg leek. 'Wat doe jij?'

'Ik zit bij twee lijken en mijn moeder,' was het antwoord dat ik had willen geven, maar in plaats daarvan zei ik: 'Ik drink een borrel.' En daarmee maakte ik een eind aan het gesprek, bracht de fles weer aan mijn mond en nam een flinke slok.

De volgende dag werd mijn moeder verplaatst en de twee daaropvolgende dagen week ik nauwelijks van haar bed. De derde avond stierf ze. Het was vroeg in de avond, en ik nam een korte pauze in de lounge. Vermoeid sloot ik mijn ogen en viel in een lichte slaap. Halfwakker voelde ik de aanwezigheid van de zuster, en zonder iets te vragen, wist ik waarom ze er was.

'Ze is stervende, Toni,' zei ze, en legde haar hand op mijn schouder. Ik stond op van mijn stoel en volgde haar naar de zijkamer waar mijn moeder nu lag.

Ze lag stil, haar ademhaling ging heel oppervlakkig en haar ogen waren gesloten. Haar oogleden trilden niet toen ik haar hand pakte, een hand waarvan de vingers nu blauw waren.

'Kan ze me horen?' vroeg ik.

'We geloven dat het gehoor het laatste zintuig is dat ons in de steek laat,' was het antwoord. 'Maak je geen zorgen, Toni, ik zal bij je blijven als je dat wilt.'

Ik ging mijn vader bellen. Toen ik hem niet thuis trof, probeerde ik het tweede nummer dat ik van hem had, de British Legion Club.

'Mijn moeder is stervende, ze gaat vanavond dood,' wist ik eruit te brengen, en ter wille van haar vroeg ik: 'Kom je?'

'Ik kan niet rijden in het donker, dat weet je toch,' antwoordde hij met dubbelslaande tong. Op de achtergrond hoorde ik muziek en gelach. Ongelovig staarde ik naar de telefoon en herhaalde dat ze doodging. Ik zei dat ze zou willen dat hij bij haar was, dat hij toch wel een taxi kon nemen, want dat ze de ochtend niet zou halen.

Met een afdoende klank in zijn stem die ik maar al te goed kende, zei hij: 'Nou, jij bent er toch? Wat kan ik dan nog doen?'

Verbijsterd had ik hem willen toeschreeuwen: 'Zorg dat je er bent, egoïstische klootzak, zorg gewoon dat je er bent. Neem afscheid van haar, laat haar sterven in de wetenschap dat je van haar hield, dat wat ze heeft opgeofferd de moeite waard was.'

In plaats daarvan hing ik op, de woorden onuitgesproken, en ging terug naar haar bed.

'Papa komt,' loog ik terwijl ik mijn hoofd schudde tegen de nachtzuster om haar de waarheid te laten weten. Ik pakte weer de hand van mijn moeder.

Om de paar ogenblikken stopte haar ademhaling en elke keer voelde ik die mengeling van verdriet en opluchting die bij iemand opkomt die waakt bij een stervende. Haar ademhaling stopte een paar seconden en begon dan opnieuw met een lichte zucht.

Denkend aan wat de zuster gezegd had, dat het gehoor het laatste zintuig is dat verdwijnt, praatte ik over ons vroegere leven, over alles wat ik kon bedenken dat haar, als ze wakker zou zijn, zou doen glimlachen. Ik wilde dat de laatste woorden die ze zou horen over gelukkige tijden gingen. Ik wilde dat het haar laatste herinneringen zouden zijn, herinneringen die ze met zich mee kon nemen.

En zo verstreek die laatste nacht zonder mijn vader, de man van wie ze een halve eeuw lang intens gehouden had. In plaats daarvan zat ik, de dochter die ze zo vaak had afgewezen, met een zuster naast haar bed, en ik voelde de eenzaamheid van dat vertrek uit het leven.

Die nacht vervloekte ik zwijgend mijn vader. Dit, dacht ik, was zijn ultieme zonde, en ik bad dat ze niet meer bij bewustzijn zou komen, er geen weet van zou hebben. Laat haar sterven met haar droom intact, dacht ik. Het eind kwam toen de ochtend aanbrak: haar adem rochelde zacht in haar keel, gevolgd door een zucht. De adem verliet haar lichaam met een zacht gekreun, en ik, nog steeds met haar hand in de mijne, wist dat het voorbij was.

Ik voelde de geest van Antoinette zich in me roeren en hoopte dat ze nu rust kon vinden.


Mijn herinneringen lieten me in de steek toen ik, half slapend, besefte waar ik was: nog steeds in de stoel naast het bed van mijn moeder. Ik had honger; ik kon bijna dat gegiste, kruidige aroma ruiken van een versgebakken pizza. Een beeld van zo'n pizza, met smeltende kaas en pittige salami, op een geruit tafelkleed met een fles rode wijn ernaast, zweefde voor mijn ogen, zo reëel dat het bijna een hallucinatie was. Tijd voor een gezonde tonijnsandwich, dacht ik, en mijn moeder alleen latend, ging ik naar de lounge om een kop koffie te drinken.

Toen dacht ik voor het eerst in lange tijd objectief aan mijn relatie met mijn ouders. Ik vroeg me af waarom ik het contact met hen niet al jaren geleden had verbroken. Die vraag was onmogelijk te beantwoorden. Misschien, zoals ik de geestelijke had verteld, had ik behoefte aan de illusie van een normaal gezin. Zou mijn leven anders zijn verlopen, zou de weg die ik had gekozen dezelfde weg zijn geweest als ik de moed had opgebracht om te vertrekken? Was de liefde die ik voelde voor mijn moeder een teken van kracht of van zwakte? Zou Antoinette me al die tijd hebben achtervolgd? Ik dacht aan een analogie die ik een psychiater had verteld tijdens een van mijn therapiesessies toen ze me soortgelijke vragen had gesteld.

'Je kunt een huis bouwen en het mooi maken. Je kunt het zo prachtig inrichten als maar enigszins mogelijk is en het meubileren met de fraaiste spullen. Je kunt er een symbool van rijkdom en succes van maken, zoals ik heb gedaan met mijn flat in Londen, of je kunt er een thuis van maken en het vullen met geluk. Maar als je er om te beginnen al niet genoeg om geeft om het op solide grond te bouwen en voor een sterke fundering te zorgen, zal het in de loop der jaren scheuren gaan vertonen. Als er geen stormen komen om de structuur ervan te bedreigen, kan het misschien eeuwig blijven staan, maar als het onder druk wordt gezet, de verkeerde weersomstandigheden zich voordoen, dan zal het instorten omdat het niet meer dan een slecht gebouwd huis is.

'Zorg voor een goed vernis, en de slechte constructie zal niet ontdekt worden, sier het huis op met verf, met dure en smaakvolle gordijnen, en het gebrek aan een goede fundering zal aan de aandacht ontsnappen, behalve aan die van een deskundige.' Ik glimlachte wrang naar mijn therapeut. 'Of, als het huis menselijk is, aan die van jezelf.'

Dat, dacht ik, was mijn geheim, een geheim dat ik goed verborgen hield, maar het was ook mijn antwoord. Als volwassene had ik het leven geleid dat ik moest, teneinde te kunnen overleven. Ik had mijn beperkingen altijd gekend, en ik had, zij het niet altijd met succes, geprobeerd binnen die perken te blijven. Met alle begrip voor mezelf viel ik in slaap.

# Epiloog

In Ierland volgen kleine dorpen als Larne de oude begrafenis-
rituelen. Mannen in donkere pakken met zwarte banden om
de arm en zwarte dassen op witte hemden lopen achter de
doodkist: een stoet van uitsluitend mannen die hun respect betonen als de dode zijn laatste reis onderneemt. Daarachter komen de auto's met de geestelijke en de vrouwelijke rouwenden.
De vrouwen gaan mee tot aan het kerkhof voor ze terugkeren;
hun taak is het om het eten te bereiden voor de terugkomst van
de mannelijke rouwdragers. Geen vrouwenhand pakt de aarde
op om op de kist te strooien, geen vrouwelijke ogen volgen die
kist naar zijn laatste rustplaats. Zij bezoeken het graf de volgende dag, bewonderen de bloemen die er zijn neergelegd en
nemen voor het laatst afscheid.

Na het verlaten van de rouwkamer trok ik mijn jas stevig
om me heen tegen de bijtende wind, want het was tegen eind
oktober toen mijn moeder stierf. In die kamer had mijn moeder tijdens de dienst gelegen in haar open kist; haar gezicht
weerspiegelde de rust waarvan ik hoopte dat ze die had gevonden.

Mijn blik ging naar de mensen die de begrafenis hadden bij-
gewoond, vrienden die zowel om mij als om haar hadden gegeven, en bleef rusten op mijn vader en zijn kameraden. Wie

van hen, vroeg ik me af, had met hem gedronken op de laatste avond van mijn verblijf in het verpleeghuis? De mannen die nu bij hem waren om in het openbaar de bedroefde weduwnaar te ondersteunen, wisten dat ze zonder hem gestorven was. Die mannen waren degenen die hun respect zouden betuigen door de kist te dragen en te volgen.

Ik negeerde de auto die stond te wachten om me naar het kerkhof te brengen en liep vooruit om mijn vader te confronteren. Nu mijn moeder dood was en de laatste resten van de geesten uit mijn jeugd verdwenen waren, waren alleen hij en ik nog over. Niet langer voelde ik ook maar een spoor van mijn angst als kind toen ik hem recht in het gezicht keek. Ik negeerde zijn schaapachtige glimlach en zei alleen maar kalm: 'Ze kunnen achter mij aan lopen', en gebaarde naar zijn gevolg.

Hij deed een stap opzij, want zonder dat er verder een woord tussen ons gezegd werd, wist hij dat hij eindelijk alle controle kwijt was en elk greintje sympathie in het verpleeghuis was gestorven. Zwijgend nam hij zijn plaats in bij de kistdragers. Ik wachtte terwijl ze de kist optilden, op hun schouders legden en aan hun langzame wandeling begonnen. Ik rechtte mijn schouders, zoals ik deed toen ik nog een kind was, en naar links noch naar rechts kijkend, liep ik achter de kist van mijn moeder, gevolgd door de mannen.

Het was mijn hand, en niet die van mijn vader, die de aarde strooide op de kist terwijl ik op een afstandje van hem stond als enige vrouwelijke rouwende bij haar graf en mijn laatste afscheid van haar nam.

Toen draaide ik me om, nog steeds alleen, en liep het kerkhof af naar de wachtende auto.

De volgende dag ging ik naar Engeland terug, terug naar de wereld die ik had verlaten, in de wetenschap dat ik eindelijk Antoinette, de geest van mijn kindertijd, had laten inslapen.